초보 견주도 **쉽게** 따라하는 **반려견** 키우기의 모든 것

THE PERFECT PUPPY

Gwen Bailey 원저

윤용석 · 김진길 · 박지윤 옮김

Original title: The perfect puppy
Copyright © Octopus Publishing Group Ltd 1995, 2008, 2024
Text copyright © Gwen Bailey 1995, 2008, 2024
All rights reserved.
© Copyright of this edition: DH MEDIA
This Korean translation edition arranged through THE AGENCY SOSA

이 책의 한국어판 저작권은 에이전시 Sosa를 통한 영국 Octopus Publishing Group과의 독점계약으로 도서출판 DH미디어가 소유합니다. 저작권법에 의해 한국 내에서 보호받는 저작물이므로 무단전재와 무단복제를 금합니다.

초보 견주도 쉽게 따라하는 **반려견 키우기의 모든 것**
퍼펙트 퍼피 | THE PERFECT PUPPY

지은이 • Gwen Bailey
옮긴이 • 윤용석, 김진길, 박지윤
감수 • 윤용석
윤문 • 최윤정

초판 1쇄 발행 • 2025년 9월 1일

발행인 • 양원석
발행처 • DH미디어
디자인 • 강희진
등록번호 • 제2017-000022호
전화 • (02) 2272-9731

ISBN 979-11-90021-61-6 03490
정가 25,000원

※ 잘못 만들어진 책은 구입처 및 DH미디어 본사에서 교환해 드립니다.

# 추천의 글

강아지를 처음 맞이하는 순간, 우리는 설렘과 함께 수많은 질문을 마주하게 됩니다.

"어떻게 하면 잘 키울 수 있을까?",
"이 행동은 괜찮은 걸까?",
"훈육은 언제부터 시작해야 할까?"

『퍼펙트 퍼피』는 이런 고민을 가진 보호자들을 위해, 수십 년간 반려견을 훈련시켜온 전문가가 직접 집필한 신뢰할 수 있는 매뉴얼입니다. 전 세계 수많은 반려인들의 삶을 변화시킨 이 책은 단순한 훈련법을 넘어, 강아지와 보호자가 함께 건강하고 즐겁게 살아가기 위한 근본적인 방향을 제시합니다.

특히 이번 한국어 번역판에서는 강아지의 발달 단계별 이해를 바탕으로 실제 적용 가능한 행동 교정법과 훈련법이 체계적으로 정리되어 있어, 초보 보호자들에게는 든든한 길잡이가 되고, 경험 있는 보호자들에게도 기본의 중요성을 다시금 일깨워줍니다.

『퍼펙트 퍼피』는 단지 '잘 훈련된 개'를 만드는 책이 아닙니다. 이 책은 '서로를 이해하며 함께 살아가는 방법'을 제시합니다. 이러한 메시지는 우리 사회의 반려동물 문화 발전에도 긍정적인 영향을 줄 수 있을 것입니다.

『퍼펙트 퍼피』를 통해 반려견과의 일상이 더욱 평화롭고 행복해지기를 진심으로 바랍니다. 많은 분들에게 이 책이 훌륭한 반려 생활의 출발점이 되길 추천드립니다.

2025년 8월
(사)한국애견협회 이사장
(사)한국인명구조견 협회 회장
유 병 주

서평

이해하고 신뢰하고 교감하고 소통하는
최고의 행복한 반려생활 안내서

《퍼펙트퍼피》는 Gwen Bailey의 풍부한 경험과 전문성을 바탕으로 유용한 정보와 실질적인 솔루션을 안내해 줍니다. 반려견과 함께하기 위한 기본적인 내용부터 긍정적이고 질서있는 반려견 교육과 생활 방식을 제시함으로써 문제 행동을 예방하고 교정하여 바람직한 방향으로 이끌어 줍니다. 반려인과 반려견이 서로 이해하고, 신뢰하고, 교감하고, 소통하는 최고의 행복한 반려생활 안내서로 《퍼펙트퍼피》를 추천합니다.

코리안독스 레인보우쉼터 소장 / 반려견 행동교정전문가 **고 재 관**

《퍼펙트퍼피》는 반려견과 함께하기 위한 기초 지식부터 긍정적이고 질서 있는 교육법, 문제 행동 예방과 교정에 이르기까지 반려인에게 꼭 필요한 지침을 제공합니다. 단순한 이론서가 아닌, 실제 생활에서 바로 적용할 수 있는 실질적인 솔루션을 제시해 주기에 더욱 값집니다.

이 책이 전하는 메시지는 분명합니다. 반려견을 사랑하는 마음은 올바른 이해와 책임 있는 행동에서 시작된다는 것. 《퍼펙트퍼피》는 그 여정을 함께 걸어갈 든든한 동반자가 될 것입니다.

반려견과 반려인이 함께 행복해지는 길, 그 시작을 위해 《퍼펙트퍼피》를 자신 있게 추천합니다.

반려견 교육전문가 **이 웅 종**

강아지를 처음 키우기 시작했을 때, 막막한 순간들이 참 많았어요.

어디까지 허용해도 되는지, 지금 이 행동이 문제인지, 어떻게 반응해야 할지 몰라 걱정도 많았고요.

『퍼펙트 퍼피』는 그런 불안한 마음을 다독여주고, 반려견과의 생활을 조금 더 편안하고 행복하게 만들어주는 책이에요.

배변 훈련부터 산책, 물기, 씹기 같은 흔한 문제 행동에 대한 실질적인 솔루션까지 아주 구체적으로 담겨 있어서, 초보 견주에게 정말 든든한 길잡이가 되어줍니다.

무엇보다 강아지를 단순히 훈련의 대상이 아닌, 가족으로 맞이하는 따뜻한 시선이 느껴져서 더 믿음이 갔어요.

새로운 반려견을 맞이한 분들, 강아지 키우기가 어렵게 느껴지는 분들께 이 책을 꼭 추천드리고 싶어요.

『퍼펙트 퍼피』는 강아지를 더 잘 이해하고, 건강하고 행복하게 함께 살아가는 데 필요한 기본과 방향을 따뜻하게 안내해주는 책이에요.

저는 14년 차 반려인으로, 현재는 긴 귀가 매력적인 미니비숑 '아리'와 함께하며 강아지의 행동·건강·교육에 관한 경험을 SNS로 나누고 있습니다.

박 지 연

Contents

추천의 글 3
서평 4
소개의 글 6
서문 8

1. 원석(THE RAW MATERIAL) 10
2. 강아지가 보는 세상 24
3. 새로운 가족 34
4. 발달 단계 42
5. 새 반려견과의 시작 48
6. 사회화 64
7. 배변 훈련 86
8. 좋은 습관과 행동 94
9. 함께하는 놀이와 활동 116
10. 입질과 공격성 예방 140
11. 강아지의 씹기 행동 162
12. 핸들링과 그루밍 168
13. 혼자 있는 법 배우기 178
14. 강아지 훈련하기 182
15. 청소년기와 그 이후 228

부록:

반려견 견주 에세이 234
반려견 응급 상황 대처법 243
강아지 반려인을 위한 Q&A 245
사회화 훈련 프로그램 248

색인 251
역자 소개 256

소개의 글

수년 전, 호주에서 이런 이메일을 받은 적이 있습니다:

> "안녕하세요. 저는 1996년 멜버른의 한 시장에서 선생님의 책을 구입했습니다. 그리고 저희 강아지(오스트레일리안 켈피)를 입양하기 전인 1997년에 그 책을 한 글자도 놓치지 않고 처음부터 끝까지 읽었습니다. 그 이후로 저는 책에서 설명한 원칙들을 꾸준히 적용해왔고, 이제 열 살이 된 제 강아지는 수많은 재주를 부리는 활달하고 사랑스러운 반려견이 되었습니다. 대부분의 사람들이 초크 체인을 사용하던 시절(적어도 우리 지역에서는요.), 이렇게 훌륭한 책을 출간해 주셔서 정말 감사드립니다."
>
> – 크리스탈 윔스(Crystal Wemyss)

전 세계 독자들이 이 책의 초판과 개정판을 접한 후 그들의 강아지가 더 나은 삶을 살게 되었다는 것을 생각하면 이루 말할 수 없이 기쁩니다. 이 책은 지난 30년간 강아지 관련 서적으로 많은 사랑을 받아 왔습니다. 저는 제 커리어 초기에 배운 지식과 경험이 수천 마리의 강아지와 보호자에게 도움이 되었다는 점에서 자부심을 느낍니다. 책이 처음 출간되었을 때 제 책을 보고 강아지를 키웠다는 보호자를 만날 때면, 혹시라도 무슨 일이 생기지 않았을까 하는 마음에 가슴을 졸이며 이야기를 들었습니다. 하지만 다행히도 그런 일은 일어나지 않았고, 오히려 책이 큰 도움이 되었다는 감사 인사를 듣게 되어 언제나 놀랍고 기뻤습니다.

30년이 지난 지금, 그간의 많은 변화와 발전을 양분 삼아 세 번째 개정판을 출간할 기회가 마련되었습니다.

이 책이 성공을 거둘 수 있었던 이유는 바로 긍정적인 훈련 방식에 기반하고 있기 때문이라 생각합니다. 체벌이나 공격적인 방식은 강아지, 성견, 사람 모두에게 아무런 효과가 없습니다. 사랑과 신뢰를 바탕으로 조화로운 관계를 만들어가는 것, 그것이 바로 제가 전하고자 하는 핵심입니다. 책이 처음 출간된 이후, 저 역시 이 방식으로 두 마리의 강아지를 키웠고 둘 다 행복하고 훌륭한 반려견으로 자랐습니다. 이 경험을 통해 저는 확신하게 되었습니다. 우리가 올바른 길을 가고 있으며 강아지 교육과 훈련에 있어 어떤 형태의 체벌도 용납되어서는 안 된다는 점을 말입니다.

처음 강아지를 데리고 훈련 교실에 갔을 때

강아지가 말썽을 부리지 않고 잘 적응하기 위해서는 항상 무언가에 집중할 자극과 활동이 필요하다.

그웬 베일리
(Gwen Bailey)
– 저자, 동물 행동학자

놀이와 보상, 사랑으로 훈육된 반려견 오토, 릴리와 함께.

강사는 리드를 세게 당겨 강아지 머리를 억지로 눌러 엎드리는 법을 가르쳐야 한다고 했습니다. 저는 그 지시를 거부했고 다시는 그 수업에 가지 않았습니다. 대신 집에서 제 방식대로 훈련을 시작했고, 결국에는 보상 중심의 방식을 바탕으로 직접 훈련 교실을 열게 되었습니다. 그로부터 30년이 지난 지금, 많은 사람들이 강압적인 방식을 거부한 덕분에 반려견 훈련 문화는 더 건강한 방향으로 나아갈 수 있었습니다. 이러한 변화의 흐름을 지켜보며 저는 진심으로 기쁘고 뿌듯한 마음입니다. 지배, 강압, 맹목적인 복종은 사라졌고 협력, 리더십, 조화, 긍정적 훈련이 그 자리를 대신하고 있습니다. 이제 강아지들은 훨씬 어린 시절부터 훈련을 받게 되었고 더 행복해졌으며 주인이 다가올 때 움츠리는 대신, 꼬리를 높이 치켜 들고 당당한 모습으로 다닙니다.

개는 제 삶에서 가장 중요한 존재이고, 저는 그들이 더 나은 삶을 살 수 있도록 보호자들을 교육하는 데 많은 시간을 바쳐 왔습니다.

20년 간 저는 www.puppyschool.co.uk를 통해 방대한 강아지 훈련 네트워크를 구축해 왔고, 150명의 훌륭한 강사들과 함께 10만마리 이상의 강아지와 그들의 보호자를 교육해 왔습니다. 이번 개정판에는 첫 출간 이후로 축적된 지식뿐 아니라 새롭게 밝혀진 과학적 정보도 반영하였습니다. 개들은 본질적으로 크게 달라지지 않았지만 우리는 이제 훨씬 더 많은 것을 알게 되었습니다. 저 또한 강아지를 처음 맞는 보호자가 어떤 정보를 필요로 하는지에 대해서 훨씬 깊이 이해하게 되었습니다. 이 책은 강아지와 주인이 함께 배우고, 올바른 방향으로 나아가도록 하기 위해 기획되었습니다. 이번에 새롭게 개정된 구성과 내용을 통해 이번 개정판이 앞으로도 많은 이들에게 도움이 되길 바라며 계속 사랑받기를 희망합니다. 시작이 좋다면 반려견과 보호자 사이의 관계가 무너지거나 실패하는 일은 훨씬 줄어들 것이고, 행복한 동반 관계는 오래도록 지속될 것입니다. 당신과 반려견의 관계가 그러하기를 진심으로 바랍니다.

서문

어린 강아지의 일상은 그저 하나의 즐겁고 행복한 모험이어야 합니다. 하지만 현실에서는 사람들의 과도한 기대 속에, 미처 몰랐던 규칙을 어겼다는 이유로 혼이 나는 혼란스러운 시간을 보내게 됩니다. 안타깝게도, 강아지는 사람의 말이나 생각을 바로 이해하지 못합니다. 그들은 우리와는 전혀 다른 신체, 감각, 운동능력, 의사소통 방식을 가진 존재입니다. 따라서 강아지가 세상을 이해할 수 있도록 다정하게 가르쳐주고 우리가 원하는 것이 무엇인지 알려주어야 합니다.

강아지는 어린 아이들과 마찬가지로 감정이 풍부하며 사랑과 보호를 필요로 합니다. 사람과 함께 살아가기 위해서는 적절한 통제는 필요하지만 그들의 기질이나 생기를 억누를 만큼 강압적이어서는 안 됩니다.

수년 간 저의 일은 파양 경험이 있는 강아지들과 함께 하는 것이었습니다. 그 이유의 대부분은 그들이 강아지를 제대로 키우는 데 필요한 지식을 충분히 갖추지 못했던 것이 문제였습니다. 주인과 강아지의 관계가 회복되지 못하면 결국 손해를 보는 것은 언제나 강아지입니다. 강아지를 포기하는 사람들은 대개 무책임하거나 냉정한 사람이 아니라, 그저 강아지를 제대로 키우는 지식을 갖추지 못한 경우가 많습니다.

시행착오만으로 옳은 방법을 터득하려면 매우 오랜 시간이 걸리겠지만 다른 사람들의 실수와 성공을 함께 배움으로써 훨씬 더 수월해질 수 있습니다. 이 책은 문제행동이 있는 강아지들과 함께 한 저의 오랜 현장 경험과 20년간 10만 마리 이상의 개를 훈련해온 Puppy School

강아지들은 배우고자 하는 준비도 되어 있고, 의지도 강하다. 이들을 어떤 방식으로 길들이느냐에 따라 훗날 기쁨이 될지, 골칫덩이가 될지가 결정된다. 그리고 그것은 전적으로 우리 손에 달려 있다.

모든 강아지는 저마다의 기질과 성격을 갖고 태어난다. 그들의 타고난 특성을 이해하고 좋은 습관을 들일 수 있도록 이끌어주는 것이 건강하고 성숙한 성견으로 키우는 핵심이다.

데려오는, 그 순간부터 여기에 담긴 원칙과 제안을 바로 실전에 옮겨 보길 권합니다. 그렇게 하면 반려견 주인들이 겪는 많은 문제들을 피할 수 있을 것입니다.

네트워크에서의 지식, 그리고 동물 행동학 전문가들로부터 배운 내용을 종합하여 정리한 결과물입니다.

  처음에는 강아지를 제대로 키우는 게 막막하게 느껴질 수 있습니다. 이 책은 그런 분들을 위해 만들어졌습니다. 실수를 최소화하면서도 강아지를 잘 키울 수 있도록 돕는 것이 목적이며 훈련에 필요한 모든 내용을 꼼꼼하게 담고 있습니다. 그렇다고 이미 잘 하고 있는 방법을 크게 바꿀 필요는 없습니다. 다만 이 책은 그 능력을 더 잘 발휘할 수 있도록 필요한 지식을 더해줄 것입니다.

  미리 계획하고 처음부터 제대로 시작하는 것이 나중에 문제를 해결하는 것보다 훨씬 빠릅니다. 이 책을 최대한 활용하려면 강아지를 집에

핵심 포인트

- 이 책은 강아지의 행동에 영향을 주는 방법과 미래의 성격을 어떻게 형성해갈 것인가에 초점을 맞추고 있습니다. 강아지의 신체 건강과 기본적인 돌봄에 대한 정보는 시중에 많이 나와 있으므로 여기서는 크게 다루지 않았습니다.
- 책에서 '주인'이라는 표현을 사용할 때가 있습니다. 이는 지배-복종 관계를 암시하기 위함이 아닙니다. 단지 '주인'이 강아지의 행복, 건강, 복지에 대한 전적인 책임을 진다는 의미에서 사용된 표현입니다.

CHAPTER ONE
원석(The Raw Material)

개는 다 비슷하다고 생각할지 모른다. 하지만 그들은 자신만의 독특한 개성을 가진 개별 존재로서 저마다의 방식으로 새로운 환경에 적응할 준비가 되어 있다. 이는 자신만의 유전적 구성과 자견 시기의 경험이 결합한 덕분이다.

이 장은 당신이 아직 강아지를 고르는 중이든 이미 강아지를 입양한 상태든 관계없이 강아지의 배경이 어떻게 미래의 행동에 영향을 미치는지, 어떻게 건강하고 균형 잡힌 성견으로 자라게 할 수 있는지를 이해하는 데 도움이 될 것이다.

야생형

전 세계 여러 나라에서 자유롭게 떠돌며 살아가는 개들은 아마도 우리가 접할 수 있는 가장 야생에 가까운 개라고 할 수 있다.

이 개들은 스스로 짝짓기 상대를 선택하고 지속적인 수의학적 관리 없이 살아간다. 그 결과 자연선택의 원칙에 따라 가장 건강한 유전자만이 다음 세대로 전달된다. 이 유형의 개들은 신체가 효율적으로 기능하도록 진화하였다.

따라서 반려견을 선택할 때는 이러한 야생형과 너무 동떨어진 특성이 개의 건강과 복지에 어떤 영향을 미칠 수 있는 지 고려해야 한다.

짧은 코, 큰 눈, 긴 등, 과도한 피부 주름 등을 가진 개는 귀엽고 유행을 따르는 것 같아 보일 수 있지만 이런 인위적인 기준에 맞춰진 개를 선택하는 것이 과연 옳은 일일까?

실제로 많은 개들이 인간이 의도적으로 만든 극단적인 외형 때문에 평생을 질병과 통증, 불편감에 시달린다.

우리가 반려견을 신중하고 배려심 있게 선택

이처럼 자유롭게 돌아다니며 살아가는 개들은 수의학적 관리를 거의 받을 수 없기 때문에 스스로를 보호할 수 있는 신체 기능과 털을 갖고 진화해왔다.

한다면 과장되고 불편한 외형을 가진 개에 대한 수요는 사라질 것이다.

유전자-행동의 설계도

오늘날의 혈통견 품종들은 수 세대에 걸쳐 특정 능력이나 외형에 맞춰 의도적으로 선택되고 교배되었다. 그 결과 특정 품종의 개들은 특유의 외형과 행동 특성을 갖고 태어난다. 예를 들어, 당신의 반려견이 오랜 역사를 가진 닥스훈트 혈통이라면 지면에 가까운 체형을 가졌고, 땅을 파는 행동을 보일 가능성이 높다. 이는 닥스훈트가 땅을 파서 오소리를 잡는 사냥견으로 개발된 품종이기 때문이다. 반면 사슴 사냥용으로 길러진 디어하운드는 키가 크고 달리기를 잘 할 것이다. 콜리는 코커 스패니얼보다 달리기와 추격 본능이 더 강할 것이고, 하바니즈는 헌터웨이보다 에너지나 활동량은 적지만 털 관리에 손이 더 갈 것이다.

혈통견은 '순종'의 특성을 그대로 나타낸다. 즉, 같은 품종의 부모로부터 태어난 강아지는 외형과 행동에 있어 부모견과 유사한 경향이 높다. 따라서 주인 입장에서는 강아지가 성견이 되었을 때의 모습과 성격을 어느 정도 예측할 수 있다는 장점이 있다.

견종들은 아래 표와 같이 일반적으로 7개의 그룹으로 나뉘며 각 그룹에 속한 품종들은 공통적인 신체적·행동적 특성을 가진다.

강아지의 유전적 성향은 당신이 앞으로 함께 살아가게 될 '원석'이다. 그러므로 어떤 유형의 강아지를 키우는지 정확히 아는 것은 그 강아지를 잘 성장시킬 수 있는 첫걸음이다. 강아지의 조상들이 어떤 목적으로 길러졌는지 알아보려면 전문 서적, 인터넷 자료, 혹은 해당 품종에 대해 잘 아는 사람들에게서 정보를 얻을 수 있다. 강아지의 타고난 특성이 앞으로 당신과 함께 살아갈 환경과 어떻게 작용할지를 한번 생각해보자. 예를 들어, 집 주변이 소란스러운 환경이라면 경비견 유형의 개는 지나치게 짖을 수 있다. 주변에 가축이 있다면 몰이견 유형이 이들을 쫓으려 할 것이다. 다른 개나 사람들과 어울리는 것이

견종 그룹

조렵견 (GUNDOGS)	온순하고 사교적이며 순종적이고 에너지가 넘친다. 활동적이고 장난기도 많다. 몸집은 작지 않으며 성장하면 중형에서 대형에 이르는 크기로 자란다.
목양견(PASTORAL)	**몰이견**: 반응이 빠르고 예민하며, 활동적이고 민첩하다. 또한 근면하고 에너지가 넘치며 장난기 있고 순종적인데다 보호 본능이 강하다. **가축 수호견**: 몸집은 보통 대형 또는 초대형에 이르고, 활동량이 적은 편이며 털이 두껍고 경계 및 보호 본능이 강하다.
테리어(TERRIERS)	보통 몸집이 작고 쉽게 흥분하며 공격적으로 변하기 쉽다. 사냥 본능이 강하고 들뜨기 쉬우며 소란스러운 경향이 있다.
토이(TOYS)	작고 사랑스러우며, 애정 받는 것을 좋아한다.
수렵견(HOUNDS)	쾌활하고 독립적이며 사교적이다. 장난감에는 큰 관심이 없는 편이다. 냄새를 추적하고 사냥감을 쫓도록 개량된 견종이기 때문에 산책 시 통제가 다소 어려울 수 있다.
사역견(WORKING)	체격이 크고 지능이 높으며 보호 본능이 강하다. 그 외의 성격이나 행동 특성은 어떤 목적을 위해 개량되었는 지에 따라 다양하게 달라질 수 있다.
실용견(UTILITY)	다른 그룹에 속하지 않는 견종들로 각 개별 견종의 특징은 개량된 목적에 따라 달라진다.

강아지에게 중요할 수도 있고, 마당에서 땅을 파는 행동이 문제가 될 수도 있다.

이처럼 강아지의 타고난 성향과 본능을 잘 이해하면 에너지를 긍정적인 방향으로 사용하게 하면서 문제 행동을 일으키지 않게 한다.

예를 들어, 콜리에게 장난감을 사용해 냄새 맡기 놀이나 추적 놀이를 가르친다면 조깅하는 사람이나 자전거를 쫓는 행동을 미연에 방지할 수 있다. 또는 경비견 품종 강아지가 외부 소리에 반응하지 않고 조용히 있을 때 칭찬과 보상을 준다면 성견이 되더라도 과도하게 짖지는 않을 것이다. 이렇듯 강아지의 타고난 기질적 특성을 신중히 고려하고 그 에너지를 건강한 습관으로 전환시킬 방법을 생각해보자.

많은 이들이 어떤 개를 입양할지 단 몇 시간만에 결정하고, 그나마 그 결정 또한 강아지의 행동 특성은 고려하지 않은 채 외모만 보는 경우가 많다. 하지만 이는 앞으로 12년 이상 가족처

견종	본래 사육 목적	성격적 특징
래브라도 리트리버	물고기 물어오기	물고 씹는 것을 좋아하며 에너지가 넘침
프렌치 불도그	애완	애교가 많음
골든 리트리버	사냥감 물어오기	물고 씹는 것을 좋아하며 에너지가 넘침
저먼 셰퍼드	양몰이와 지키기	쫓고 지키려는 본능이 강하며 의욕이 높음
보더 콜리/워킹 쉽독	양몰이	본능적으로 쫓고, 에너지가 넘치며 의욕이 높음

럼 살아갈 반려견을 선택하는 데 있어 결코 바람직한 방식이 아니다. 보호자나 가족의 성향에 맞는 유전적 기질을 가진 강아지를 찾는다면 건강하고 균형 잡힌 반려견으로 키울 확률이 훨씬 높아질 것이다. 그러므로 강아지를 보러 다니기 훨씬 전부터 이 부분에 대해 충분히 고민하고 숙고할 필요가 있다. 이미 강아지를 데려온 상태라면, 지금 와서 그 선택이 최선이 아니라고 느껴진다 해도 낙담할 필요는 없다. 강아지의 유전적 기질이 당신과 꼭 맞지 않더라도 조금 더 이해하고, 더 많이 배우고, 더 노력하면 지금의 강아지를 충분히 훌륭한 반려견으로 성장시킬 수 있다.

5가지 인기 견종의 특징

가정에서 꼭 기억할 점	사회화 필요 정도	의지력	활동성
놀이는 장난감을 활용한 게임으로 유도하기. 정신적·신체적 활동을 충분히 시키고, 특히 강아지 시기에 씹을 수 있는 물건을 많이 제공할 것	보통	중간	높음
과장된 체형으로 인해 유전적 신체 결함이 생기기 쉬움	보통	중간	낮음
놀이는 장난감을 활용하여 게임으로 유도하기. 특히 강아지 시기에 씹을 수 있는 물건을 많이 제공 할 것.	보통	중간	보통
추격 본능을 장난감과 게임으로 돌리도록 유도하기. 사회화 훈련이 필요하며 정신적·신체적 활동을 충분히 제공할 것.	많음	중상	높음
추격 본능을 장난감과 게임으로 돌리도록 유도하기. 정신적·신체적 활동을 충분히 제공할 것.	많음	중간	매우 높음

사역견인가? 쇼독인가?

품종 개량 초기에는 개들을 외모보다는 행동 특성을 기준으로 선택했었다.

그러나 시대가 변하면서 지금은 많은 반려견이 쇼독(Show Dog) 계열에서 나오게 되었고, 이 경우 개의 성격이나 기질보다는 품종 고유의 외모가 중요한 기준이 된다. 다시 말해, 사역견이나 반려견이 가진 성격적 특성은 고려하지 않고, 단지 외형상의 '표준'을 얼마나 충족하는지가 우선시되는 것이다. 좋은 브리더는 개들과 함께 생활하면서 그 개들이 실제로 어떤 성격인지, 반려동물로서 어떤 특성을 지니는지를 잘 알고 있다. 반면, 일부 브리더는 한꺼번에 너무 많은 개를 키우거나 켄넬에만 두기 때문에 개들이 일반 가정에서 얼마나 잘 적응할 수 있는지를 판단하기 어렵게 만든다.

특정 견종은 여전히 인간과 함께, 주어진 일을 '수행'할 목적으로 번식된다. 이 경우 한 배에서 태어난 새끼들 중 가장 뛰어난 강아지들은 훈련을 받고 실제 일에 투입되며 나머지는 반려견으로 분양된다. 만약 사역견 품종의 강아지를 데려오고 싶다면 매일 종일 달리고 지치지 않는 체력과 본능을 가진 개를 키울 수 있는지 먼저 고려해봐야 한다. 주인이 직장을 다니거나 집을 자주 비워야 하는 일반적인 반려가정에서는 이런 견종이 지루함이나 좌절감에 시달리면서 문제 행동을 나타낼 가능성이 높다. 만약 브리더가 강아지의 부모견 또는 조상견이 양몰이 대회(Sheepdog trial) 결승전에 출전했다든가, 올해의 경찰견 상을 받았다든가, 알래스카의 이디타로드 개썰매 경주(Iditarod Trail sled-dog race)에 출전했다는 사진 등을 자랑스럽게 보여

자녀가 있는 가정에서는 인내심이 강하고 애정이 많은 성격의 강아지를 선택하는 것이 중요하다. 그런 면에서 래브라도 리트리버는 가족이 있는 반려인에게 인기가 많은 견종이다.

준다면 그러한 유전적 기질을 지닌 개가 당신의 생활 방식에 적합한지를 생각해볼 필요가 있다.

다양한 혈통에 대한 정보를 최대한 많이 알아봄으로써 어떤 종류의 개가 자신과 맞는지 판단할 수 있다. 이미 강아지를 데려온 경우에도 이런 배경 정보를 파악하면 장차 강아지가 어떤 성격적 특성을 나타낼지 예측할 수 있고 그 기질이 바람직한 방식으로 표출되도록 할 수 있다.

혈통견의 문제점

외모와 행동이 대체로 유사하여 '품종의 표준'에 부합하는 개를 만들어내기 위해서는 상대적으로 한정된 개체군 안에서만 번식을 해야 한다. 한 품종이 어느 정도 정립되면, 해당 품종으로 간주되지 않은 개들은 더 이상 혈통서에 등록할 수 없다. 그 결과, 해당 품종 내에서 유전자 풀은 점점 제한되고 정체된다. 이러한 방식은 외형적 통일성을 높여주기는 하지만, 유전 질환을 자주 발현시키는 부작용도 있다. 특히 품종의 대표적인 외형을 지닌 수컷은 반복적으로 교배에 사용되기 때문에 결국 품종 내 유전적 다양성이 더욱 심각하게 감소하고 결함 유전자가 널리 퍼지게 되는 결과를 낳는다.

흔한 유전적 결함으로는 고관절이형성증, 팔꿈치이형성증, 알레르기 체질, 암, 심장 질환 등이 있으며 이 외에도 품종마다 주의해야 할 유전 질환이 존재한다. 대부분의 경우는 사전에 부모견이 해당 질환을 가지고 있지 않은지 검사할 수 있으며 예비 보호자는 수의사가 발급한 유효하고 신뢰할 수 있는 검사 결과를 확인해야 한다. 건강한 강아지를 분양 받기 위해서는 보호자가 해당 품종에 어떤 질병이 있는지 직접 조사하고, 정직한 정보를 제공할 수 있는 브리더를 찾아야 한다. 물론 이 과정이 쉽지는 않지만 여러 사람에게 질문하고 충분한 정보를 얻다 보면 건강한 강아지를 분양 받는 최선의 방법을 알게 될 것이다.

쇼독 계열에서는 외형이 가장 중요한 가치로 여겨지기 때문에 브리더들은 교배에 사용하는 개들의 개별적인 기질은 크게 고려하지 않는 경우가 많다. 기질이 완벽하지 않더라도 교배용 암컷과 체형이 잘 맞고, 도그쇼에서 수상 가능성이 높은 수컷을 선택하는 유혹을 뿌리치기는 브리더 입장에서 어려울 수도 있다.

강아지를 번식할 때 브리더는 부모견의 외형, 건강, 기질을 모두 고려해야 한다.

도그쇼에서 수상하는 기준은 대부분 외형에 집중되어 있어서 건강 문제는 늦게야 드러나는 경우가 많고 기질상의 문제도 숙련된 훈련사에 의해 감춰질 수 있다. 따라서 부모견이 크러프츠(Crufts)나 웨스트민스터 켄넬 클럽(Westminster Kennel Club)과 같은 큰 대회에서 우승했다는 이유만으로 반려견을 선택할 생각이라면 해당 품종의 혈통에 건강 문제는 없는지, 기질이 일반 가정의 반려견으로 적합한지 등과 같은 중요한 요소들도 꼼꼼히 따져봐야 한다.

두들, 푸들, 그리고 '디자이너 도그'

2000년대 초반부터 반려인들은 전통적인 혈통견 대신 믹스견에 더욱 관심을 갖기 시작했다. 1세대는 대부분 푸들과 다른 품종을 교배한 '푸

원석(The Raw Material)

들 믹스'이다. 푸들 믹스가 인기를 끌게 된 이유는 '푸들과의 교배는 털알레르기를 유발하지 않는다'는 잘못된 정보와 라이프스타일에 맞는 적당한 크기와 건강한 개를 찾고자 하는 대중의 열망 때문이었다. 그 결과, 이른바 '디자이너 도그'라 불리는 믹스견이 흔해졌고 특별할 것 없는 교배 조합에 그럴듯한 이름만 붙였을 뿐인데도, 일부 강아지는 매우 높은 가격에 거래되고 있다.

이처럼 '완벽한 강아지'를 찾고자 하는 의도는 좋았지만, 책임감 있는 브리더들이 공급할 수 있는 강아지의 수가 수요를 초과하면서 양심 없는 브리더들이 그 공백을 채우려고 시장에 뛰어들었다. 이로 인해 검증도 받지 않은 부모견에게서 태어난, 건강하지 못하고 사회화가 부족한 강아지들이 높은 가격에 분양되는 문제가 생겨났다.

믹스견을 입양할 때는 그 출생 배경에 각별히 신경을 써야 한다. 브리더를 잘 알아보고, 유전 질환에 대한 검사 결과를 확인해야 한다. 이때 부모견 품종의 유전 질환에 영향을 받을 수 있으므로 부모견 검사 결과도 필요하다. 가능하다면 해당 품종에 대해 잘 알고, 강아지가 형제자매견들과 함께 지내는 동안 필요한 모든 사회화를 시켜줄 수 있는 브리더를 선택하는 것이 좋다. 강아지가 어린 시절부터 자란 환경을 직접 보면 그 강아지가 지금까지 어떻게 자라왔는지 전체적인 그림을 파악할 수 있다.

강아지가 두 혈통견의 1세대 교배견이라면 두 품종 모두의 특성이 섞여 나타날 가능성이 높다. 따라서 각 품종의 특성을 미리 알아보는 것이 좋다. 예를 들어, 푸들은 활발하고 지능이 높으므로 이 유전자를 가진 강아지를 입양한다면, 어린 시기에 매일 충분한 훈련과 신체 활동을 시킬 수 있어야 한다.

혈통을 알 수 없는 강아지

부모견 혈통을 알 수 없는 강아지는 유전적 소인(inherited predispositions)을 파악하기 쉽지 않다. 더욱이 교배에 포함된 품종 수가 많아질수록 외형만으로 유전적 특성을 추측하기는 더 어려워진다. 요즘에는 DNA를 채취하여 품종 구성을 분석해주는 회사가 많아지고 있어 이런 서비스를 이용하여 유전적 배경을 알아보는 것도 하나의 방법이 될 수 있다. 다만, 이 분야는 아직 초기 단계에 있기 때문에 업체 간 분석 결과가 다소 다를 수 있다는 점도 염두에 두어야 한다.

가능하다면 어미견(또는 아비견까지)을 직접 보고 그들의 성격과 기질을 파악하는 것이 이상적이다. 그게 어렵다면, 다양한 품종의 특성에 대한 지식을 쌓고 그 특성들이 당신의 반려견에게 어떻게 나타나는지를 주의 깊게 살펴보자.

강아지의 출생 배경 알기

강아지의 출생 배경은 매우 중요하다. 뒤에서 살펴보겠지만(6장, 64쪽 참고), 강아지가 어미견 곁을 떠나 입양되기 전까지 이미 사회화 과정이 어느 정도 진행되어 있어야 하며 이 과정이 얼마나 잘 이루어졌느냐에 따라 강아지의 성장 결과는 크게 달라진다. 만약 브리더가 이를 제대로 하지 않았다면, 보호자는 강아지가 아직 어릴 때 자신감 있고 건강하게 자랄 수 있도록 더 많은 노력과 시간을 들여야 한다.

개는 보통 수익, 외모, 능력 때문에 혹은 우연

한 번식의 결과로 태어난다. 강아지에게 가장 이상적인 출발점은 활기찬 가정에서 태어나 다양한 시각적·청각적 자극을 일찍부터 접하는 것이다. 매일 아이들과 어른의 다정한 손길을 받고, 방문객들과 놀아보며 다른 개들과 친근하게 만나왔다면 그 강아지가 새로운 집에 올 쯤에는 이미 자신감 넘치는 개로 자랄 준비가 되어 있는 셈이다. 더불어 만약 교배 자체가 계획적이었고, 순하고 건강한 성격의 부모견들에게서 태어난 강아지라면 훌륭한 반려견으로 자랄 가능성도 그만큼 높다.

하지만 꼭 이런 배경이 아니더라도 꼼꼼히 살피고 잘 알아본 후 입양한다면 얼마든지 훌륭한 개로 키울 수가 있다.

드물기는 하지만, 평소에는 개들을 켄넬에서 키우다가 새끼를 낳을 때는 집 안에 두며 사회화시키는 브리더들도 있다. 이런 환경에서는 좋은 강아지들이 나올 수 있다. 마찬가지로 유기견보호소가 강아지를 어릴 때부터 사람과 접촉시키고 다양한 경험을 제공한 곳이라면 좋은 강아지로 키울 수 있다. 따라서 강아지를 입양하기 전, 강아지를 사회화시키는 데 있어 브리더의 역할이 무엇인지 알아보는 것이 좋다. 그런 다음 브리더에게 여러 질문을 해보고 주의 깊게 경청하며 사회화가 얼마나 잘 되었는지, 더 깊게는 사회화를 시키기는 했는지까지 파악해보라. 긍정적인 환경에서 다양한 경험을 하며 자란 강아지를 입양하는 것이 좋은 시작점이 될 것이다.

근친 교배로 인한 유전적 문제를 피하고자 하는 움직임이 확산되면서, 래브라도와 푸들을 교배한 래브라두들을 비롯한 다양한 '디자이너 도그'를 등장시켰다.

안타깝게도, 오늘날 강아지 번식은 하나의 거대 산업이 되었다. 이에 따라 건강하고 기질이 좋은 강아지를 번식시키는 진정성 있는 브리더를 찾기 위해서는 상당한 노력과 주의가 요구된다.

상업적인 목적으로 운영되는 대규모 번식 시설, 일명 '퍼피팜(puppy farm)' 또는 '강아지 공장'에서는 비좁고 비위생적인 환경에서 강아지들을 사육하는 경우가 많다. 이런 곳에서는 부모견을 선택할 때도 거의 신경 쓰지 않으며, 단지 겉모습이 해당 견종과 대략 닮기만 해도 교배해버린다. 이런 곳에서 태어난 강아지들은 아주 어릴 때부터 좁은 우리에 갇혀 거의 아무런 자극이나 사회화 경험 없이 지내다 이른 나이에 먼 거리로 운송되는 등의 스트레스와 트라우마를 겪게 된다. 그 결과 특이한 행동 문제, 기질 이상, 다양한 건강 문제와 질병이 나타나게 된다. 연구에 따르면, 이렇게 자란 강아지들은 과도한 공포심, 공격성, 불안, 분리 관련 행동 문제, 애정 결핍, 촉각 민감성 등의 행동 장애를 보인다고 한다.

현재 영국에서는 유럽의 여러 국가에서 어린 강아지들을 수입하는 일이 흔해졌다.

북미와 기타 여러 지역에서는 강아지들이 더럽고 비좁은 환경에서 자라다가 장거리로 운송되곤 한다. 이 가엾은 강아지들은 긴 여정에서 오는 스트레스를 겪을 뿐만 아니라, 건강도 좋지 않고 너무 이른 시기에 어미견과 분리되어 사회화 경험도 거의 전무하다.

이러한 사육 방식이 허용된 일부 국가의 대형 펫 숍에서는 여러 품종의 강아지를 진열하여 판매한다. 이 곳에서는 마치 새 TV를 고르듯, 충동적으로 강아지를 선택하게 만들기도 한다. 또는 마치 집에서 키운 강아지처럼 위장하여 실제로는 자란 적도 없는 가정집에서 판매되기도 한다.

건강하고 잘 사회화된 강아지를 데려오는 것은 쉽지 않고, 무책임한 브리더나 판매자를 피하는 것이 무엇보다 중요하다. 이를 위해서는 신중한 계획과 충분한 정보 수집이 필요하고 사회화, 유전 질환, 행동 발달 등에 대한 기초 지식을 갖춰야 한다. 위의 조건을 갖춘 상태라면 브리더에게 적절한 질문을 던질 수 있고 신뢰할 만한 대답을 줄 수 있는 사람인지 판단할 수 있다.

충분한 보살핌이 없는 곳에서 자란 강아지를 분양 받는 것은 피해야 한다. 예를 들어, 바깥 우리나 외딴 농장에 방치되어 있거나 강아지를 사회화하려는 노력을 전혀 하지 않는 쇼 켄넬과 같은 곳은 주의가 필요하다. 다행히도 최근에는 '취미형 브리더(hobby breeder)'들이 생겨나고 있다. 이들은 강아지의 외형, 성격, 건강 상태를 종합적으로 고려하고 자견 시기에 적절한 사회화 훈련에 노력을 기울인다.

좋은 강아지를 입양하기 위해서는 사전에 철저한 준비와 조사를 해두는 것이 바람직하다. 4장의 발달 단계(42쪽)를 보면 책임감 있는 브리더가 자견 시기에 어떤 사회화 경험을 제공해야 하는지 자세히 알 수 있다. 좋은 브리더를 찾으려면 여러가지 질문을 던져야 한다.

예를 들어, 주변에 성격이 좋고 건강한 반려견이 있다면 그 부모견은 어땠는지, 해당 품종에 어떤 유전 질환이 있는지, 어떤 검사들이 가능한지 등이 있다.

입양 전 체크리스트

- ☐ 가족이 원하는 반려견 조건을 브레인스토밍한다.
- ☐ 원하는 견종 및 교배종의 목록을 작성한다.
- ☐ 선택한 견종의 기질적 특성과 유전 질환에 대해 조사한다.
- ☐ 선택지를 한 두개의 견종 또는 교배종으로 좁힌다.
- ☐ 해당 견종이나 교배종의 배경과 특성에 대해 조사한다. (책, 인터넷, 도그쇼, 주변인 등)
- ☐ 브리더가 어떤 방식으로 사회화 훈련을 시키는 지 알아본다.
- ☐ 신뢰할 수 있는 브리더를 찾아 이력과 계획을 직접 확인한다.
- ☐ 한두 명의 브리더로 범위를 좁히고, 교배 목적, 부모견 선택 이유, 체형과 기질, 사회화 교육에 대해 구체적으로 논의한다. 또한 유전 질환 검사는 어떤 것을 진행했는지도 꼭 확인한다.
- ☐ 좋은 강아지를 만날 때까지 기다릴 준비를 하고, 가능하면 최소 한 번, 가급적이면 두 번 이상 강아지를 직접 보러 간다. 어미견을 꼭 확인하고, 건강 검진서 사본도 요청하되, 진위 여부를 반드시 확인한다. 문제가 있다고 느껴지면, 과감히 돌아설 각오도 필요하다.

좋은 브리더에게 강아지를 분양 받으려면 몇 개월, 길게는 1년 이상 기다려야 할 때도 있다. 그러나 이는 건강하지 않은 강아지를 신뢰가 가지 않는 곳에서 급히 분양 받는 것보다는 훨씬 낫다.

브리더를 방문하기 전에는 궁금한 내용을 충분히 준비해 간다. 좋은 브리더는 오히려 예비 보호자에게 많은 질문을 해올 것이고 진심 어린 브리더일수록 자신이 기른 강아지들이 좋은 가정으로 입양되기를 바랄 것이다. 이 과정을 통해 무작정 강아지를 보러 갔다가 동정심에 이끌려 가족과 맞지 않은 강아지를 데려오는 실수를 막을 수 있다.

브리더를 방문할 때 주의할 점

어미견과 강아지들이 함께 있는 모습을 직접 보는 것은 강아지의 기질이 어떨지 판단하는데 좋은 기준이 된다. 예를 들어, 어미견이 사람을 과도하게 경계하는지 혹은 흥분하지 않고 친근하게 반응하는지를 살펴보자. 그 어미견이 당신이 앞으로 10년 이상 함께 하고 싶은 개처럼 느껴지지 않다면 그 강아지들 역시 당신의 가족과 맞지 않을 가능성이 높다. 이럴 경우엔 과감하게 발길을 돌릴 준비도 해야한다. 예민한 기질은 유전될 가능성이 높아서, 어린 시절부터 어미견이 낯선 사람에게 보인 두려움이나 공격적인 반응을 보고 학습한 강아지들은 성견이 되었을 때 비

좋은 브리더는 강아지를 쾌적하고 위생적인 환경에서 키우며 분양하기 전까지 사회화가 잘 되도록 관리한다.

숫한 행동을 보인다.

브리더를 방문할 때는 반드시 어미견이 강아지들과 함께 있는 모습을 직접 보여달라고 요청하고 브리더가 이를 회피하려는 언행을 보인다면 의심해봐야 한다. 브리더는 "어미가 젖떼고 나서는 새끼 곁에 있으려 하지 않는다", "지금 산책 중이다", "어미가 죽어서 강아지들을 손수 키웠다", "강아지를 낳은 후부터 낯선 사람에게 공격적으로 변했다"는 등 그럴듯한 이유를 댈 수도 있다. 하지만 실제로는 출산과 호르몬 변화, 방문객 증가 등의 이유로 스트레스가 높아져 잠재적인 공격성이 드러난 것일 수 있으며, 그렇다면 해당 강아지를 선택하지 않는 게 좋다.

어미견이 보이지 않는 경우는 강아지를 다른 장소에서 부적절하게 사육한 뒤 그 사실을 감추려는 사기 행위일 수도 있다. 일부 브리더가 외모만 비슷한 암컷을 '어미견 역할'로 데려다 놓는 사례도 보고된 바 있다. 지나치게 의심하는 것도, 그렇다고 너무 쉽게 믿는 것도 바람직하지 않지만 무언가 이상하다고 생각된다면 즉시 발길을 돌려라. 확신이 서지 않을 때는 다시 한 번 방문하여 상황을 재확인하는 것이 현명하다.

강아지가 자라는 환경도 잘 살펴보자. 지나치게 깨끗하거나 강아지를 키우는 데 필요한 물건들이 보이지 않는다면 해당 공간은 강아지가 평소 지내던 곳이 아닐 가능성이 있다. 반대로 지나치게 지저분하다면 배변 훈련 문제나 건강상 문제가 생길 수 있으니 그 또한 주의해야 한다. 또한 브리더나 판매자가 강아지를 집까지 직접 데려다 주겠다거나, 중간 지점에서 만나자고 제안하는 경우도 절대 강아지를 분양 받아서는 안 된다.

여러 품종의 강아지를 한꺼번에 판매하고 광고하는 곳이나 지나치게 친절하고 유연하게 대처하는 브리더, 결제 방식에만 집착하는 판매자 또한 경계해야 할 대상이다.

강아지를 입양할 때는 태어난 지 6~8주 된, 자신감 있는 자세로 꼬리를 흔들며 다가오는 강아지를 선택하는 게 좋다. 사회화가 잘 된 강아지는 낯선 사람을 만났을 때 침착하고 우호적으로 반응하며 안아 올렸을 때 평정심을 유지한다. 반면, 다가올 때 몸을 납작하게 낮추거나 사람을 기피하려는 강아지는 피하는 것이 좋다.

이러한 경향을 보이는 강아지를 입양한 경우에는, 어릴 때부터 사람과의 접촉에 대한 두려움과 낯가림을 극복할 수 있도록 많은 시간과 노력을 기울여야 한다 (169쪽 참고).

강아지를 집으로 데려오는 시기

강아지가 어미견, 형제자매견들과 떨어져 입양되는 적절한 시기에 대해서는 의견이 분분하다. 일부 국가에서는 법으로 이를 규정하고 있는데, 그 예로 영국에서는 강아지가 생후 8주가 되어야만 입양이 가능하다.

강아지가 어미견, 형제자매견들과 오래 함께 지낼수록 개들 간의 의사소통 방식을 더 잘 배우며, 이후 다른 개들과의 관계에서도 잘 적응할 수 있다. 반면, 고아가 되어 사람 손에 키워진 강아지처럼 너무 일찍 무리에서 분리된 경우에는 다른 강아지들과의 놀이를 경험하지 못하고 자라게 된다. 이런 강아지들은 다른 개들을 제대로 상대하지 못하고, 자라면서 어울리는 데 어려움을 겪는다. 또한 어미로부터 자연스러운 보살핌

골든 리트리버는 사랑스러운 반려견이지만, 일부 혈통은 장난감이나 물건에 대한 소유욕이 강할 수 있어 주의가 필요하다. 문제 소지가 있는 유전적 혈통은 다양한 반려인들과의 대화를 통해 미리 파악하는 것이 좋다.

원석(The Raw Material)

과 젖떼기 과정을 거치면서 배우는 필수적인 훈육의 기회도 놓치게 된다. 무리를 너무 일찍 떠나는 강아지는 젖떼기 과정에서 좌절감에 대처하는 법을 자연스럽게 배우지 못했기 때문에 일이 자기 마음대로 안되면 문제 행동을 보일 가능성도 있다.

반대로 강아지가 무리에서 오래 머물수록 사람의 방식을 배울 기회는 줄어든다. 예를 들어, 도그쇼 출전을 목적으로 선택 받고, 6개월 이상 무리에서 사육된 강아지는 사람과의 교류를 힘들어한다.

이들은 사람과의 만남에 미숙하기 때문에 반려견으로는 적합하지 않다. 이런 강아지들은 사람보다 개를 더 선호하고, 의사소통과 놀이를 어려워하며 낯가림이 심하거나 낯선 사람에게 공격성을 보이기 쉽다.

또한 혼자 있는 연습을 하지 못해 다른 개가 함께 있을 때만 안정을 찾는 경우도 있다. 따라

브리더로부터 충분한 사회화 과정을 거친 밝고 자신감 있는 강아지는 건강한 반려견으로 성장한다.

강아지가 브리더와 함께 지내는 동안 긍정적인 경험을 충분히 해야지만 새로운 가정으로 입양될 때 편안해하고 자신감을 가질 수 있다.

서 사람과의 충분한 사회화 경험을 통해 다양한 자극과 개별적인 관심을 받은 강아지가 아니라면 생후 8주 이내의 강아지를 데려오는 것이 가장 좋다.

CHAPTER TWO
강아지가 보는 세상

지금의 개들은 늑대와 같은 조상으로부터 진화하였다. 비록 오늘날의 늑대는 개와는 직접적인 관련이 없지만, 개가 어떤 유전적 배경을 가지고 있는지를 보여주는 유일한 생물학적 단서라고 할 수 있다. 오늘날 늑대는 가족 단위의 무리를 이루면서 서식하고, 큰 먹잇감을 함께 사냥하는 생활 방식을 유지하고 있다. 그들의 뇌와 몸은 이러한 생활 방식에 맞게 발달해 무리 내에서 서로 협력하고 공존하면서, 사슴과 같이 큰 동물을 감지하고 추격하여 사냥하는 능력을 진화시켜 왔다. 이렇듯 개의 조상은 인간과는 매우 다른 자연환경에서 살아왔기에 개들은 인간과는 전혀 다른 감각, 동기, 인지 방식을 가지고 있고, 세상을 바라보는 관점 또한 우리와는 매우 다르다. 따라서 강아지를 잘 키우기 위해서는 개가 세상을 어떻게 보고 이해하는지를 헤아려보는 시각이 필요하다.

개는 '냄새의 세계' 속에서 산다

개에게 있어 가장 중요한 감각은 후각이다. 개는 주변 환경에서 얻는 대부분의 정보를 코로 수집한다. 사람과 개가 새로운 공간에 들어섰을 때를 잘 보면 사람은 눈으로 상황을 파악하려 하고, 개는 냄새를 맡으며 필요한 정보를 탐색한다.

개는 우리의 상상 이상으로 정교하게 냄새를 감지할 수 있다. 몇 시간 또는 며칠 전에 지나간 사람이나 동물의 보이지 않는 피부 세포와 냄새의 흔적도 추적할 수 있으며, 여러 겹으로 포장된 약물이나 폭발물이 용기 안에 있어도 감지할 수 있다. 이들은 인간보다 최대 백만 배 이상의 낮은 농도의 냄새도 감지할 수 있다.

또한 개는 양 콧구멍으로 서로 다른 냄새를 감

강아지는 사람에 비해 체구가 작기 때문에 갑자기 위에서 손을 뻗어 잡으려는 동작에 익숙해지기 전까지는 이 행동을 위협적으로 느낄 수 있다.

강아지는 후각이 매우 중요한 세계에서 살아가며 코를 통해 주변 환경에 대한 많은 정보를 수집한다.

지하는 '스테레오 후각'을 사용하여 냄새의 근원을 더욱 정확히 파악한다. 코 옆의 틈을 통해 숨을 내쉬는 동시에 냄새 분자를 들이마시기 때문에 숨을 쉬는 동안에도 지속적으로 냄새를 감지할 수 있다.

개의 코에는 1억 개 이상의 후각 수용체가 있는 반면, 사람은 약 600만 개 정도에 불과하다. 냄새를 처리하는 뇌 영역 역시 사람보다 약 40배 더 크고 정교하게 발달되어 있다. 이 덕분에 개는 냄새를 훨씬 더 세밀하게 감지하고 구분하여 기억할 수 있으며 후각에 훨씬 더 큰 관심과 반응을 보이게 된다.

이런 뛰어난 후각은 야생에서 먹잇감을 탐지하는 것은 물론, 무리 내 사회적 유대를 유지하고, 영역을 방어하여 멀리서도 적을 구별하는 데 매우 중요한 역할을 했을 것이다. 냄새만으로 상대의 성별, 건강 상태, 나이, 번식 가능 여부까지 파악할 수 있기 때문에 개는 처음부터 필요한 정보를 쉽게 얻을 수 있다. 이러한 정교한 후각 체계는 지금의 반려견에게도 그대로 유전되어 내려왔고, 개들이 왜 냄새에 그렇게 몰두하는지 설명해준다. 산책 중 가로등마다 킁킁거리거나 낯선 사람의 신체 부위를 집요하게 탐색하는 이유는 개가 환경에 대한 유용한 정보를 수집하려는 자연스러운 본능에서 비롯된 것이다. 이는 마치 인간이 눈을 통해 주변의 단서를 수집하는 것과 비슷하다.

강아지는 후각으로는 당신을 즉시 알아보지만, 시각으로 구별하는 데에는 더 시간이 걸린다.

개는 초음파 범위의 소리도 감지할 수 있어서 사람에게 들리지 않는 '무음 휘슬' 소리에도 반응하는 훈련이 가능하다.

후각 외에도 개는 입천장에 위치한 보습코 기관(vomeronasal organ)을 가지고 있어 사람과 동물의 호르몬을 감지할 수 있다. 원래 이 기관은 짝짓기 대상을 찾기 위해 진화한 감각 체계였지만, 사람의 감정 상태를 빠르게 알아차리는 능력도 갖추게 되었다.

놀라운 청력

개는 인간보다 훨씬 예민한 청각을 지니고 있다. 사람이 가까이에서 겨우 들을 수 있는 소리도 개는 4배나 더 먼 거리에서 감지할 수 있다. 이에 따라 사람이 듣지 못하는 소리에 크게 짖기도 하고 천둥 소리, 폭죽, 총성 등에 쉽게 공포 반응이

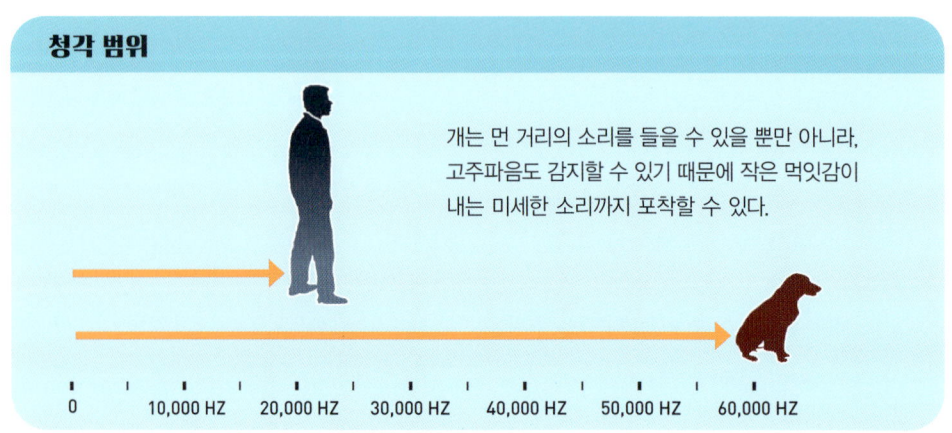

청각 범위

개는 먼 거리의 소리를 들을 수 있을 뿐만 아니라, 고주파음도 감지할 수 있기 때문에 작은 먹잇감이 내는 미세한 소리까지 포착할 수 있다.

0   10,000 HZ   20,000 HZ   30,000 HZ   40,000 HZ   50,000 HZ   60,000 HZ

강아지가 세상을 바라보는 방법

개는 사람과는 다른 방식으로 세상을 본다. 시야 범위는 더 넓지만 디테일이나 질감은 덜 선명하게 인식하며, 빨간색과 초록색을 구분하지 못한다. 반면 어두운 환경에서는 사람보다 더 잘 볼 수 있고, 움직임에 매우 민감하기 때문에 먹잇감을 빠르게 포착할 수 있다.

나 트라우마를 보이게 되는 것이다. 우리에게도 이러한 소리가 크게 들린다면 귀가 예민한 강아지에게는 얼마나 크게 들릴 지 상상해보자. 특히 목동의 지시를 멀리서도 들을 수 있도록 개량된 몰이견 계열의 견종은 청각에 더 민감하다. 강아지와 소통할 때는 소리 지르지 말고 예민한 청각에 적절한 음량으로 말해주는 것이 중요하다.

개는 높은 주파수의 소리도 감지할 수 있다. 사람의 청각 한계가 최대 20,000Hz 라면, 개가 들을 수 있는 범위는 40,000~60,000Hz까지이다. 이러한 능력은 야생에서 설치류와 같은 작은 동물들이 높은 주파수로 짹짹거리는 소리를 듣고 위치를 파악하는 데 유용했다. 따라서 사람 귀에는 들리지 않는 '무음 휘슬' 소리에 개가 반응할 수 있는 이유도 여기에 있다.

비교적 덜 정교한 시력

개는 사람처럼 세밀하고 또렷한 시각을 지니고 있지 않다. 우리가 또렷하게 인식하는 사물이 개에게는 흐릿하게 보인다. 개는 사물을 디테일과 질감보다 형태와 윤곽으로 인식한다. 보이는 색역시 제한되어 있다. 개는 색맹은 아니지만, 빨간색과 초록색을 구별하지 못하며 파란색, 노란색, 회색 계열로 세상을 본다. 푸른 잔디 위의 빨간 공이 우리 눈에는 분명한 색의 물체로 보이지만 개의 눈에 잘 띄지 않는다.

이런 개도 밤이나 어두운 환경에서는 사람보다 잘 볼 수 있다. 이는 눈 뒤쪽에 빛을 모으는 반사층 덕분인데, 이 층이 빛을 반사시켜 들어온 빛을 극대화시키기 때문이다. 겨울밤 산책 중 빠르게 달리면서도 장애물을 잘 피하고, 자동차 헤드라이트에 눈이 '빛나는' 이유도 이 때문이다.

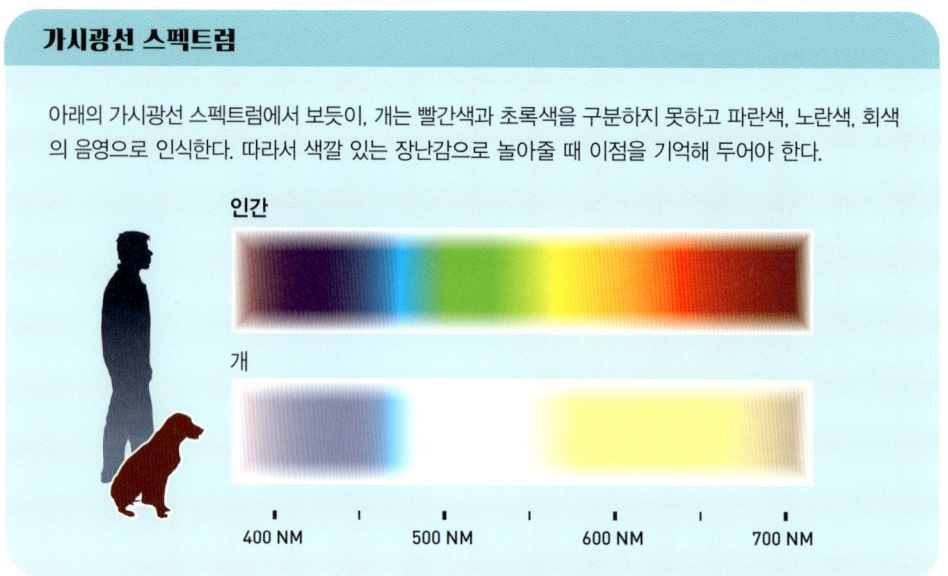

가시광선 스펙트럼

아래의 가시광선 스펙트럼에서 보듯이, 개는 빨간색과 초록색을 구분하지 못하고 파란색, 노란색, 회색의 음영으로 인식한다. 따라서 색깔 있는 장난감으로 놀아줄 때 이점을 기억해 두어야 한다.

개는 움직임에 특히 민감하게 반응한다. 특히 지면 가까이에서 벌어지는 작은 움직임에 더 민감하다. 사람이 정지해 있는 물체와 움직이는 물체를 똑같이 볼 수 있다면, 개는 정지된 물체는 무시하는 경향이 강하고 움직이는 대상에 더 반응한다. 이러한 감각은 사람의 미세한 신체 움직임도 쉽게 감지하여 그 의도를 미리 파악하여 행동을 예측하게 한다.

보디랭귀지와 언어 소통

개는 서로 소통할 때 보디랭귀지를 사용한다. 꼬리의 위치, 귀 모양, 몸의 방향, 눈빛, 얼굴 표정 등을 통해 다양한 정보를 전달한다. 이러한 신호는 사람의 언어처럼 복잡한 대화 기능을 대신하며, 개들 사이에서는 매우 효과적인 소통 수단이 된다.

개와 사람은 전혀 다른 언어 체계를 가지고 있

사람은 빨간색과 초록색 물체를 또렷하게 인식할 수 있지만(위), 개는 이를 노란색과 파란색 계통의 음영으로만 구분한다(아래). 개의 눈을 통해서 보는 세상은 인간이 인식하는 것보다 훨씬 덜 다채롭다.

> 개들은 서로 시각적으로 소통하기 때문에 사람의 몸짓 언어를 빠르게 읽어내는 능력을 가지고 있다. 따라서 말보다 몸짓과 신호를 훨씬 더 빠르게 학습한다.

다. 그래서 서로의 신호를 오해하거나 잘못 해석하는 경우가 매우 흔하며, 이로 인해 소통의 문제가 발생하게 된다. 이를 극복하려면 강아지의 보디랭귀지를 읽는 법을 배워서 두려움, 불안, 피로, 기쁨 등 감정 상태를 파악할 수 있어야 한다.

강아지와 처음 의사소통을 시도할 때는 말과 함께 명확한 몸짓이나 신호를 함께 사용하는 것이 효과적이다. 강아지는 말보다 명확한 몸짓과 신호를 더 쉽게 학습하기 때문에 이런 방법으로 훈련한다면 학습 속도도 더 빨라진다(196쪽 참고).

개들은 야생환경에서 소리를 사용하는 일이 거의 없기 때문에 사람의 말을 이해하는 게 상대적으로 어렵다. 그러므로 강아지가 알아들었으면 하는 음성 신호를 신중하고 인내심 있게 반복적으로 가르쳐야 한다(194쪽 참고).

강아지는 당신이 생각하는 것보다 훨씬 더 보호자를 관찰하고, 말보다는 몸짓 신호를 읽고 행동한다. 경험이 쌓일수록 아무 말 하지 않아도 보호자의 기분, 감정 상태, 의도를 빠르게 파악할 수 있게 된다.

얼굴 인식

개는 사람이 웃거나 뚫어지게 바라보는 행위를 잘못 해석하기도 한다. 사람에게 있어 치아를 보이며 웃는 행동은 호의의 표현이지만, 개는 이를 드러내는 것이 "나는 너를 물 수 있고, 계속 다가오면 실제로 물 것이다"라는 위협의 신호로 받아들인다.

개들은 서로를 위협하거나 경고할 때 상대편을 뚫어지게 응시한다. 성견이 버릇이 나쁜 강아지를 똑바로 쳐다봄으로써 제지할 수 있고, 자신감 있는 개가 날카로운 시선으로 상대를 응시하

보디 랭귀지
무슨 말을 하는 거야?

내가 이렇게 크니까 물지 마!
이 강아지는 흥분하고 불안한 상태이다. 등 전체의 털이 곤두서 있고 자신을 더 커 보이게 하려고 꼬리를 치켜세운 모습이다. 다른 강아지 역시 걱정스러운 듯 자리에 앉아 귀를 뒤로 젖힌다.

넌 내 상대가 안 돼.
이 성견은 꼿꼿이 서서 꼬리를 치켜세운 채 시선을 옆으로 돌리고 있다. 이는 강아지와 상대하고 싶지 않다는 신호다. 강아지는 자신의 장난스러운 접근에 이런 반응이 돌아오자 혼란스럽고 불편한 감정을 달래기 위해 몸을 긁는 회피 행동을 보인다.

무서워요!

강아지가 귀를 뒤로 젖히고, 긴장된 상태로 꼬리를 다리 사이로 내린 모습은 불안함과 두려움을 느끼고 있다는 신호다. 앞다리가 뒤로 기울어진 자세는 체중이 뒷다리로 실린 상태로, 필요할 경우 곧바로 도망칠 준비가 되어 있다. 강아지가 이런 신호를 보이면 두려움을 극복할 수 있도록 보호자의 배려와 지원이 필요하다.

그냥 쉬는 중이에요.

이 강아지의 몸은 긴장감 없는 편안한 상태이다. 귀는 앞으로 향해 있고 꼬리는 부드럽게 흔들리고 있다. 다른 사진의 긴장된 표정과 꼿꼿한 자세의 강아지들과 비교해 보면 이 강아지가 얼마나 편안한 상태인지 뚜렷하게 드러난다.

편안하게 있고 싶어요.

강아지들은 불안하거나 압박감을 느낄 때 종종 코를 핥거나 하품을 한다. 이 강아지는 긴장한 것 같아 보이지만 아직 귀를 뒤로 젖힐 만큼 강한 두려움을 느끼는 상태는 아니다. 엎드린 자세에서는 스스로를 방어하기 어렵기 때문에 만약 계속해서 불안함을 느낀다면 곧 일어날 것이다.

같이 놀자!
이 개들은 서로에게 편안함을 느끼고 같이 놀고 싶어 한다. 앞발을 바닥에 대고 엉덩이를 치켜드는 '플레이보우(play-bowing)' 자세로 서로에게 장난을 시작하자고 신호를 보내는 중이다. 여기서 래브라도는 테리어보다 조금 덜 편안한 상태로, 경직된 자세와 뻣뻣한 꼬리에서 자신감 부족의 흔적이 드러난다.

무슨 일이야?
래브라도 강아지는 긴장을 푼 상태로 호기심을 보이고 있다. 테리어 강아지 옆에 서서 관심을 표현하지만 테리어는 여전히 불안해하는 모습을 보인다. 테리어가 머리를 숙이고 래브라도에 등을 돌린 채 귀를 뒤로 젖히고 있는데, 이는 불안함의 신호이다.

며 "지금 하고 있는 행동을 그만두라"는 뜻을 분명히 전달하기도 한다.

때로는 사람도 노려보는 행동을 통해 이런 의도를 전달 할 수 있지만 대부분 눈맞춤은 친근한 의미를 담고 있다. 강아지를 바라볼 때는 대체로 눈을 크게 뜨고 애정을 담아 바라봐야 한다.

가정에서 함께 자라는 강아지는 이러한 두 종류의 다른 눈맞춤을 구별하는 법을 배워야 한다. 공원에서 마주친 낯선 개가 자신을 뚫어지게 쳐다보는 것은 도전의 신호일 수 있지만, 낯선 사람이 똑같이 쳐다보는 것은 관심의 표현이라는 점을 알아야 한다. 이런 구분은 보통 사회화 과정 중 자연스럽게 학습하지만 수줍음이 많은 강아지라면 보호자의 친근한 반복학습이 필요하다.

손 대신 입

당연한 이야기 같지만, 개는 사람처럼 엄지손가락을 사용해 물건을 쥘 수 있는 손을 갖지 않았기 때문에 입을 이용해 물체를 집거나 탐색한다. 유아가 손으로 모든 것을 만져보며 배우듯, 강아지는 자라는 동안 주변의 다양한 사물을 입으로 물고 건드리며 탐색한다.

강아지의 수염도 탐색 과정에 도움을 준다. 수염의 기저부는 감각 정보를 뇌로 직접 전달하기 때문에 촉각에 매우 민감하다. 그래서 강아지들은 수염 주위나 눈, 코, 귀 주변 부위가 만져지는 것을 싫어한다. 손이 익숙해지기 전까지는 얼굴을 피하려는 반응을 보이기도 한다.

개는 직접적인 눈맞춤과 치아를 드러내는 미소를 위협적인 신호로 받아들이기 때문에 턱 아래에 간식을 들고 있음에도 불구하고 시선을 피하고 있다.

CHAPTER THREE
새로운 가족

강아지가 자라는 가정 환경은 그 강아지의 성격 형성에 큰 영향을 미친다. 함께 사는 사람이 고령인지, 젊은지, 활달한지, 소극적인지, 행복한지 혹은 무기력하고 우울한지 등의 요소들은 강아지에게 강한 인상을 남긴다. 또한 가족 구성원 중 과거에 개를 키운 경험이 있는지 아이들이 있는지 다른 반려동물이 함께 살고 있는지 등의 여부 역시 강아지의 성장과 성격에 영향을 미친다.

우리를 비추는 거울

10개월 된 강아지들과 그들의 보호자들을 놓고 보면 강아지가 누구의 반려견인지 비교적 쉽게 알아볼 수 있다. 강아지는 성장하면서 보호자의 성격을 닮는 경향이 있는데 그 이유는 함께 살아가며 비슷한 정서적 경험을 공유하기 때문이다.

예를 들어, 긍정적이고 다정한 사람은 활발하고 외향적인 강아지를 키우는 경우가 많고, 반대로 우울하고 부정적인 사람은 내성적이고 무심한 성격의 강아지를 키우는 경우가 많다.

자녀들도 부모의 성향을 닮는다. 아이가 강아지 교육 수업에서 조용히 앉아 예의 있게 설명을 듣는다면, 그 집의 강아지도 잘 훈련되어 있을 가능성이 높다. 반면, 부모가 주의를 줘도 아이가 계속해서 수업을 방해한다면 해당 가정의 강아지도 제멋대로 행동하거나 통제가 어려울 가능성이 크다. 이러한 현상은 보호자들이 자신이 자라온 방식대로 아이와 강아지를 키우는 경향 때문이다. 본인의 성격 형성에 기여한 요소들이

강아지와 아이를 함께 키우는 것은 양쪽 모두에게 긍정적인 경험으로, 서로에게서 바람직한 행동과 예절을 배울 수 있다.

새로 입양된 강아지는 가족의 일원이라는 느낌을 받는 것이 필요하며 함께 살아가는 사람들과 깊은 유대감을 형성하고 싶어할 것이다.

자녀와 강아지의 성격을 형성하는 데에도 비슷하게 작용하는 것이다.

따라서 부모, 자녀, 강아지가 모두 비슷한 성향을 가질 가능성이 높다.

자신이 부모님으로부터 어떤 방식으로 양육되었는지 떠올려보자. 어린 시절 엄격하게 통제 받았거나 벌을 자주 받았다면, 똑같은 양육 방식이 강아지에게 끼칠 영향을 생각해봐야 한다. 예를 들어, 외향적이고 활달한 환경에서 자랐는가? 부모님이 버릇을 고치라고 늘 소리를 질렀는가, 아니면 조용히 통제했는가? 어릴 때는 버릇없었지만 결과적으로 잘 성장했는가? 혹은 지금도 여전히 규칙에 순응하기 힘들어하는 자유로운 성향의 사람인가?

지금 당신과 가족을 생각해보라. 당신이 반려견에게 기대하는 성격을 본인 스스로 가지고 있는가? 화를 금방 내는 편인가? 온화하고 차분한 성격인가? 외향적이고 활기찬 편인가, 아니면 조용하고 내성적인 편인가? 가족 구성원들의 성격적 특성과 선택한 견종의 특성을 더해 본다면, 그 강아지가 어떤 모습으로 자랄 지 어느 정도 예상할 수 있다. 만약 예상되는 강아지의 성격이 당신이 바라는 모습과 다르다고 생각되면 양육 방식을 바꾼다거나 아예 다른 품종을 입양하는 것도 고려해 볼 수 있다.

강아지를 어떻게 키울지에 대한 선택권이 자신에게 있다는 점과 부모님의 방식을 반드시 따라야 하는 것은 아니라는 점을 깨닫게 되면, 양육 방식을 결정하는 일은 훨씬 수월해진다.

필요하다면 다른 사람들의 반려견을 관찰해 보고 성격이 마음에 든다면 어떤 방식으로 키웠는지 알아보는 것도 좋다. 가족이 함께 강아지 양육 방식에 대해 의논하고 뜻을 같이 한다면, 강아지를 가족 모두와 잘 어울리는 성견으로 키

아이와 강아지가 서로를 알아가고 서로의 방식에 적응하는 과정은 양쪽 모두에게 좋은 영향을 준다

울 수 있을 것이다.

1인 가구

보호자와 강아지 한 마리만 사는 1인 가구의 경우, 그 관계가 극적으로 친밀해지는 경향이 있다. 단독 보호자는 가족 단위 보호자들보다 훨씬 많은 시간과 애정을 강아지에게만 쏟기 때문이다.

그 결과, 강아지는 보호자를 지나치게 중요한 존재로 인식하게 된다. 게다가 다른 사람들과의 사회화 경험도 부족하다면 강아지는 외부인을 잘 수용하지 못한 채로 성장한다.

1인 가구의 보호자는 강아지가 다양한 사람들과 함께 시간을 보내며 사회화할 수 있도록 각별히 노력해야 한다. 이때 보호자 이외의 사람들과도 충분히 교류할 기회를 마련해주어야 한다. 더불어, 보호자 없이 혼자서도 잘 지낼 수 있도록 서서히 훈련시켜야 한다. 당신이 유일한 보호자라는 인식과 끈끈한 유대감을 느낄수록 장시간 떨어져 있는 것을 어려워할 것이다. 하지만 훗날 개를 두고 집을 비우거나 휴가를 갈 수 있으려면 강아지가 성장할 때부터 독립심을 길러주는 것이 매우 중요하다.

아이가 있는 가정

아이가 있는 가정은 대체로 활기차고 분주하기 때문에 강아지에게는 사회화를 배우기에 좋은 환경이다. 다만 하루하루 다양한 일들이 끊임없이 일어나다 보니 보호자가 강아지 교육에 신경쓰지 못하기도 한다. 그러다 어느 순간 강아지

시기가 다 지나가 버렸다는 것을 깨달았을 때에는 이미 제멋대로인 성견과 마주할 수도 있다. 한편, 늘 흥미로운 일이 벌어지는 환경에서는 어린 강아지가 충분한 수면을 취하기 어려운 경우도 많으며, 이 때문에 과도한 피로감과 짜증을 낼 수도 있다.

이따금 부모가 너무 바빠서 강아지를 산책시키고, 놀아주고, 훈련시킬 시간이 부족할 경우에는 아이들이 그 역할을 자연스럽게 맡게 된다. 이때 강아지가 의도치 않게 잘못된 습관을 배울 수도 있다. 강아지는 본능적으로 움직임에 쉽게 자극을 받고 놀이에 참여하고 싶어한다. 따라서 성인 보호자 없이 어린 강아지를 아이들하고만 놀게 두면 쫓고, 뛰어오르고, 다리나 팔을 깨무는 행동을 금방 배우게 된다.

이런 방식으로 놀면서 재미를 느낀 강아지는 성견이 되어서도 이것이 잘못된 행동이라는 것을 깨닫지 못한다. 강아지가 어릴 때는 아이들이 그런 행동을 재미있다고 여기며 무심코 부추기기도 하지만 강아지가 커지고 힘이 세지면 더 이상 웃을 수만은 없다. 더 심각한 문제는 공원과 같은 야외에서 개가 낯선 아이들이나 어른들을 향해 갑자기 달려들어 쫓아가거나 장난 삼아 물려고 하는 불미스러운 상황이 생길지도 모른다는 것이다.

따라서 자녀가 있다면 그들이 강아지에게 올바른 행동만을 가르치도록 지도해야 한다. 강아지가 뛰어오르거나 옷을 물고 당길 때 어떻게 대처해야 하는지 설명해 주고, 강아지에게 원하는 바를 어떻게 전달하는지, 어떤 방식으로 놀아야 하는지 가르쳐야 한다. 아이들과 강아지가 함께 있는 시간을 신중하게 관찰하고 지도함으로써 양쪽 모두가 잘못된 행동을 하거나 배우는 것을 막을 수 있다.

특히 유아기의 아이들은 아직 작고 미숙하기 때문에 강아지를 꼬집고 잡아당기거나 물건을 던져서 다치게 할 수 있다는 점을 반드시 유념해야 한다. 반대로 강아지도 뾰족한 이빨로 아이를 다치게 할 수 있으며, 경우에 따라서는 부모가 개입해야 한다. 반면, 조금 더 큰 아이들은 아직 세상을 경험해 가는 단계에 있어서 못된 장난을 치거나 무심코 잔인한 행동을 할 수도 있다. 청소년기의 아이들은 일반적으로 자신의 삶에 더 관심이 많기 때문에 강아지가 필요로 하는 관심과 돌봄을 기대하기는 어렵다. 그러나 모든 아이들은 강아지에게 큰 애정과 사랑을 줄 수 있는 존재이며, 올바른 방향만 제시해준다면 어른보다 더 훌륭한 놀이 친구가 될 것이다. 이처럼 신중하게 상황을 고민하고 준비할 때 아이와 강아지를 함께 키우는 일은 서로에게 행복하고 교육적인 경험이 될 수 있으며, 또 그래야만 한다.

바쁘고 활기찬 가정의 어린 강아지는 수면을 충분히 취할 수 있도록 신경 써야 한다. 필요에 따라 낮잠 시간에 강아지를 조용한 방에 따로 재우는 것도 좋은 방법이다. 아이들에게는, 강아지의 침대는 쉬는 곳이라 들어가면 안되고 강아지가 푹 쉰 후에야 다시 놀 수 있다고 말해줘야 한다.

2인 가구(커플)

커플이 함께 강아지를 키우는 경우에는 강아지 교육에 충분한 시간과 사랑을 쏟을 수 있다. 젊은 부부라면 강아지를 키우는 경험이 부모 예행연습이 될 수 있다. 향후 자녀 계획이 있다면 강아지가 아기나 유아에게 익숙해질 수 있도록 일찍부터 사회화를 시키는 것이 중요하다. 그래야 가족 구성원이 늘어도 잘 적응할 수 있다.

이미 다른 반려견이 있는 가정

이미 잘 훈련된 반려견이 있다면 새로운 강아지를 기르는 데 큰 도움이 될 수 있다. 어린 강아지는 나이 많은 개를 본보기로 삼는 경향이 있으므로 기존 반려견이 사람과 잘 소통하고 조화롭게 살고 있다면 새로운 강아지도 자연스럽게 좋은 습관을 익히게 될 것이다. 물론, 반대의 경우도 생길 수 있다. 기존 반려견이 훈련이 안되어 있거나 아직 어리다면, 새로운 강아지가 그대로 따라 배울 위험도 크다. 따라서 한 번에 한 마리씩 키우는 것이 바람직하며 첫 번째 개의 훈련이 충분히 이루어진 후에 새로운 강아지를 들이는 것이 좋다. 그렇지 않으면 강아지 두 마리의 문제를 동시에 감당하게 되어 모두가 지치고 힘들 게 된다.

많은 보호자들이 반려견의 외로움을 덜어주기 위해 새로운 강아지를 들인다. 특히 매일 오랜 시간 집을 비우는 경우에 더욱 그렇다. 이때 특별한 주의를 기울이지 않으면 새 강아지는 주인보다 기존 반려견과 더 밀접한 관계를 형성하고, 결과적으로 나중에 문제 행동을 보이는 성견으로 자라게 된다. 반면, 다른 반려견 없이 혼자 가족들과만 지내는 강아지는 사람이 유일한 소통의 대상이기 때문에 인간과의 소통 방식을 더 쉽게 학습한다. 하지만 이미 기존 반려견이 있는 가정에 새로 들어온 강아지라면 자신과 같은 언어로 소통하고, 같은 방식으로 놀 수 있는 친구가 있는 셈이다.

다시 말해, 사람과의 소통방식을 배울 필요성이 적다는 의미이다. 이는 마치 같은 모국어를 쓰는 친구와 함께 해외를 여행하면서 안정감을 느끼는 것과 비슷하다. 언어가 통하는 친구가 곁에 있으면 현지인과 낯설게 소통하려 하기보다는 친구에게 의지하듯이, 강아지도 주인과의 소통보다 개와의 교류를 더 편하게 여기게 된다. 그렇게 개 중심으로 성장한 강아지가 성견이 되어 자신감이 커질수록 보호자의 지시에 잘 따르지 않으려 하고, 나중에 가서는 함께 생활하기가 힘들어진다. 이처럼 보호자와의 유대관계가 약할 때 온갖 통제 문제가 일어날 수 있다. 예를 들어, 공원에 갔는데 주인보다는 다른 개들과 놀고 싶어서 불러도 오지 않거나 자기 마음대로 다른 개를 찾아 나서는 행동을 보인다.

가정에 이미 나이 든 개가 있거나 혹은 한 배에서 태어난 강아지 두 마리를 함께 키우는 경우, 또는 강아지가 거의 매일 다른 개들과 논다면 보호자는 강아지와 건강한 관계를 만들도록 더 많이 노력해야 한다. 또한 강아지가 다른 개들보다 보호자와 노는 시간을 더 늘려야 한다. 강아지가 다른 개들과 노는 것 자체는 사회화에 중요하기에 완전히 차단할 필요는 없지만 그 시간을 제한하는 것이 중요하다.

처음에는 보호자와의 놀이가 다른 개들과 노는 만큼 즐겁지 않을 수도 있다. 강아지들은 장난감을 이용한 인간 중심의 놀이가 아니라 서로 몸싸움이나 쫓고 쫓기는 식의 방식으로 놀

강아지 두 마리를 함께 키우는 데에는 많은 시간과 노력이 필요하다. 따라서 둘을 동시에 키우는 것은 권장하지 않는다.

기 때문이다.

　이런 이유로 보호자는 강아지가 다른 개들과 노는 시간보다 적어도 3배 더 놀아 주는 것이 좋다. 즉, 반려견이 다른 개와 5분을 놀았다면 당신은 최소한 15분을, 5분씩 나누어 놀아줘야 한다는 뜻이다.

　강아지 두 마리가 함께 지내는 상황에서 보호자가 집에 있을 때는 놀이 시간을 제한하고, 보호자가 출근해 있는 낮이나 취침 중인 밤에는 개들을 분리시켜야 한다. 두 강아지 사이에 철제 울타리를 두는 것이 가장 좋고, 기존 반려견이 뛰어 넘지 않는 한에서는 계단 안전문도 유용하다. 이렇게 하면 두 강아지가 서로의 곁에 있어 주면서도 보호자의 통제 하에서만 놀 수 있다.

　강아지들과 시간을 보내고 싶을 때는, 먼저 기존 반려견과 충분히 놀아주고 그동안 다른 강아지는 분리시켜 둔다. 그런 다음, 기존 반려견을 내보내고 이번엔 다른 강아지에게 집중한다. 그렇지 않으면 기존 반려견이 강아지와의 놀이에 끼어들고, 강아지는 개와만 놀려고 할 것이다. 이렇게 되면 보호자는 강아지가 자신과 놀고 싶어하지 않는다고 생각하기 쉬우며 금방 좌절하고 만다. 설상가상으로 주인의 기분을 감지한 강아지는 더욱더 기존 반려견과의 놀이에 집착하고 주인과는 멀어질 수 있다.

　강아지가 완전히 성장할 때까지 다른 개들과의 접촉을 모두 관리하고 다른 개들보다 사람과 보내는 시간이 더 많도록 해주는 것이 강아지가 사람 중심적인 성향을 가진 개로 자라게 하는 데 도움이 된다. 이렇게 자란 개는 훈련시키기가 더 쉽고 함께 생활하기도 편하다. 또한 그런 만큼 보호자와의 유대가 강해지고 다른 사람들과도 잘 지내게 된다. 게다가 예기치 않게 강아지가 보호소에 맡겨지게 되는 일이 생기더라도, 사람에게 익숙한 강아지라면 새로운 가정에 입양되기 훨씬 수월하다. 혹시 생길지 모르는 상황을 대비해 이런 방식으로 키우는 것이 강아지에게도 좋다.

두 강아지를 동시에 입양해도 될까?
비양심적인 일부 브리더들은 더 많은 강아지를 판매하기 위해 한 배에서 태어난 강아지 두 마리를 한번에 입양하라고 권유한다. 그러나 이는 결코 바람직한 선택이 아니다. 형제자매인 이들 강아지 사이에는 이미 강한 유대가 형성되어 있기 때문에 이들이 함께 놀고 늘 붙어 다니게 두면 주인과의 관계보다 서로 간의 유대가 훨씬 더 깊어진다. 이런 상황을 방지하려면, 보호자는 두 강아지 각각에게 따로 산책, 놀이(38쪽 '이미 반려견이 있는 가정' 참고), 훈련, 일상적 교감 시간을 충분히 마련해야 한다.

이러한 이유로, 같은 나이의 강아지 두 마리를 동시에 키우는 것은 권장하지 않는다. 한 마리를 먼저 잘 사회화되도록 양육한 후, 그 강아지가 생후 18개월에서 3세 사이가 되었을 때 두 번째 강아지를 들이는 것이 바람직하다.

다른 반려동물
가정에 다른 반려동물이 있으면 강아지에게는 다양한 종의 동물과 사회성을 익히는 기회가 되고 보호자에게는 여러 상황에서 자제력을 가르칠 수 있는 기회를 갖는다. 강아지가 아주 어린 시기부터 다른 종의 동물과 함께 지내면서 어떻게 행동해야 하는지를 배우게 되면 대개는

한 배에서 태어난 강아지들은 서로 강한 유대감이 있기 때문에 주인이 강아지와 친밀한 관계를 맺기 어려울 수 있다.

새로 입양한 강아지와 기존 반려견의 관계를 잘 만들어준다면 둘은 좋은 친구가 될 수 있다.

혼자 있을 때와 함께 있을 때

- 강아지가 다른 개 없이 완전히 혼자 있는 법을 배우는 것은 매우 중요하다(178쪽 참고). 더불어 강아지를 단독으로 데리고 외출하는 것도 바람직하다. 그렇게 하면 보호자가 강아지에게 더욱 집중할 수 있고, 강아지는 혼자 외출했을 때도 자신감을 갖고 다른 개에게 의존하지 않게 된다.
- 두 반려견이 서로를 어느 정도 알고 지낸 후라면 기존 반려견이 어린 강아지를 향해 으르렁거리거나 입질하거나 몸을 눌러서 훈육하려고 할 때, 강아지의 안전이 걱정되지 않는 수준이라면 개입하지 않는 것이 좋다. 때로는 성견이 강아지에게 행동을 멈추고 조용히 있으라고 알려줄 필요가 있다. 여기에 보호자가 개입하면 두 반려견 사이에 형성된 자연스러운 서열을 흐트러뜨릴 수 있다.

그 동물을 가족 구성원의 하나로 자연스럽게 받아들이게 된다. 이렇게 자란 개는 이후에 비슷한 동물이 새로 들어오더라도 더 잘 받아들일 수 있다.

그러나 간혹 어떤 개들은 작고 빠르게 움직이는 동물을 쫓거나 잡아서 죽이는 본능을 나타낼 수 있기 때문에 어떤 개도 작고 연약한 동물과 단둘이 두어서는 안 된다.

또한, 어린 강아지가 나이 많은 개를 귀찮게 하여 공격적으로 돌변하는 상황을 막기 위하여 강아지를 다른 곳으로 데려가 장난감으로 관심을 돌리거나 계단 안전문 등을 이용해 분리해 주는 것이 좋다. 어린 강아지들은 이빨이 뾰족하여 날카로운 편이라 나이 많은 개들은 이를 제지하기 위해 공격적일 때가 있는 반면, 온순한 개들은 어린 강아지들이 성견이 될 때까지 물려가며 고통을 참는 경우도 있다. 따라서 모든 상황을 보호자가 감독하고, 강아지에게 다른 개를 괴롭히지 않으면서 노는 법을 다정하게 가르치는 것이 좋다.

CHAPTER FOUR
발달 단계

모든 강아지는 유아기부터 성년기까지 동일한 패턴의 발달 단계를 거치며 성장한다. 이러한 발달 단계를 알고, 각 시기마다 강아지가 어떤 반응을 보일 지 이해하는 것은 매우 중요하다. 그래야 강아지에게 너무 많은 기대를 요구하지 않고 중요한 발달 단계에서 성장의 기회를 놓치지 않을 수 있다.

강아지마다 성장 속도는 조금씩 다르다. 어떤 강아지는 특정 단계를 빠르게 지나치는가 하면, 어떤 강아지는 예상보다 더 오래 걸리기도 한다. 일반적으로 소형견은 성장 속도가 빨라 생후 1년 이내에 성숙한 상태에 이르는 경우가 많다. 반면, 대형견은 완전히 자라는 데 시간이 더 걸리며, 일부는 사회적으로 완전히 성숙하기까지 최대 3년이 걸리기도 한다. 다음은 대부분의 강아지가 따르게 되는 평균적인 발달 단계이다.

신생아기, 생후 0~2주
강아지는 이 짧은 시기의 대부분을 잠 자고 젖을 빠는 데 보낸다. 기어 다닐 수 있고 추우면 따뜻한 곳을 찾아 움직이려 한다. 배뇨와 배변은 어미가 생식기 부위를 핥아 자극해줘야 가능하다. 눈은 생후 10~14일경에 뜨지만 처음 몇 주 동안은 시력이 매우 약하다. 이 시기에는 부드럽게 다뤄주는 정도의 접촉만으로 충분하다.

과도기, 생후 2~3주
이 시기에는 이빨이 나기 시작하고, 걷는 법과 액체를 핥아 마시는 법을 배운다. 생후 3주가 끝나갈 무렵에는 귀가 열리며 후각이 발달하기 시작한다. 스스로 배뇨와 배변이 가능해진다.

해야 할 일
이 단계에서 브리더의 역할과 책임이 크다. 이 시기에 가벼운 스트레스를 경험한 강아지들은 이후 다양한 스트레스 상황에서 더 잘 견딘다는 것으로 나타났다. 매일 강아지를 들어 올리고, 살펴보거나 체중을 재는 것이 이에 해당되며 양심적인 브리더는 이 과정을 잘 실천한다.

생후 2주

생후 3주

사회화기, 생후 3~12주

이 단계에서는 사람, 다른 개들, 주변 환경과의 적절한 경험이 반드시 필요하며 강아지가 반려견으로 잘 성장할 수 있는 중요한 시기이다. 이 시기는 아래와 같이 세 단계로 나눌 수 있다.

1단계: 생후 3~5주

3~4주경부터 시각, 청각, 후각이 깨어나면서 점차 발달한다. 고형 사료를 먹기 시작하고 짖거나 꼬리를 흔들며 다른 강아지들과 깨물기 놀이를 한다. 잠에서 깬 뒤 배뇨를 위해 잠자리에서 벗어나려는 행동도 시도한다.

4~5주가 되면 앞발로 건드리기, 이빨 드러내기, 으르렁거리기, 쫓고 달리기, 몸싸움, 사냥 놀이(머리 흔들기) 등을 한다.

이때부터 입에 물건을 물고 다니기 시작한다. 이 시기에는 형제자매견들과의 놀이를 통해 깨무는 것을 자제하는 법을 배우고 어미견은 강아지가 마음대로 젖을 먹는 것을 제지하기 시작한다.

2단계: 생후 5~8주

이 시기에는 강아지의 표정과 귀의 움직임이 더 다양해지며 젖을 떼기 시작한다. 시각과 청각이 완전히 발달하고 운동 능력도 좋아진다. 형제자매견들과의 집단 활동에 참여하고 서로 간에 놀이가 활발하게 이루어진다. 생후 8주경이 새로운 가정으로 분양되기에 가장 좋다. 이 시기가 끝날 무렵부터는 강아지가 점차 조심성이 생기기 시작하지만, 여전히 호기심이 많고 무엇이든지 탐색하려 한다.

해야 할 일

생후 5~8주 된 강아지는 여전히 브리더와 함께 있을 시기다. 이때는 강아지가 잠자리에서 벗어나 배변을 할 수 있도록 수면 공간과 놀이 공간을 명확히 분리하여야 한다. 공간이 너무 작거나 수면과 배변 공간의 구분이 없고, 스스로 잠자리를 벗어날 수 없는 환경에서 자란 강아지는 올바른 배변 습관을 익히지 못해 나중에 실내 배변 훈련에 어려움을 겪는다.

생후 5주

강아지들의 정신 발달 속도는 그들이 처한 환경의 다양성에 달려있다. 강아지들이 성장함에 따라 다양한 물건을 탐색하고 가지고 놀 수 있도록 골판지 상자, 딱딱한 가죽 조각, 장난감, 낡은 장갑과 같은 물체를 제공해야 한다. 또한 위로 올라타거나 안에 들어가거나 넘을 수 있는 것들도 마련해 주는 것이 좋다. 여러 표면 위를 걸을 수 있도록 해주고, 낮고 넓은 계단을 오르내리는 것도 경험하도록 해야 한다. 이러한 자극은 자신감과 공간 감각을 키워주어, 이후 다양한 촉감에 대한 경험을 줄 수 있는 장소나 계단을 문제없이 다닐 수 있게 한다.

이 시기에 강아지는 어른이든 아이든 모든 사람들과 자주 접촉해야 한다. 이는 강아지가 사람과 어울리는 법을 배우기에 충분한 수준이어야 하고 이 모든 만남이 항상 긍정적이고 보람 있는 경험이 되어야 한다. 강아지들은 다양한 연령대와 유형의 사람들을 만나는 것이 좋고 정기적인 방문객이 있다면 더욱 좋다.

특히 새 가정으로 입양 가기 전 마지막 몇 주가 중요하다. 한 배에서 태어난 강아지의 수와 관계없이, 매일 각 강아지에게 최소 5분씩 개별적인 관심을 주어야 한다.

이 단계에서는 강아지들이 다양한 소리와 소음을 접해야 한다. 이때는 천둥소리나 큰 폭발음을 녹음하여 들려주어 그것들을 주변 환경의 일부로 받아들이고 불안해하지 않도록 학습시킨다. 또한 가정에서 자랄 강아지라면 손님의 방문이나 자동차를 타고 외출하는 일 등 자연스럽게 마주치는 상황들을 경험하는 것이 좋다.

강아지는 형제자매견과 어미견으로부터 점차 떨어져 지내는 것에 익숙해져야 하며 새 가정으로 가기 전까지 이들과 떨어져도 편안한 상태가 되어야 한다.

가능하다면 이 시기에 다른 종의 동물들과 안전하게 접촉하는 것도 매우 유익하다. 이를 통해

생후 6주

생후 8주

강아지는 다른 동물의 냄새와 외형에 익숙해지게 되며 이들을 더 쉽게 받아들이게 된다.

3 단계: 생후 8~12주

이 시기는 강아지가 새로운 가족에 적응해 가는 단계이다. 강아지는 이제 새 보호자에게 매우 의존하게 되고 기쁘게 하고자 하는 욕구와 사회적 접촉의 필요성을 강하게 나타낸다. 이 때부터 강아지는 새로운 것에 대해 점점 두려움을 느끼기 시작하기 때문에 사회화 과정은 중요하다. 배변훈련은 강아지를 집으로 데려온 즉시 시작해야 한다(86쪽 참고). 일단 새로운 환경에 적응하고 나면 점차 주변 환경을 탐색하려는 욕구가 생겨난다.

해야 할 일

강아지는 다양한 상황과 환경을 경험하고 즐겨야 한다(69쪽 참고). 사회화에 매우 중요한 시기이므로 새로운 것에 대한 호기심보다 두려움이 커지기 전에 최대한 많은 경험을 하도록 도와준다. 놀이 역시 중요해서 사람과 함께하는 놀이(38쪽 참고)를 배운다. 이때 물면서 노는 행동을 줄이고 멈추는 방법(140쪽 참고)을 익혀야 한다.

유년기, 생후 3~6개월

여전히 보호자에게 의존하는 시기이다. 이 시기 초반에는 강아지가 보호자를 기쁘게 하려는 의지가 강하고, 자신이 해야 한다고 생각하는 일은 기꺼이 하려는 경향이 있다.

이제 주변 환경에 대한 인지력이 점차 높아진다. 강아지는 더 넓은 영역을 탐색하기 시작하지만 여전히 주인의 보호와 익숙한 장소의 범위 내에 머무른다. 이갈이와 주변 환경 탐색을 위해 물어뜯는 행동과 입질이 흔하게 나타난다.

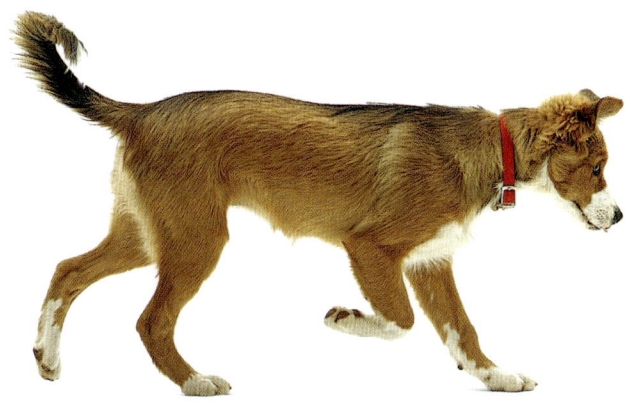

생후 12주

해야 할 일

강아지가 집중력과 학습 능력을 갖추기 시작하는 시기이므로 이때 훈련과 예절 교육을 시작하는 것이 바람직하다. 주인을 기쁘게 하려는 마음을 최대한 활용해야 한다. 이후에 강아지가 독립적으로 변하기 시작하면 훈련이 더 어려워진다. 놀이도 더 발전된 형태로 실행할 수 있으며 이를 훈련의 보상으로 활용할 수 있다.

강아지는 다양한 환경과 상황을 경험해야 하며 새로운 상황에 적응해 나가면서 사회화훈련도 계속 진행되어야 한다.

청소년기, 생후 6개월~1세/18개월

이 시기의 강아지는 훨씬 더 독립적인 성향을 보이기 시작한다. 성적으로 성숙해지며 암컷은 발정기에 들어가고, 그에 따른 행동 변화가 나타난다. 수컷에게는 남성 호르몬 수치의 급격한 변화가 나타난다. 물어뜯는 행동은 여전하며 강아지가 더욱 성숙해짐에 따라 영역 표시 행동이 나타나기 시작한다.

해야 할 일

이 시기는 강아지를 키우는데 가장 힘든 시기가 될 수 있으며 실제로 많은 사람들이 이 시기에 반려견을 포기하고 다른 곳으로 입양을 보내는 일이 발생한다. 하지만 지금까지 훈련의 기초를 잘 다져왔다면 이 시기를 수월하게 넘길 수 있다. 그럼에도 불구하고 '무언가 잘못된 것이 아닐까' 하는 생각이 들 수 있는 때이기도 하다. 이 시기가 영원히 지속되는 것이 아니라, 곧 지나가는 자연스러운 성장 과정이라는 점을 기억하자 (15장, 228쪽 참고).

신체적 성숙기, 1세/생후 18개월

이제 신체적으로는 성숙한 상태이지만 아직 체격이 더 자라야 하고, 성격도 계속 형성 중에 있

생후 6주

다. 어린 성견은 젊음의 자신감은 있지만 경험은 부족한 상태다.

해야 할 일

여전히 새로운 경험을 통해 세상을 배우고 있으며 강한 호기심과 열정을 어느 정도 제지해 줄 필요가 있다. 훈련을 계속 이어나가면서 위험한 상황에 처하지 않도록 리드줄이나 긴 목줄 등을 활용해 물리적으로 제어해 주는 것이 좋다.

사회적 성숙기, 1~3세

일부 소형견은 약 1세 전후에 사회적 성숙에 도달하는 반면, 대형견은 더 오랜 시간이 걸린다. 일반적으로 암컷은 수컷보다 성숙이 빠른 경향이 있어 소형견 암컷은 1년 안에 완전히 성숙할 수 있지만, 중성화되지 않은 대형견 수컷은 최대 3년까지도 걸린다. 청소년기의 개는 종종 눈에 띄지 않게 성숙해지곤 한다. 어느 날 문득 보호자는 반려견이 안정감을 찾고 자리를 찾은 모습을 볼 것이며 함께 하는 일상이 편안해지는 것을 깨닫게 된다.

개가 마침내 사회적 성숙기에 도달하게 되면 이제 신체적으로도, 사회적으로도 완전히 성숙한 상태이다. 성격은 안정적으로 자리 잡았고 과거의 열정은 성숙함에서 얻은 통찰로 절제한다. 이제는 일상에서 자신의 역할을 이해하고 보호자의 요구에 기꺼이 응할 준비가 되어있다.

해야 할 일

가장 힘든 시기는 지나갔으며 이제는 안심해도 좋다. 물론 훈련은 이어가면서 개선해야 하지만 조금 여유를 가져도 되는 시기다. 사회성이 잘 훈련된 반려견과 함께 앞으로 누릴 행복한 순간들이 시작된다.

생후 6주

CHAPTER **FIVE**

새 반려견과의 시작

새로운 강아지가 주인과 함께 사는 데 익숙해지고 생활 방식을 배우기까지는 시간이 걸리기 마련이다. 따라서 처음부터 너무 많은 것을 기대하지 않는 것이 좋다. 새 강아지를 맞이하는 일은 기쁨과 설렘으로 가득하지만, 동시에 그에 못지 않은 에너지도 필요하다. 특히 생후 몇 개월 동안은 보호자의 시간과 관심을 강아지에게 쏟을 각오를 해야 하며, 이는 대개 강아지가 1살이 될 때까지 계속된다.

루틴 만들기

강아지에게 일정한 루틴을 만들어주는 것은 매우 중요하다. 생후 초기 몇 주 동안 일정한 질서

규칙적인 식사가 잘 지켜지면 배변 훈련이 더 쉬워진다.

권장하는 하루 루틴

아침

8am	기상, 배변 외출, 짧은 놀이시간
8.30~9am	가족과 강아지의 아침식사
9.15am	배변 외출, 짧은 놀이시간, 휴식
10am	배변 외출, 놀이/훈련 시간, 휴식
11am	배변 외출, 사회화 시간

오후

12pm	배변 외출, 가족 점심식사
1pm	강아지 두번째 식사
1.15pm	배변 외출, 휴식
2pm	배변 외출, 짧은 놀이시간, 휴식
3pm	배변 외출, 보호자의 감독 하에 집 안 자유시간/놀이 시간
4pm	배변 외출, 휴식
5pm	강아지 세번째 식사
5.15pm	배변 외출, 휴식

저녁

6pm	놀이/훈련 시간, 배변 외출
7pm	가족 저녁식사, 휴식
8pm	배변 외출, 사회화 시간 핸들링/그루밍
9pm	강아지 네번째 식사
9.15pm	배변 외출, 놀이/훈련/보호자의 감독 하에 실내 자유시간
10pm	배변 외출, 활발한 놀이시간
11pm	배변 외출, 취침(밤중에 배변할 수 있으니 이에 대비한다.)

> 강아지가 실내에서 깨끗하게 지내는 법을 배우려면 정기적으로 마당이나 야외에 데리고 나가는 것이 필수적이다.

가 만들어지면 강아지는 가정 환경에 더 빠르게 적응하고 실내 배변 습관도 더 쉽게 익힐 수 있다. 루틴을 지키는 것은 보호자 입장에서도 도움이 된다. 매일 강아지에게 필요한 것을 적절한 때에 챙길 수 있고 그때그때 생각해내지 않아도 된다. 일상이 바쁜 가정에서는 글로 정리해 두면 강아지에게 필요한 것을 잊지 않고 꾸준히 제공할 수 있다.

앞에서 제시한 루틴은 아주 어린 강아지를 위한 예시이다. 이 같은 계획이 모든 가정이나 강아지에게 꼭 맞지는 않겠지만 자신만의 루틴을 설계하는 데 참고가 될 것이다. 이 루틴은 하루 일과의 기본적인 틀을 제시한 것이며 스케줄에 따라 유연하게 조정할 수 있지만, 가능한 한 일관되게 따르는 것이 좋다. 그래야 배변 훈련과 식사 시간이 규칙적으로 유지되고 매일 놀이나 사회화 훈련, 그루밍 같은 필수 활동에 충분한 시간을 할애할 수 있기 때문이다. 루틴이 복잡하고 시간이 많이 드는 것처럼 보일 수 있지만 장기적으로 보면 모든 일이 훨씬 쉬워질 것이다. 예를 들어, 매시간 강아지를 화장실에 데려가는 일이 불필요해 보일 수도 있지만, 이는 실수로 배변한 자리를 치우는 것보다 훨씬 쉽다. 게다가 강아지가 실내에서 깨끗이 지내는 법을 훨씬 빨리 익히게 한다(7장 '실내 배변 훈련', 86쪽 참고).

가족과의 첫 만남

첫인상은 정말 중요하므로 아이들이나 기존 반려견, 다른 반려 동물들과의 첫 만남은 조심스럽고 통제된 방식으로 이뤄져야 한다. 특히 아이들은 새 강아지가 도착하면 흥분하기 마련인데 이를 최대한 가라앉게 하고 소개는 차분하게 진행한다. 첫 만남이 끝난 뒤에는 강아지가 주변을 탐색할 수 있도록 집안 사람들의 관심을 자연스럽게 다른 곳으로 유도하여 흥분된 분위기

새로운 강아지가 조금 수줍음이 많을 경우, 아이들에게 차분하고 부드러운 태도로 대하는 법을 가르치는 것이 매우 중요하다.

중요한 규칙은 강아지가 잠들어 있을 때는 방해하지 않는 것이다. 아직 충분한 수면이 필요한 단계이기 때문에 자주 깨게 되면 쉽게 피로해하고 짜증을 내게 된다.

다른 개와의 첫 만남

나이가 많은 개가 강아지에게 공격적인 반응을 보이는 경우는, 어린 강아지가 다가와 자기의 다리 주변을 뛰어다니는 것을 두려워하기 때문에 발생한다. 이를 방지하기 위해서 강아지에게 하네스와 리드줄을 착용해 너무 빠르게 다가가지 않도록 제어하고, 서로를 받아들일 때까지는 만남은 짧고 긍정적인 분위기에서 마무리되도록 해야 한다.

가능하다면 강아지와 기존 반려견의 첫 만남은 집이 아닌 산책 중 외부에서 진행하는 것이 가장 좋다. 강아지를 데리러 가기 전 기존 반려견을 운동시켜주고 차 안에서는 두 마리를 분리시키는 것이 좋다. 집으로 돌아오는 길에는 기존 반려견이 가본 적 없는 안전한 장소에 두 마리를 함께 데려가 짧은 산책을 하며 소개시킨다. 단, 다른 개의 배설물이 있는 장소는 피해야 한다. 새로 데려온 강아지는 아직 예방 접종을 다 마치지 않았기 때문에 질병에 취약할 수 있다.

산책 중에는 천천히 걸으며 서로 자연스럽게 인식할 수 있는 시간을 주되, 한쪽이 불편해하는 기색을 보일 경우 다른 한 마리를 잠시 붙잡아주는 방식으로 조율한다. 새로운 장소의 냄새와 시각적 자극은 만남의 긴장감을 낮춰주는 효과가 있어 정적인 상태보다 서로를 더 편안하게 받아들일 가능성이 높다.

를 가라앉힌다.

아이들과의 첫 만남

강아지를 데려올 때는 아이들이 자리에 앉아 있도록 하고 강아지가 스스로 다가가게 한다. 아이들 손바닥에 작은 간식을 올려 강아지에게 먹이게 하면 강아지와 아이 모두에게 좋은 첫 인상을 만들 수 있다. 강아지를 데려온 직후, 아이들에게 새로운 장난감이나 놀이거리를 주어서 그들의 관심을 잠시 다른 곳으로 돌리게 함으로써 강아지에게 주변을 익히고 자신만의 공간을 찾을 수 있는 여유를 준다.

특히 어린 자녀가 있는 경우에는 강아지를 들어올리지 않도록 하는 규칙을 정해두는 것이 좋다. 이렇게 하면 강아지는 아이들을 친근하게 느끼고 함께 있어도 괜찮다고 학습한다. 만날 때마다 번쩍 들어 올려져 놀란다면 강아지는 아이들에 대한 긍정적인 인식을 갖지 못한다. 또 하나

이 강아지는 큰 친구와의 첫 만남에 조금 겁을 먹은 상태이다. 하지만 성견의 느긋한 태도는 친해지면 문제없이 지낼 수 있음을 보여준다.

집에 도착한 후에는 같은 절차를 마당에서 한 번 더 반복한다. 먼저 강아지를 마당에 들이고 기존 반려견을 다음으로 들여보내 만나게 한다. 그다음 집 안으로 들이는 순서는 반대로 진행하는 것이 좋다. 기존 반려견이 장난감이나 음식, 침대, 담요 등에 소유욕을 보일 가능성이 있기 때문에 전부 미리 치워 두는 것이 안전하다. 흥분된 분위기는 최대한 자제한다. 기존 반려견이 으르렁거리거나 공격적으로 반응할까 봐 염려된다면, 강아지를 반려견 펜스에 넣거나 계단 안전문을 사용해 서로를 안전하게 탐색할 수 있도록 한다.

두 마리 모두 어느 정도 안정이 된 후에는 침대와 담요 등을 다시 돌려놓는 대신 뼈다귀와 같은 장난감 등은 며칠 동안 치워 두는 것이 좋다. 강아지가 온 이후에도 기존 반려견이 여전히 많은 관심과 애정을 받고 있다는 느낌을 받게 해줘야 한다. 특히 강아지가 있는 상황에서 예전보다 더 많은 스킨십과 칭찬을 주어서 다른 개가 같이 있는 환경을 즐기게 해야 한다. 이런 과정은 다른 가족 구성원도 같이 참여하도록 한다.

고양이와의 첫 만남

대체로 아주 어린 강아지와 고양이의 첫 만남은 강아지가 고양이를 쫓아가지 않도록 주의만 주면 꽤 순조로운 편이다. 강아지를 처음 소개할 때에는 고양이가 아니라 강아지를 제지해야 하며 강아지가 고양이를 처음 본 순간, 강아지에게 맛있는 간식을 주며 주의를 돌리는 것이 좋다. 고양이에게도 간식을 제공하되, 강아지의 접근을 피할 수 있도록 높은 곳에 놓아둔다. 만약 고양이가 강아지를 봤을 때 도망치는 유형이라면 강아지에게 하네스와 리드줄을 착용시켜 움직임을 통제하고 고양이가 자리를 피할 때 강아지가 쫓지 않도록 간식이나 장난감으로 주의를 돌려야 한다.

강아지가 온 후 1년 동안은 어떤 상황에서도 고양이를 쫓지 못하도록 해야 한다. 고양이가 강

고양이와 강아지의 첫 대면은 신중해야 한다. 강아지는 보호자의 통제 하에 두고, 고양이는 원할 경우 자리를 피하거나 높은 곳으로 올라갈 수 있도록 해준다.

아지에 익숙해지고, 강아지가 고양이를 가족의 일원으로 인식할 때까지는 강아지를 계속 제지하거나 계단 안전문 또는 고양이를 위한 높은 통로나 캣타워 등을 활용해 고양이가 피할 수 있는 공간을 마련해 준다. 보호자가 자리를 비울 때는 강아지를 반려견 펜스(53쪽 참고)에 넣거나 계단 안전문을 설치해 고양이가 원할 경우 거리를 둘 수 있게 해준다.

문제는 강아지가 자라면서 자신감이 생길 때 발생한다. 고양이를 향해 튀어 오르거나 위협하는 장난을 할 때, 이런 행동이 고양이를 달아나게 만든다는 것을 학습하기 때문이다. 이런 행동이 시작되면 즉시 제지하고 장난감을 이용한 다른 놀이로 전환해야 한다. 이를 통해 강아지에게 고양이는 놀잇감이 아니며, 놀이는 사람과 하는 것이라는 사실을 가르칠 수 있다. 필요에 따라 강아지의 하네스에 짧은 줄을 달아서 고양이를 쫓으려는 행동이 보일 때 즉시 줄을 밟아서 움직임을 제지한 뒤 장난감으로 주의를 돌린다. 또한 집 안 곳곳에 고양이가 멀리 도망가지 않고도 안전하게 피신할 수 있는 높은 공간을 충분히 마련해주는 것도 도움이 된다.

새 가족과 처음 맞이하는 밤

강아지는 새로운 가족과 낯선 환경, 이동 과정의 스트레스와 흥분 등으로 인해 많이 피곤할 것이다. 짧은 놀이 시간을 갖는 것은 남은 에너지를 소진하는 데 도움이 되며 소량의 따뜻한 식사를 주는 것도 좋다. 강아지가 완전히 잠자리에 들기 전, 마지막으로 한번 더 배변해야 한다는 점도 잊지 말아야 한다.

브리더로부터 강아지가 쓰던 담요를 받아왔다면, 이것을 전자레인지에 데운 따뜻한 빈백에 감싸서 강아지의 침대에 넣어주는 것이 좋다. 이때 강아지가 씹거나 삼킬 위험이 없도록 크고 두꺼운 담요로 한번 더 감싸고 온도는 너무 뜨겁지 않도록 주의한다. 이와 같이 익숙한 냄새와 온기는 강아지에게 안정감을 준다.

시중에는 전자레인지에 데울 수 있는 파우치와 엄마의 심장박동소리를 모방한 전자 진동 기능이 있는 봉제 인형도 판매되고 있지만, 이러한 제품이 강아지가 원래 지냈던 곳의 냄새만큼의 위안을 주기는 어렵다.

강아지가 새 집에서 보내는 첫날 밤을 어떻게 보내야 하는지에 대해서는 사람마다 의견이 다르다. 하지만 어린 동물은 혼자 격리되면 본능적으로 불안감과 위험을 느끼기 때문에 강아지를 혼자 두게 되면 두려움과 외로움을 느끼게 되어 새 집에서의 첫 날이 불안하게 시작될 수 있다. 특히 밤은 낮보다 더 많은 공포심을 유발한다. 강아지를 혼자 방에 두고 지칠 때까지 울도록 내버려두는 것은 심한 스트레스를 주고, 이것이 평생 분리불안으로 이어질 수 있다. 또한 보호자 역시 며칠 밤잠을 설칠 가능성이 크기 때문에 이러한 방식은 피해야 한다.

그 대신, 처음 며칠 간은 강아지를 보호자의 침실로 데려가 두꺼운 담요를 깐 깊은 상자나 반려견 펜스, 혹은 철제 케이지에 넣어 침대 옆에 둔다.

강아지가 낑낑대거나 칭얼거리면 따뜻한 손길이나 조용한 목소리로 안심시켜 주되, 모든 울음에 너무 민감하게 반응하는 것은 피해야 한다. 강아지가 너무 춥거나 덥지 않도록 해준다. 주인이 편안해하기 시작하면 강아지 역시 곧 안정을 찾을 수 있을 것이다.

대부분의 강아지는 잠자는 자리에서는 배변을 보려고 하지 않기 때문에 밤중에 깨어나면 밖으로 나가려는 행동을 보인다. 강아지가 밤중에 깨어 울거나 나가려 한다면 화장실이 급한 신호일 수 있으니 그 때가 새벽 3시든, 비가 오든 빠르게 마당으로 데려가는 것이 좋다. 밖에 나가면 주변 냄새를 맡게 하고 긴장을 풀게 하자. 배변을 하면 충분히 칭찬한 후 다시 잠자리에 재운

다. 마당이 없다면 강아지 배변 패드나 흡수성 재질로 덮인 공간으로 데려가도록 한다(86쪽 배변 훈련 참고).

시간이 지나면서 강아지는 점차 집에 적응하게 되고, 어미견과 형제자매견 없이 지내는 데에도 익숙해진다. 보호자는 낮 에도 강아지가 혼자 있는 데 익숙해지도록 훈련시키고(13장, 178쪽 참고), 격리 훈련이 잘 진행되고 있다면 몇 주 후

처음에는 밤에 강아지를 가까이 두는 것이 배변 훈련에 도움이 되며, 스트레스와 불안을 덜어준다.

주인이 바빠서 직접 주시하지 못하더라도 강아지를 반려견 펜스에 넣어두면 안 좋은 습관이 생기는 것을 예방할 수 있다.

에는 주인의 침실에서 나와 강아지의 취침 공간으로 옮겨 그 곳에서 재우는 것도 가능해진다. 훈련은 강아지의 속도에 맞춰 무리하지 않게 진행해야 한다. 문제가 생긴다면 무리하게 강행하기보다는 몇 단계 뒤로 돌아가는 것도 괜찮다. 기존 반려견이 있는 경우, 강아지는 처음부터 주인과 떨어져 그 반려견 옆에서 자는 것을 선호할 수도 있다. 다만 보호자가 자리에 없을 때에는 어린 강아지를 케이지나 계단 안전문으로 반드시 분리시켜야 한다.

반려견 펜스

반려견 펜스는 잘 훈련된 강아지를 키우는 데 필수 도구이다. 보호자는 잠시나마 강아지를 신경 쓰지 않고 정신적 여유를 가질 수 있고, 피로와 짜증이 줄어들게 된다. 동시에 강아지에게는 항상 보호자를 따라다닐 수는 없다는 사실을 가르쳐준다. 사람과 함께 사는 환경에서 개는 아무도 놀아주거나 관심을 주지 않을 때에도 조용히 누워 쉬는 법을 배워야 한다. 펜스라는 제한된 공간은 활동 범위를 제한하기 때문에 강아지가 금세 편안히 자리 잡도록 도와준다.

또한 반려견 펜스는 보호자가 바쁠 때 강아지가 사고를 치지 않도록 막아주는 역할도 한다. 강아지가 보호자의 감독 없이 자유롭게 집 안을 돌아다니게 하면 전기 코드나 신발을 씹고 보이지 않는 구석에 배변하는 등의 나쁜 습관이 쉽게 생길 수 있다. 특히 보호자가 집을 비워 강아지의 행동을 막고 훈육을 못할 경우에는 원치 않는 행동이 금세 잘못된 습관으로 굳어진다.

따라서, 이를 방지하는 아주 간단한 방법이 바로 반려견 펜스를 설치하는 것이다. 크기는 자유롭게 조정 가능하나, 적어도 수면 공간과 신문지를 깔아 놓은 별도의 공간이 마련될 정도의 크기는 되어야 한다. 강아지가 그 공간에서 자유롭게 놀고, 움직이고, 필요할 경우 배변도 가능해야 한다.

이런 공간은 방 한쪽 구석을 막아서 만들어줄 수 있다. 이때 칸막이는 강아지가 뛰어넘거나 탈출을 시도해도 넘어지거나 끼이는 일이 없도록 단단하고 안정적으로 고정해야 한다. 시중에는 여러 개의 철제 패널을 연결해서 조립할 수 있는 제품들이 판매되고 있다. 구매 시 강아지가 점프해도 무너지지 않을 정도로 견고한 제품을 선택하는 것이 좋다. 어릴 때부터 펜스에 들어가면 스스로 나올 수 없다는 것과 그 안에 있는 시간이 제한되어 있다는 걸 깨닫는다. 펜스는 훗날 강아지가 집에 혼자 있을 때 바르게 행동하는 법을 가르치는 데 유용한 훈련 도구가 된다.

대부분의 가정에서 반려견 펜스를 설치하기에 가장 좋은 장소는 주방이다. 주방은 사람들이 자주 오고 가고 다양한 일이 일어나는 공간이기 때문에 강아지는 펜스 안에서 다양한 소리, 냄새, 시각적 자극에 익숙해질 수 있다. 또한 주방은 일반적으로 세척이 쉬운 바닥재가 깔려 있어 배변 훈련중 실수에도 대처하기 좋다. 작더라도 사람이 자주 드나드는 공간에 작은 펜스를 설치하는 것이 잘 오가지 않는 넓은 방에 큰 펜스를 두는 것보다 훨씬 낫다.

펜스 안에는 강아지의 침대와 함께 씹을 수 있는 간식이나 장난감 1~2개를 넣어주자. 그러면 보호자가 온전히 강아지에 집중하지 못하는 시간에도 강아지를 안전하게 둘 수 있다. 가능한 한 자주 강아지를 펜스 밖으로 꺼내서 그 시간만

강아지가 반려견 펜스 안에 있는 동안 지루하지 않도록 다양한 장난감이나 활동 거리를 준다. 이때 너무 오랜 시간 동안 방치하지 않도록 주의한다.

큼은 함께하며 바람직한 행동을 가르치는 데 집중해야 한다. 이 방식은 강아지를 집 안에 자유롭게 풀어 두는 것보다 훨씬 빠른 훈련 효과를 보인다. 왜냐하면 부적절한 행동에는 전혀 보상이 주어지지 않기 때문에 강아지는 칭찬받는 행동만 해야 한다는 것을 금방 배우게 된다. 이 방법은 강아지에게도 훨씬 친절한 방식이며 보호자에게도 쉬운 훈련 방법이다.

강아지가 집 안에서(혼자 있을 때에도) 올바르게 행동하는 법을 배우면 펜스는 더 이상 사용하지 않아도 된다.

강아지가 혼자 있는 상황에 익숙해질 때까지(13장, 178쪽 참고), 주인은 펜스가 있는 방에서 나가지 말아야 한다. 단, 강아지가 잠든 상태이고 문을 열어 두어 강아지가 원하면 언제든지 보호자를 찾을 수 있는 상황이라면 예외다. 그렇지 않으면, 강아지가 불안을 느끼게 되어 펜스 안에서 짖거나 우는 습관을 배우게 된다. 이는 펜스를 사용해 가르치고자 했던 행동과는 정반대의 결과를 낳는다.

또한, 펜스에서 강아지를 꺼낼 때는 즉시 배변 장소로 데려가는 습관을 들이는 것이 좋다.

체벌이 아닌 편안한 공간으로
반려견 펜스는 강아지가 잘못했을 때 벌주는 공간처럼 사용해서는 안 된다. 주인이 싫어하는 행동을 했다면 주의를 다른 곳으로 돌리고, 바람직한 행동이 무엇인지 가르쳐주고, 잘 했을 때는 칭찬을 해준다. 펜스가 벌과 연결되어서는 안 된다. 강아지가 펜스에 있을 때는 주인이 자주 말을 걸어주고, 공간이 충분하다면 직접 안에 들어가서 같이 놀아주어야 그 안에 있는 시간이 즐겁게 느껴질 수 있다.

강아지를 펜스 안에 오랜 시간 가두어 두는 것은 좋지 않다. 이것은 보호자가 다른 일에 집중할 때 강아지를 안전하게 보호하는 공간일 뿐이다. 가능한 한 펜스 밖에서 시간을 함께 보내고 많은 관심을 주어야 한다. 그 안에 두는 시간은 2시간을 넘기지 않도록 해야 한다.

처음 펜스에 들여놓기
아주 이른 시기에 펜스를 도입하면 강아지는 이 공간을 생활의 일부로 받아들이게 된다. 강아지를 펜스 안으로 유도하려면 함께 펜스 쪽으로 걸어가서 문 쪽으로 간식을 던지는 모습을 보여준다. 강아지가 간식을 찾으러 들어가면 조용히 문을 닫는다.

이미 조금 자란 강아지의 경우, 처음에는 펜스 문이 열린 상태로 두고 안에 침대를 배치한 뒤 졸릴 때 안에서 쉴 수 있도록 유도한다. 펜스 안에 씹을 수 있는 장난감을 넣어두고 강아지가 자발적으로 들어갈 때마다 칭찬하거나 함께 놀아주면 억지로 밀어 넣는 것보다 훨씬 긍정적으로 받아들인다. 며칠이 지나 강아지가 편안히 들어가게 되면 그때부터 짧은 시간 동안 문을 닫는 연습을 시작할 수 있다.

펜스 안에서 짖을 때
강아지가 펜스 안에서 짖는다면 펜스 밖에서 충분한 시간을 보내고 있는지, 기본적인 욕구가 모두 충족되고 있는지 먼저 생각해 봐야 한다. 강아지가 만족스럽고 졸린 상태가 되었을 때 펜스에 들어가도록 하고, 지루해하고 외로움을 느끼기 전에 미리 꺼내 주는 것이 불안함으로 인해 짖는 것을 방지한다. 강아지가 펜스 안에서 짖을 때는 조용해질 때까지 관심을 주지 않도록 한다. 필요에 따라, 펜스 밖 바닥에 무언가를 던져 관심을 분산시키고 주의가 딴 데로 향한 순간 펜스 안에 간식을 몇 개 던져 넣는다. 강아지가 간식을 찾으면서 조용해지면 그때 조용히 펜스에서 꺼내준다. 이렇게 하면 짖는 것이 자유를 얻는 수단이 아니라는 것을 배우게 된다.

단, 다음 번에는 펜스 안에 머무는 시간을 더 줄이고 펜스 밖에서 보내는 시간이 훨씬 더 많도록 조정해야 한다.

보호자가 방을 떠날 때 강아지가 펜스 안에서 짖는다면, 지금이 분리 훈련에서 어떤 단계인지 다시 점검하고 그에 맞춰 행동을 조절해야 한다. 아직은 강아지가 잠든 후에 방을 떠나야 할 수도 있고, 몇 초 정도 짧은 시간만 자리를 비우는 수준부터 시작해야 할 수도 있다.

강아지가 자발적으로 펜스에 들어가도록 유도하려면 안에 맛있는 간식을 몇 개 던져 넣어 찾게 해보자.

새 반려견과의 시작

실내용 켄넬에 덮개를 씌워 굴처럼 만들어주면 강아지에게 편한 안식처가 될 수 있다. 단, 문은 항상 열어두어야 한다.

이후 강아지가 점점 혼자 있는 것에 익숙해지고 자립할수록 자연스럽게 방을 떠나도 문제가 없을 것이다. 다만 너무 이른 시점에 이런 훈련을 시도하는 것은 피해야 한다.

아이들로부터 벗어날 수 있는 공간

어린아이가 있는 가정에서는 강아지가 쉽게 흥분하고 놀이가 과격해질 수 있다. 반려견 펜스를 사용하는 이유는 보호자가 감시할 수 있을 때만 강아지를 밖으로 나오게 하여 올바른 놀이 방식을 가르치고, 놀이 중 입질을 방지하기 위해서다. 또한 아이들이 강아지를 괴롭히거나 잘못된 습관을 가르치는 것도 막고, 강아지가 뛰어가는 아이들을 쫓지 않도록 학습시키는 데에도 그 목적이 있다.

특히 어린 시기의 강아지는 잠을 충분히 자야 한다. 지나치게 자극을 받거나 흥분하고 피로한 상태가 되면 쉽게 짜증을 내거나 예민해진다. 이럴 때 펜스를 잘 활용하면 이런 상황을 예방할 수 있다. 강아지를 일정 시간마다 펜스에 넣어 휴식을 취하게 하면 놀이를 하려고 해도 나올 수 없다는 것을 알게 되어 금세 안정을 찾고 잠에 든다. 강아지가 아이들의 놀이에 모두 다 참여할 수는 없으며 때로는 조용히 앉아 기다려야 한다는 것도 배우는 것이 중요하다. 펜스는 이러한 훈련에 가장 적합한 도구다. 어떤 강아지들은 아이들이 너무 부산스러울 때 스스로 휴식을 취하려고 펜스에 들어가기를 원한다. 이 경우 펜스 문을 열어둔 채, 아이들에게 그곳은 강아지를 위한 공간이며 들어가서는 안 된다고 일러줘야 한다.

실내용 켄넬

펜스를 설치할 공간이 부족하다면 철제 그물망으로 된 실내용 켄넬 또는 이동용 케이지를 대안으로 사용할 수 있다. 가능한 한 넉넉한 크기를 선택하는 것이 좋다. 강아지가 성견이 되었을 때에도 편하게 서고, 눕고, 몸을 돌릴 수 있을 정도의 크기는 되어야 한다.

이런 실내용 켄넬의 가장 큰 단점은 강아지가 배변을 할 수 있는 공간이 없고 운동이나 탐색활동이 불가능하다는 점이다. 따라서 한 번에 한 시간 이상 강아지를 켄넬에 넣어두는 것은 지양해야 한다. 그럼에도 불구하고, 보호자가 다른 일에 집중해야 할 때 강아지를 안전하게 통제할 수 있는 공간이 전혀 없는 것보다는 실내용 켄넬을 활용하는 편이 낫다. 다만 강아지가 켄넬 안에서 보내는 시간을 신중히 조절해야 하며 씹을 수 있는 간식이나 장난감을 함께 넣어주어야 한다. 피곤하고 졸린 상태이며 최근에 배변을 마친 후에만 켄넬에 넣어야 한다.

계단 안전문

계단 안전문(또는 아기용 안전문)은 특히 어린 자녀가 있는 가정에서 유용하게 사용할 수 있다. 예를 들어, 보호자가 바닥에서 아기와 놀거나 중요한 손님이 방문해 집중해야 할 때 적합하다. 강아지는 문 뒤쪽에 안전하게 있으면서도 보호자의 존재를 느낄 수 있기 때문에 분리되거나 고립되지 않는다. 안전문 사용은 서서히 도입해야 하며 강아지를 처음 분리하는 시점에 방문객이 있거나 보호자가 무언가에 집중하는 상황에서 처음 사용하는 것은 피하도록 한다.

목줄, 하네스, 리드줄 익히기

강아지가 어느 정도 가정에 적응할 시간을 며칠 가진 후, 이제 목줄이나 하네스를 착용하는 데 익숙해지도록 할 시간이다. 버클이 있는 적당한 크기의 목줄을 준비하되, 체인 목줄이나 하프 체인 목줄은 절대 사용하지 말아야 한다. 넓거나 푹신한 소재가 일반적으로 착용감이 더 편안하다. 목줄이나 하네스는 강아지의 몸에 편안하게 맞으면서 손가락 두 개가 들어갈 정도의 여유가 있어야 한다. 하네스를 사용할 경우 착용 방향을 반드시 확인하고, 필요하면 착용할 때 도움을 받도록 한다. 좋은 하네스는 어깨가 자유롭게 움직일 수 있도록 설계되어 있으므로 착용 후 강

계단 안전문은 강아지가 방 밖으로 따라 나오는 것을 막아주면서도 주변에서 무슨 일이 일어나고 있는지 볼 수 있도록 해준다.

아지가 자연스럽게 움직이고 있는지 확인한다.

머리나 다리를 억지로 끼울 필요 없이 잠금이 여러 군데에서 풀리는 하네스를 착용시킨다.

강아지를 처음 데려왔을 때부터 목줄이나 하네스를 바로 착용시키지 말고, 먼저 보여주기만 한 뒤 간식을 주거나 놀이를 하면서 긍정적인 인식을 심어주어야 한다.

이 과정을 반복하면 강아지는 목줄이나 하네스를 보았을 때 좋은 일과 연관시켜서 그 물건을 보면 꼬리를 흔들며 반응하게 된다. 다음 단계로는, 목줄이나 하네스를 보여주고 강아지의 어깨 근처에 살짝 가져갔다가 즐거운 활동이나 간식을 제공한다. 만약 강아지가 뒤로 물러나거나 피하려고 한다면 다음에는 더 천천히 진행한다. 잘 받아들이는 경우에는 하네스나 목줄을 등을 덮듯이 걸친 다음 간식을 몇 개 준다. 이 과정을 반복해서 강아지가 목줄을 걸거나 하네스를 착용해도 전혀 불편함을 느끼지 않을 때까지 단계적으로 진행한다.

물론 강아지를 억지로 붙잡고 그냥 채워버리는 것이 훨씬 빠르고 쉬워 보일 수도 있다. 하지만 시간을 들여 천천히 접근하면 앞으로도 강아지를 만지거나 무언가를 착용시킬 때 좋은 연관성을 만들어내고, 보호자에 대한 신뢰를 쌓게 한다.

처음으로 목줄이나 하네스를 착용시킬 때는 짧은 놀이를 하며 즐거운 분위기를 만든 다음, 바로 벗겨주는 것이 좋다. 나중에는 강아지가 목

목줄이 처음에는 낯설게 느껴질 수 있지만, 곧 익숙해질 것이다.

단단하거나 무거운 부품이 부착된 하네스는 어깨 윗부분의 움직임을 방해한다. 또한 얇은 스트랩보다 두껍고 폭신하게 처리된 것이 더 편안하다.

줄이나 하네스를 신경 쓰거나 긁지 않고 자연스럽게 착용하게 될 때까지 이 과정을 계속해야 한다. 이렇게 하면 강아지는 몸에 무언가를 착용하는 것에 익숙해지고, 목줄이나 하네스를 보는 순간 숨거나 도망치지 않고 자신감을 갖을 수 있다.

만약 강아지가 산책 중에 줄을 심하게 당기거나, 힘이 세고 너무 활달한데 이를 훈련할 시간이 없다면 목줄보다는 하네스를 사용하는 것이 좋다. 하네스는 강아지의 목에 있는 민감한 부위를 보호해주며 안압이 상승하는 것을 막아 부상을 예방한다. 하네스는 헐렁하거나 불편함을 유발하지 않도록 꼭 맞게 착용해야 한다. 불편함 없이 자연스럽게 움직일 수 있는지 봐야 하고, 끈 부분은 푹신하게 처리된 제품을 사용해 마찰이 생기지 않도록 한다.

일부 국가에서는 외출 시 반려견에게 인식표(tag)를 부착하는 것이 법적으로 의무화 되어있다. 그러나 강아지는 탐색을 많이 하고, 착용하고 있는 목줄이나 하네스가 어딘가에 쉽게 걸리거나 엉킬 수 있기 때문에 보호자의 감시가 없을 때는 이를 벗겨두는 것이 안전하다. 그리고 강아지는 빠르게 성장하므로 며칠에 한 번씩은 목줄이나 하네스가 잘 맞는지 확인한다. 이때 몸과 목줄 사이에 손가락 두 개가 들어갈 정도의 여유가 있어야 적절한 착용 상태이다.

강아지가 목줄이나 하네스에 익숙해졌다면, 리드줄을 연결하고 놀이시간 동안 자연스럽게 끌고 다니게 해보자. 때때로 리드줄 끝을 들어올리고 그 상태에서 움직이지 않고 가만히 있는다. 강아지는 리드줄이 연결되어 있을 때 보호자와 함께 움직여야 한다는 것을 배운다. 강아지가 이런 제약을 잠시 받아들이면 칭찬해주고 다시 자유롭게 풀어준다. 이후에는 점차 착용 시간을 늘려간다.

기대치와 '퍼피 블루스'

강아지를 기르는 건 어떤 면에서 아이를 키우는 것과 비슷하다. 단지 시간이 훨씬 더 짧을 뿐이다. 강아지는 당신의 일상을 통째로 빼앗아가고, 밤잠을 설치게 만들 수도 있으며 제대로 하고 있는 것인지 스스로 끊임없이 의심을 들게 할 것이다. 훗날 반려견과 더 편안한 삶을 만들어 나가기 위해서는 초기에 매일 시간을 투자해 강아지 교육에 집중해야 한다. 강아지를 키우는 일이 쉽다고 말하는 사람은 없다. 그것은 상상 이상의 기쁨과 보람을 가져다 주지만, 동시에 그만큼의 스트레스와 시간 소모가 따라온다.

다양한 상황을 마주하며 과연 옳은 결정을 내렸는지 고민하게 되는 것은 지극히 당연하다. 좋

> 강아지가 사춘기에 접어들 무렵이면, 가끔씩 삶 전체가 강아지를 중심으로 돌아가는 듯한 느낌이 들 수 있다. 그러나 이런 시기는 지나가기 마련이다.

은 반려견 보호자일수록 모든 것을 완벽하게 해내려 애쓰지만 어떤 양육도 결점 없이 완벽할 수는 없다. 그러니 자신에게 조금은 관대해지자. 루틴을 대부분 잘 지키고 있다면 가끔 한두 시간 어긋나는 날이 있어도 괜찮다. 예상치 못한 상황으로 모든 일정이 흐트러지더라도, 당신과 강아지는 충분히 적응하고 함께 극복할 수 있다. 강아지는 적응력이 뛰어나고 회복력이 강하기 때문에 잠깐의 실수나 심지어는 오랜 시간의 어려움이 있다고 해도 그것이 강아지를 망치지는 않을 것이다.

당신이 무엇이든 잘 해내려는 성향의 사람이라면 자신과 강아지 모두에게 기대치를 조금 낮추는 것이 좋다. 그래야 자신에게도, 강아지에게도 과도한 압박을 주지 않으면서 기대 이상으로 잘 풀릴 때는 더 큰 기쁨을 느끼게 된다.

강아지들은 학습 속도가 저마다 다르고, 처음에는 모두 천천히 배우기 마련이다. 그렇기 때문에 생후 몇 주, 몇 개월 동안은 세심함과 인내심을 가지고 훈련을 진행해야 한다. 이때는 처음부터 완벽함을 기대하지 않는 것이 중요하다. 훈련과 행동에 대한 기대치가 지나치게 높으면 강아지가 압박을 느끼기 쉽고 학습에도 어려움을 겪는다.

그보다는 기대를 낮추고 인내심 있게 가르치며 작은 성취에도 감사하는 자세를 가진다. 좋은 관계를 형성하고 반응을 잘 하는 반려견으로 성장시키는 열쇠는 강아지 시기에 작지만 긍정적이고, 성공적인 훈련을 자주 반복하는 것이다.

잘 안되는 일에 집착하기보다는 성공할 수 있는 행동을 차분히 응원해 나가는 데 집중하자.

초기에는 강아지를 데려온 것이 잘못된 선택이었나 하는 생각이 들 수 있다. 이러한 감정은 매우 자연스러운 것으로, 특히 강아지를 처음 키우는 사람일수록 그렇다. 피로감, 강아지와 관련 없는 일들을 제대로 하지 못하는 상황, 사회생활과 개인 시간의 감소, 그리고 문제 행동이 해결되지 않을 때 느끼는 무력감이 복합적으로 쌓이기 때문이다. 하지만 너무 걱정하지 않아도 되는 것이 이 시기 또한 지나가기 마련이다.

당신의 강아지는 서서히 배우고 성장하며, 몇 달만 지나면 손이 덜 가고, 더 독립적인 존재가 된다. 지금 직면하는 문제들도 결국에는 해결책이 생기고 일상은 다시 안정적인 흐름을 되찾을 것이다. 지금은 그저 넓은 시각으로 상황을 바라보면서, 시간이 지나면 변화가 온다는 사실을 기억하자.

삶의 소소한 성공과 포근한 교감의 순간을 즐기며 더 나아질 때까지 포기하지 말고 계속 나아가야 한다.

초기 몇 주, 몇 달을 잘 헤쳐나가는 데 도움이 되는 것 중 하나가 바로 올바른 조언이다.

인터넷이나 미디어에서 얻은 정보는 다 신뢰할 수 없다. 목소리가 큰 사람이 오히려 지식이 가장 부족한 경우도 많으니 조심해야 한다. 아무리 좋은 뜻으로 조언하는 친구나 가족도 경험이 부족하다면 강아지에게 적합하지 않은 조언을 해줄 수 있다. 따라서, 신뢰할 수 있는 전문가를 찾는 것이 중요하다. 긍정적인 훈련 방식으로 접근하는 훈련사는 문제를 쉽게 해결하도록 도와주며 훈련 과정 전반에 걸쳐 좋은 조언과 격려를 아끼지 않는다. 이러한 전문가를 찾는 한 가지 방법은 강아지 훈련 수업에 등록하는 것이다 (좋은 수업을 찾는 방법, 223쪽 참고).

당신의 새로운 반려견이 주는 친밀감, 우정, 그리고 헌신은 그들을 키울 때 들인 모든 수고를 전부 보상해줄 것이다.

CHAPTER SIX
사회화

강아지의 생에 초기에 가장 중요한 일 중 하나는 앞으로 만나게 될 다양한 생명체들과 교류하고 새로운 세상에서 마주할 모든 소리, 냄새, 시각적 자극, 경험들에 익숙해지는 것이다. 이러한 긍정적인 경험 없이 자란 강아지는 두려움이 많고, 경계심이 강하며 공격적으로 변할 가능성이 더 높다. 반면, 자신을 둘러싼 모든 것들과 좋은 경험을 한 강아지는 자신감 있고 행복한 성견으로 성장하게 된다. 강아지를 정서적으로 안정되고 순한 반려견으로 키우고자 한다면, 이 장에서 다루는 내용이 아마도 이 책에서 가장 중요한 조언이 될 것이다.

요즘에는 '사회화(socialization)'라는 용어를 사회화(살아 있는 존재에 익숙해지는 것)와 습관화(비생물적 자극에 익숙해지는 것)의 두가지 의미를 포함해서 사용하는 것이 일반화되었다. 이 책에서도 두 용어를 구분하지 않고 '사회화'라는 하나의 용어를 사용한다.

강아지 시절은 금방 지나간다

인간과 개의 가장 큰 차이점은 성장 속도가 다르다는 점이다. 강아지는 빠르면 생후 1년 이내에 성숙기에 접어들지만, 사람은 약 20년에 걸쳐 서서히 성장한다. 인간이 유년기 동안 얼마나 많은 일들을 겪고, 배우고 경험하며 성장하는지를 생각해보면 강아지의 빠른 성장 속도를 짐작할 수 있을 것이다. 더 나아가 생후 첫 1년 간 강아지가 올바르게 성장하기 위해서는 얼마나 많은 경험이 필요하고, 그리고 그만큼 얼마나 많은 시간과 노력이 필요한지도 알 수 있다. 어린이에게는 일주일이 상대적으로 짧은 시간이지만 강아지의 어린 시절에서는 상당한 비중을 차지한다.

> **강아지의 발달 속도**
> 강아지는 인간에 비해 상대적으로 짧은 시간 안에 성장한다. 강아지의 일주일은 인간의 약 5개월에 해당하는 만큼 강아지의 생애 첫 1년간은 많은 시간과 노력이 필요하다.

10개월   5세

신생아   2–3주   4–5주   6주   7–19주

핵심 포인트

● 다른 무엇보다 반드시 해야 할 일이 하나 있다면, 바로 '사회화' 시간을 갖는 것이다. 첫 1년 동안, 특히 생후 첫 6개월은 매일 사회화 시간을 가져야 한다. 그 중에서도 생후 12주까지가 가장 중요한 시기이다. 사회화 훈련은 강아지가 아직 어릴 때 바로 시작해야 한다. 내일도, 모레도 아닌 바로 오늘부터, 매일 해야 한다. 사회화는 강아지가 안정되고 순한 성견으로 자라는데 꼭 필요한 과정임을 잊어서는 안된다.

사회화 훈련은 언제?

강아지는 걷고, 보고, 듣기 시작하면 새로운 경험을 두려움 없이 받아들인다. 그러나 자라면서 점점 두려움을 느끼게 되고 생후 12주 정도가 되면 새로운 것을 받아들이려는 욕구보다 낯선 것에 대한 공포가 더 커지기 시작한다. 이 시점이 지나면 쉽게 사회화할 수 있는 '기회의 창'이 닫힌다. 이러한 기준은 비글과 같은 견종을 대상으로 한 오래된 연구에서 기반한 것이다. 최근 연구에 따르면 예민한 성격을 가진 품종의 경우 이 시기가 더 짧을 수도 있다. 따라서 브리더와 새 보호자 모두가 이 짧은 사회화 시기를 최대한 활용해야 한다. 이 시기의 경험들은 강아지에게 오랫동안 깊은 인상을 남기며 그것이 좋은 것이든 나쁜 것이든 평생 기억된다.

10세 / 5-6개월 15세 / 6개월 20세 / 1세

사회화

사회화는 강아지 시기에 지속적으로 이루어져야 하며 적어도 생후 12개월까지는 집중적인 노력이 필요하다. 강아지가 자라면서 다양하고 즐거운 경험을 많이 접할수록 무엇이든 두려움 없이 받아들이는 잘 적응된 성견으로 자랄 가능성도 높아진다. 강아지가 나이가 들수록 사회화는 점점 더 어려워지지만, 그럼에도 불구하고 계속해야 할 가치가 있다.

초기에 사회화를 놓친 강아지일수록 따라잡기 위한 시간과 노력이 필요하며 강아지가 두려움을 극복할 때까지 인내심을 갖고 천천히 접근해야 한다.

브리더의 역할

강아지가 젖을 떼고 생후 8주가 되어 어미견에게서 분리될 준비가 되었을 시점에는 이미 최소 5주 간의 사회화 기간이 지나간 상태다. 따라서 사회화 과정은 이 시점까지 반드시 본격적으로 시작되어 있어야 한다. 브리더는 그동안 강아지에게 충분한 손길과 다양한 자극을 제공하고, 일상 속에서 마주하게 될 많은 것들에 익숙해지도록 훈련시켜야 하는 책임이 있다.

이러한 과정을 거치지 못한 강아지는 일상적인 상황에서도 쉽게 위축되고 다른 존재와 관계를 맺거나 편안하게 살아가는 데 어려움을 겪는

경우가 많다. 그렇기 때문에 강아지를 어디서 입양할 것인지에 대해 신중하게 선택하는 것이 매우 중요하다(1장, 16쪽 참고). 대부분의 경우, 브리더가 강아지 사회화 프로그램을 운영해야 한다는 법적 의무는 없으며 사회화가 제대로 이루어졌는지를 확인할 책임은 오직 강아지를 입양한 보호자에게 있다.

예를 들어, 영국에서는 지방 당국이 브리더가 사회화 프로그램을 갖추고 있는 지 확인할 의무는 있지만, 그것이 실제로 실행되고 있는지는 감독하지 않는다.

게다가 관련 법률이 없는 일부 국가에서 강아지가 대량 수입되는 경우도 있다. 만약 사회화 훈련을 제대로 하지 않은 브리더로부터 강아지를 입양했다면, '잃어버린 시간'을 만회하기 위해 전문가의 도움을 받아야 할 수도 있다. 보호자는 엄청난 인내심을 가지고 열심히 사회화 훈련에 임할 준비가 되어 있어야 한다.

예방 접종 vs 사회화

일반적으로 강아지의 예방 접종 시기는 생후 8주와 12주(경우에 따라 16주까지 포함)이지만 이제는 생후 6주부터 접종하는 것도 어느정도 효과를 기대할 수 있다. 예방 접종의 효과가 나

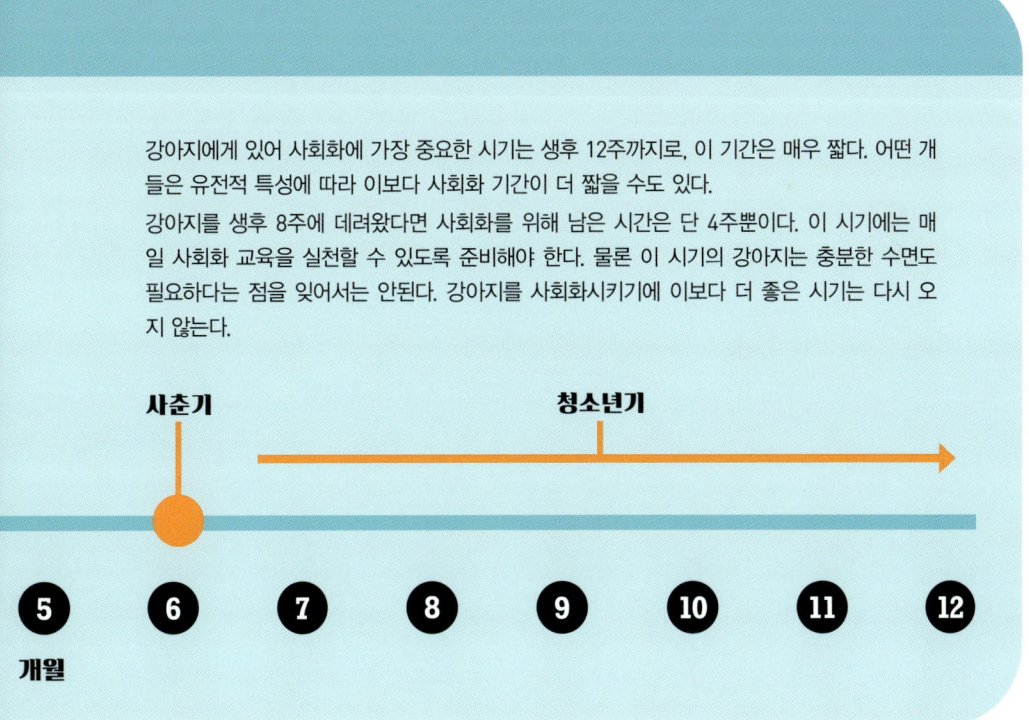

강아지를 안고 바깥 세상으로 나오는 것은 안전한 위치에서 새로운 환경과 상황을 경험할 수 있게 한다.

타나기 전까지 강아지는 다른 개들로부터 질병에 감염될 위험에 노출되어 있으므로 예방 접종은 수의사와 상담하여 결정 해야 한다. 수의사는 최신 백신 정보와 지역 내 질병 상황에 대한 지식을 바탕으로 적절한 결정을 내릴 수 있도록 도와줄 것이다.

이때 신체적 건강과 정신적 건강 사이에 균형이 필요하다. 강아지를 데리고 밖으로 나가면 사회화 측면에서 도움이 되긴 하지만, 예방 접종이 끝나기 전에는 질병에 걸리지 않도록 조심해야 한다. 강아지가 아주 크고 무겁지 않다면 외출 시 품에 안고 외부 환경을 보여주는 것이 집안에만 두는 것보다 훨씬 좋다. 아직은 수의사와 상담하여 최선의 방법을 찾아야 한다.

강아지를 바닥에 내려놓을 때는 반드시 다른 개가 배변하지 않은 깨끗한 장소를 선택하고, 예방 접종을 하지 않은 개와 접촉하지 않도록 한다면 강아지가 어린 나이에 새로운 세상을 접하게 하면서도 질병으로부터 안전하게 보호할 수 있다. 그렇지 않으면 사회화의 결정적 시기를 놓치게 되어 소심하고 불안해하는 성견으로 자랄 수 있다. 특히 몰이견 등 민감한 품종의 강아지에게는 이런 현상이 심하게 나타나기도 한다.

성공적인 사회화 훈련법

매번 새로운 만남이 즐겁고 긍정적인 경험이 되도록 해야 한다. 강아지가 편안한 상태인지 살피고, 꼬리를 살살 흔드는지를 관찰하자. 강아지가 앞으로 나아가며 즐기고 있다면 이는 그 경험들을 좋은 기억으로 남겨두고 있는 것이며 세상에서 안전하고 편안함을 느끼는 법을 배우는 것이다.

모든 연령대의 아이들을 만나고 긍정적인 경험을 하는 것은 어린 강아지에게 꼭 필요한 사회화 과정이다

좋은 사회화의 비결은 강아지의 관점에서 세상을 바라보려는 노력이다. 세상에 대해 아는 것이 거의 없고 작고 연약한 존재가 되어본다고 상상해 보자. 한꺼번에 너무 많은 자극을 주지 않도록 조심하고, 짧은 만남부터 시작해 점차 경험을 넓혀가는 방식으로 접근해야 한다. 강아지가 여러 경험을 즐기도록 하면서 놀이나 친근한 말투로 안심시켜주면 세상에 대해 걱정할 필요가 없다는 것을 배워 나가게 된다. 강아지의 타고난 호기심은 새로운 것을 탐색하게 하고, 옆에서 보호자가 두려움을 느끼지 않도록 도와주면 경험이 늘어날수록 점점 더 자신감을 얻게 될 것이다.

주인은 사회화 도중 생길 수 있는 불쾌하거나 무서운 경험으로부터 강아지를 보호하기 위해 미리 상황을 예측할 필요가 있다. 강아지가 상황을 어떻게 받아들이고 있는지 생각하고, 필요하다면 그 경험을 조정해줘야 한다. 강아지의 귀, 꼬리, 몸의 자세를 유심히 관찰하자. 이때 긴장하고 있는가? 꼬리를 낮추고 귀를 뒤로 젖히며 몸을 웅크리는 모습은 위축의 의미다. 어떤 강아지는 이러한 신호를 뚜렷하게 보이지 않는 대신 조용히 자리를 피하거나 도망치려 할 수도 있다. 이런 경우 혹시 리드줄에 묶여 도망치지 못하고 있는 것은 아닌지 살펴야 한다. 강아지의 몸짓을 주의 깊게 보면 지금의 상황이 편한지 불편한지 판단할 수 있다. 필요한 경우 환경을 바꿔 줄 수 있다.

강아지가 새로운 대상이나 걱정스러운 상황에 접근할 때는 천천히 다가갈 수 있도록 해야 하며 강요하지 말고 스스로 선택하게 해야 한다. 일단 강아지가 자발적으로 접근했다면, 이때 장난감 놀이나 간식을 주어서 새로운 상황에 빨리 적응할 수 있도록 한다. 하지만 처음부터 간식으로만 유인 하는 것은 바람직하지 않다. 만약 강아지가 새로운 환경에서 놀거나 간식을 먹으려 하지 않는다면, 이는 불안감이 너무 큰 상태일 수 있으므로 강아지를 그 상황에서 벗어나게 하는 등 강아지의 불안을 줄여줘야 한다. 강아지가 감당하기 힘든 수준의 자극을 받고 있다면 같이 놀아주거나 먹이를 줌으로써 긴장을 낮출 수 있다.

강아지가 불안의 신호를 보이거나 이미 두려

강아지는 새로운 경험을 할 때 보호자인 당신을 의지하게 된다. 이때 당신은 어떻게 행동해야 하는지 알려주고 이끌어주어야 한다.

워하고 있다면 새로운 자극의 강도를 낮추어 더 이상 무서움을 느끼지 않도록 해야 한다. 이는 자극이 되는 원인에 거리를 두거나 새로운 자극 중 하나를 제거하는 방식으로 조절할 수 있다.

예를 들어, 아이들을 처음 접하는 강아지에게 시끄러운 아이 네 명이 한꺼번에 몰려오는 것은 너무 부담스러울 수 있으므로 처음에는 조용한 아이 한 명과 만나게 하는 것이 좋다.

강아지가 불안해할 때는 과도하게 동정하는 반응을 보이지 않도록 주의해야 한다. 보호자가 걱정하는 모습을 보이면 정말 무서운 일이 있다고 인식하기 때문이다.

보호자 자신이 밝고 즐거운 분위기로 행동하면서 전혀 걱정하지 않는 것처럼 보여주는 것이 중요하다. 그와 동시에, 장소를 옮기거나 강아지의 주의를 다른 곳으로 돌려서 상황을 빠르게 전환시켜 강아지가 불안해하지 않도록 도와야 한다.

강아지의 한계를 파악한 후에는 그 범위를 매일 조금씩 확장해 나가는 것이 중요하다. 강아지

강아지가 다양한 상황과 환경을 경험할 수 있도록 매일 다양한 장소로 데리고 나가 보자.

가 지치거나 벅차지 않을 수준에서 새로운 경험을 하게 하고 간식이나 놀이로 그 경험을 즐겁게 만들면 강아지는 점점 더 자신감을 가지게 된다. 익숙한 상황이 늘어나고 좋은 기억을 많이 갖을수록 강아지는 미래의 새로운 상황에 더 빠르게 적응할 수 있다.

이 책의 부록(232쪽 참고)에는 강아지를 위한 사회화 프로그램이 수록되어 있다. 그 프로그램을 그대로 활용하거나 자신만의 계획을 세워도 좋다. 체계적인 계획을 가지고 사회화 훈련을 진행하면 훈련을 미루지 않고 꾸준히 실천하는 데 도움이 된다. 이 시기는 강아지 생애에서 단 한 번뿐인 시기이므로, 이때는 강아지를 우선순위에 두어야 한다.

새로운 경험을 배우는 일은 강아지에게 매우 피곤한 일이므로 훈련 사이사이에 충분히 쉬도록 해야 한다. 또한 깊은 수면은 기억을 잘 저장하는데 도움이 되므로 훈련 후에는 익숙한 공간에서 조용히 쉴 수 있도록 해주는 것이 좋다.

사람들과의 사회화

강아지가 사람들과 사회화되려면 자신의 영역인 집 안 뿐만 아니라 공원, 길거리, 도심, 시골, 다른 사람의 집 등 외부 공간에서도 이루어져야 한다.

강아지는 안경 쓴 사람, 수염 난 사람, 독특한 복장이나 제복을 입은 사람, 모자나 오토바이 헬멧을 쓴 사람, 가방을 들거나 절뚝이며 걷는 사람, 지팡이를 짚은 사람, 휠체어나 전동 스쿠터를 타는 사람, 다양한 인종의 사람들에게 익숙해져야 한다. 또한 달리기나 조깅, 축구, 자

새로운 경험을 할 때마다 강아지의 뇌 속 신경 세포들은 서로 연결된다. 따라서 충분히 자야지만 긍정적인 경험들이 기억으로 저장된다.

사회화

전거·스쿠터·스케이트 보드 타기 등 인간이 하는 '이상해 보이는' 다양한 활동에도 점차 익숙해져야 한다.

사람은 저마다 키, 체형, 나이, 성격 등이 모두 다르다. 강아지는 매일 보거나 집을 자주 방문하는 사람에게는 금방 익숙해지지만, 그 외 사람들은 낯설어 한다. 강아지가 어떤 사람에게나 잘 어울려 지내는 개로 성장하려면 가능한 한 다양한 사람과 만나도록 해야 하며 사랑하고 신뢰하는 사람의 범위를 최소 열 명 이상으로 늘리는 것이 바람직하다. 강아지가 어릴 때 개를 좋아하는 친구들을 집으로 자주 초대하는 것은 강아지의 사회성을 길러주는 최고의 방법이다.

중요한 것은 강아지가 스스로 다가갈 수 있도록 시간을 주고 억지로 만남을 강요하지 않아야 한다. 특히, 사람에게 다가오게 하려고 리드줄로 끌어오는 행위는 강아지를 더욱 위축시킬 수 있기 때문에 절대로 해서는 안된다. 두려움을 극복

첫 만남이 잘 이루어진다면 새로운 친구들과의 시간은 강아지에게 하루 중 가장 즐거운 순간이 될 것이다.

어린 아이들과의 즐거운 경험은 강아지에게 편안함을 주고, 이후 불안한 상황에서도 짖거나 무는 행동을 줄여준다.

하게 하려는 의도와는 달리 오히려 역효과를 낼 수 있다. 강아지가 약간 소심한 정도라면, 향긋하고 맛있는 간식을 주거나 부드러운 장난감으로 함께 놀아주는 것만으로도 불안을 덜어주는 데 도움이 될 수 있다. 반대로, 강아지가 이미 사회성이 좋다면 인사하는 과정을 보호자가 잘 통제하여 강아지가 예의 있게 행동하도록 돕는 것이 중요하다(100쪽 참고). 모든 사람이 개를 좋아하는 것은 아니기 때문이다.

강아지가 아직 사람과 함께 있는 것을 즐길 만큼 사회화되지 않았을 때, 누군가가 강아지를 뚫어지게 응시하거나 몸을 앞으로 숙여 미소 지으며 다가오는 행동이 강아지에게는 위협적으로 느껴질 수 있다. 그 때에는 이런 행동이 강아지를 긴장시킨다는 점을 상대에게 알려주거나 그들의 시선을 다른 곳으로 돌릴 수 있도록 대화를 유도하는 것이 좋다. 이렇게 하면 강아지의 긴장을 줄이고 편안해질 시간을 줄 수 있다. 시간이 지나면 강아지의 타고난 호기심이 발동하여 스스로 그 사람에게 다가가 친구가 되려는 시도를 하게 될 것이다.

사람들은 낯선 강아지를 보면 만지고 싶어 한다. 특히 개를 좋아하거나 이미 키우고 있는 사람일수록 이런 경향이 강하다. 하지만 강아지가 어릴 때는 아무리 호의적인 뜻을 가진 사람이라도 먼저 다가와 쓰다듬지 못하게 해야 한다. 강아지가 스스로 선택하고 다가갈 기회를 주어야 한다. 핸들링 훈련은 이후에 따로 다루겠지만

(172쪽 참고). 강아지가 주인의 손길을 편안하게 느끼는 것이 우선되어야 하며, 이후 다른 사람의 손길을 허용하는 것이 중요하다. 그 전까지는 정중히 만지지 말아달라고 요청하고 상대가 계속 손을 뻗는다면 자리를 피할 준비를 해야 한다. 다른 사람과의 접촉을 가르치기 전에 먼저 강아지가 보호자를 믿고 신뢰할 수 있도록 하자.

아이들에게 익숙해지기
특히 보호자에게 자녀가 없는 경우라면, 강아지가 모든 연령대의 아이들과 익숙해지도록 하는 데에 더욱 신경 써야 한다. 설사 자녀가 있는 경우라 하더라도, 다른 집 아이들은 집의 자녀들과 나이와 성격이 다르기 때문에 강아지가 그 차이를 받아들이는 연습이 필요하다. 이때 영유아, 초등학생, 청소년 등 모든 연령대의 아이들을 접하는 것이 중요하다.

자녀가 없더라도 특정 시간대에 강아지를 데리고 근처 학교까지 산책을 다녀오면 된다. 이때는 아이들이 강아지를 둘러싸지 않도록 충분한 거리를 유지해야 한다. 강아지가 조금 더 자라면 아이들이 다가와 인사하려 할 때 잠깐 교류할 수 있도록 해도 좋다. 단, 아이들과의 접촉 전에는 반드시 부모의 동의을 구하고 강아지와 아이들이 모두 차분하고 즐거운 상태에서 만남이 이루어지도록 해야 한다.

또한, 리드줄을 한 상태로 통제하며 놀이터 근처에 데려가는 것도 좋은 사회화 훈련이 된다. 이때 강아지는 아이들이 뛰놀며 소리 지르고, 장난치는 모습을 직접 보며 환경에 익숙해진다. 이 상황에서 강아지가 흥분하지 않고 차분하게 지내는 법을 배우면 훗날 아이들이 뛰어노는 상황에서 강아지가 섣불리 함께 놀려고 달려드는 일을 예방할 수 있다. 놀이터에 가기 전에는 강아지를 충분히 산책시키고 배변을 미리 마칠 수 있도록 한다. 혹시 근처에서 배변했다면 즉시 치우도록 한다. 또한 수의사에게 적절한 구충 프로그램에 대한 상담도 받는 것이 좋다.

다른 개들과의 사회화
강아지를 성견에 소개 할 때는 매우 조심해야 한다. 반드시 상대 개가 낯선 강아지를 만나는 데 익숙하고 사회화가 잘 되어 있다는 확신이 있을 때만 소개해야 한다. 그렇지 않으면 위험한 상황이 발생할 수 있으며 강아지가 앞으로 다른 개에 대해 부정적인 인식을 갖게 되는 계기가 될 수 있다. 그렇다고 해서 강아지를 다른 개들로부터 완전히 차단하는 것도 바람직하지 않다. 그렇게 되면 다른 개와 교류하는 법을 배우지 못해 나중에는 어떻게 행동해야 할 지 몰라 불안해할 것이다. 그것이 훗날 혼란과 공격성으로 이어질 수 있다.

다른 강아지들과 좋은 관계를 맺을 수 있도록 도와줄 안정된 개들을 여러 마리 찾아보고, 안전하고 자유롭게 서로와 주변을 탐색할 수 있는 공간에서 처음 만나게 한다. 강아지가 만나기에 가장 이상적인 개는 다른 개나 강아지에게 익숙해서, 활발한 어린 강아지에게도 과하게 반응하지 않고 조용히 인정해주고 지나칠 수 있는 개다.

이런 개와 함께 산책을 하면 강아지가 다른 개를 긍정적으로 인식하면서도 예의 바르게 행동하는 법을 배우게 된다.

성견에게 바른 행동을 배우는 것은 강아지에게 매우 중요한 사회화 과정이다. 그러니 친절하고 사회성이 좋은 성견들을 찾아 강아지와 교류할 수 있도록 해주자.

사회화

> 비슷한 또래의 강아지들과 어울리는 법을 배우는 것은 사회화에 중요하지만, 서로 성향이 잘 맞는 지 확인하고 천천히 단계적으로 소개해야 한다.

이와 더불어, 강아지에게 어울리는 놀이 친구를 몇 마리 찾아주는 것도 좋다. 잘 모르겠다면 자격을 갖춘 전문가의 도움을 받도록 한다. 처음부터 곧장 놀이에 들어가기보다는 첫 인사를 중요하게 생각하는 사람을 찾는 것이 좋다.

서로 잘 맞고 인사가 원활하게 이루어진 뒤 놀이가 시작되었다면, 놀이 시간은 항상 짧게 유지해야 한다. 시간은 3분 이내로 제한하고 이후에는 양쪽 모두 차분하게 쉴 수 있는 시간을 주도록 한다. 이렇게 여러 번 반복되는 짧고 즐거운 만남이, 서로 피로해지고 짜증나는 긴 놀이 경험보다 훨씬 유익하다.

강아지끼리의 놀이 시간 외에도 성견과의 접촉은 꼭 필요하다. 강아지는 모든 개가 놀아줄 수 있는 상대는 아니라는 사실을 배워야 한다. 강아지를 좋아하지만 거친 놀이를 허용하지 않는 성견은 이상적인 사회화 상대가 된다. 이런 성견은 강아지에게 공격적이지 않으면서도 예의와 존중을 부드럽게 가르쳐줄 수 있다. 다만 이렇게 적절한 개를 찾는 건 어렵기 때문에 전문가의 도움을 받는 것도 방법이다.

다른 개들이 풀려 있는 장소에서 강아지를 산책시킬 때는 특히 조심해야 한다. 자신감 넘치는 개가 악의 없이 다가오더라도, 수줍은 강아지에게는 이 상황이 큰 공포가 될 수 있다. 리드줄에 묶여 있다면 더 두려움을 느낄 수 있고, 반대로 풀려 있다면 놀라 도망쳐 더 위험한 상황이 될 수도 있다. 이런 경험은 평생 정신적 트라우마로 남는다. 이런 상황을 겪지 않도록 다른 개들과 거리를 유지하면서 보호자와 함께하는 놀이에 집중하도록 유도해보자.

강아지가 어린 시절에 다양한 개들과 좋은 경험이 충분히 쌓이면 훗날 다른 개에 대한 두려움이나 공격성이 없어지고, 사회성 있고 예의 바른 개로 자라게 된다.

강아지 사회화 파티와 훈련 수업

강아지가 새끼 때부터 익히기 시작한 개들 간의 의사소통 방식을 발전시키는 가장 좋은 방법 중 하나는, 잘 운영되는 강아지 사회화 파티나 훈련 수업에 참석하는 것이다(좋은 수업을 찾는 방법은 223쪽 참고). 사회화 파티는 보통 생후 10~12주경 동물병원에서 열리고, 이후 12~18주 사이에 강아지 훈련 수업으로 이어지는 경우가 많다.

처음 파티나 수업을 선택할 때는 강아지가 다른 강아지들과 무분별하게 놀게 두는 환경을 피하고, 한 번에 두 마리 이하로만 인사할 수 있도록 제한하는 곳을 찾아야 한다. 무제한 놀이가 허용되는 환경은 수줍은 강아지를 공격적으로 만들거나 자신감 넘치는 강아지가 다른 강아지를 괴롭히는 행동을 배우는 결과로 이어질 수 있다.

다른 동물들과의 사회화

생후 12주 이전에 다양한 동물을 접한 강아지는, 성견이 된 후에도 그 동물들을 자연스럽게 사회적 울타리 안의 존재로 받아들이게 된다.

강아지가 자란 후에 다른 동물에 익숙해지게 하는 것은 조금 더 어렵지만, 성견이 되기 전에 해볼 만한 중요한 과정이다. 강아지가 앞으로 접하게 될 다양한 동물들, 특히 함께 생활하게 될 수도 있는 반려 동물들에 익숙해지도록 해야 할 때는 반드시 신체적으로 제어된 상태에서 진행

다른 동물들의 모습, 소리, 냄새를 통제된 환경에서 경험한 강아지는 자라서도 그들과 사회적으로 잘 어울릴 수 있게 된다.

하여 쫓아가거나 공격적인 행동을 하지 못하도록 해야 한다.

시골이나 농가 근처에 산다면 가축에 익숙해지는 것도 좋다. 이 때 강아지가 통제된 상태로 이 가축들이 천천히 움직이는 모습을 지루할 정도로 반복해서 보는 것이 중요하다. 만약 가축을 자주 보되 쫓지 못하게 하면, 처음엔 흥미를 느끼던 대상에 점점 지루함을 느끼게 되며 가축은 도망가지 않는 존재로 받아들여지고, 쫓는 행동은 자연히 사라진다. 마찬가지로 리드줄을 한 상태에서 마당에 있는 고양이들을 지나쳐 걷게 하면서 겁주지 않도록 저지하면, 고양이도 도망가지 않는다는 사실을 배워 쫓는 습관을 갖지 않게 된다.

새로운 상황, 대상, 경험에 대한 사회화

강아지는 세상의 모든 시끄럽고, 낯설고, 냄새 나는 것들에 익숙해져야 한다. 여기에는 집 안에서 사용하는 진공청소기, 세탁기, 헤어드라이어 같은 가정용 기기부터 자동차, 유모차, 잔디깎이 등과 같은 밖에서 마주칠 수 있는 모든 것이 포함된다.

자동차, 자전거, 트럭같이 우리에게는 당연하고 평범해 보이는 것들도 세상 밖으로 처음 나온 강아지에게는 거대한 소음을 내는 괴물처럼 느껴질 수 있다. 따라서 강아지가 느낄 수 있는 두려움이나 불안감을 줄여주는 과정이 필요하다. 강아지가 편안하다고 느낄 때까지 스스로 사물에 접근할 수 있도록 시간을 주고, 거리를 두고 관찰하는 것만으로도 충분히 즐거운 경험이 될 수 있도록 해준다. 강아지가 나중에 접할 수 있는 다양한 상황에 미리 노출시켜 주자. 자동차가 없다면 잠시 빌려서라도 강아지가 차량 이동에 익숙해지도록 해보자.

평소 대중교통을 자주 이용하지 않는다면, 차가 고장 나거나 예기치 못한 상황에서도 강아지가 당황하지 않고 잘 적응하게끔 버스나 기차를 일부러 태워보는 것도 좋다. 강아지가 매일 새로운 풍경, 소리, 냄새를 경험할 수 있게 다양한 자극을 제공해 준다.

> 강아지에게 진공청소기는 소리가 크고 냄새가 나는 무서운 대상이다. 브러시를 천천히, 차분하게 움직이면서 점진적으로 노출시키는 것이 좋다.

강아지가 천둥과 불꽃놀이처럼 갑작스럽게 발생하는 소리에 어릴 때부터 익숙해지면, 나중에 소음 공포증이 생기는 것을 예방할 수 있다. 이를 위한 가장 쉬운 방법은 고음질의 디지털 소리를 고성능 스피커로 틀어주는 것이다. 처음에는 소리를 아주 작게 틀고, 강아지가 불안해하는 반응이 보이면 즉시 볼륨을 낮춘다. 이때 강아지가 좋아하는 활동을 같이 해줌으로써 소리와 긍정적인 경험을 연결하도록 유도해야 한다. 이 과정을 반복하면서 점차 볼륨을 천천히 높여가며 나중에는 큰 소리나 천둥 같은 자극에도 강아지가 긍정적인 기대감을 갖고 반응할 수 있도록 훈련한다.

강아지가 자란 후에도 함께하고 싶은 활동이나 장소가 있다면 어릴 때부터 함께 다녀보는 것이 좋다. 반려견 동반이 가능한 식당, 카페, 바 등을 방문해보고, 가능하다면 소규모 도그쇼나 지역 행사에도 데려가 보자. 만약 강아지가 어떤 대상이나 상황, 경험에 대해 불안함을 보인다면 절대 서두르지 말고, 거리를 두고 천천히 인내심을 가지고 훈련 해야 한다.

부정적인 경험 극복하기

보호자가 아무리 주의 깊게 돌보더라도 강아지가 부정적인 경험을 할 수 있다. 그럴 때는 가능한 한 빨리 그와 유사한 상황을 다시 만들어 이번에는 긍정적인 경험으로 전환해주는 것이 중요하다.

하나의 나쁜 경험을 극복하기 위해서는 좋은 경험이 여러 번 필요하며, 그 횟수는 강아지의 성격에 따라 달라진다. 수줍고 예민한 강아지일수록 더 많은 긍정적인 경험이 필요하다.

예를 들어, 크고 활발한 래브라도가 강아지를 보러 달려온 상황을 가정해 보자. 개는 친근한 의도였지만 강아지는 놀라 도망치려 하고, 리드줄 때문에 도망치지도 못하게 되는 경험은 빠르게 다가오는 개에 대한 공포심을 가지는 계기가 될 수 있다. 더 나아가 나중에는 리드줄을 한 상태에서 공격적인 반응을 보이는 문제 행동으로 발전할 수 있다. 이런 경험은 가능한 빨리, 유사하지만 긍정적인 경험으로 덮어주는 것이 중요하다. 이번에는 비슷한 래브라도를 리드줄에 연결한 상태로 천천히 접근하는 상황을 만들어 준

작은 강아지에게 계단은 버겁게 느껴질 수 있지만 금세 익숙해지면서 자연스럽게 오르내릴 수 있게 된다. 보통 올라가는 것보다 내려오는 것을 더 어려워한다.

이 수줍은 강아지는 주변을 경계하면서 바닥의 냄새를 맡고 있다. 앞으로 두려움 없이 잘 적응하며 자라려면 긍정적인 경험이 많이 필요할 것이다.

다. 강아지가 편안함을 느끼고 친해질 수 있도록 시간을 충분히 준다. 강아지가 여전히 걱정하는 기색이 보인다면, 자신감이 생길 때까지 기다려 줘야한다. 이런 만남을 반복하면서 다른 개들이 다가오는 상황을 자연스럽게 받아들이고 인사할 수 있을 때까지 반복하도록 한다.

이렇게 시간을 할애해 나쁜 기억을 덮어주면 강아지는 자신이 살아가는 세상에 대해 보다 편안함을 느끼고 미래에 예기치 않은 공격성을 유발할 수 있는 부정적인 기억은 잊는다.

수줍음이 많은 강아지

어린 강아지가 얼마나 수줍음을 타는지, 그리고 그만큼 얼마나 많은 사회화가 필요한지는 유전적 요인과 처한 환경에 달려있다.

두려움을 느끼는 성향은 유전되고, 품종에 따라 낯선 것에 대한 두려움 정도는 타고난다.

예를 들어, 몰이견처럼 반응이 빠르고 예민한 품종은 일반적으로 더 수줍음을 많이 타고, 강한 정신력을 가진 조렵견이나 하운드같은 품종보다 훨씬 더 많은 초기 사회화 경험이 필요하다.

가족 분위기가 조용하고 방문객이 적은 가정의 강아지는 활기찬 가정에서 자란 강아지보다 수줍음이 많고 사회화가 덜 되었을 수 있다. 또 입양 후 초기 몇 주 동안 밖에 자주 데리고 나갔는지 혹은 집 안에만 두었는지 역시 큰 영향을 미친다.

강아지의 배경이 어떻든 간에, 자신의 강아지가 얼마나 수줍음이 많은 지 확인하고 처음 경험하는 상황에 어떤 반응을 보이는지 관찰하는 것이 중요하다 (강아지의 보디 랭귀지를 읽는 법은 30쪽 참고). 강아지가 사물이나 사람에게 다가가는지 피하는지, 조용히 주변을 살피는지 아니면 새로운 소리에 깜짝 놀라며 빠르게 반응하는지 등을 살펴보자.

수줍은 강아지를 키우고 있다면 하루라도 빨리 사회화 훈련을 해주는 것이 현명하다. 나이가 들어서도 사회화가 가능하긴 하지만, 성장할수록 점점 더 어려워지기 때문에 초기에 잡아주는 것이 중요하다.

강아지가 두려워하는 무언가를 발견하면 서서히 두려움을 극복할 수 있도록 도와주어야 한다. 예를 들어, 지나가는 자동차를 무서워한다면 당분간은 도로에서 충분히 떨어진 장소에서 산책하자. 하지만 도로를 볼 수 있는 장소를 찾아야 한다. 강아지가 차를 인식하지만 두려워하지 않은 정도의 거리까지 도로에서 떨어져야 한다. 그 상태에서 리드줄을 착용하여 놀이를 하거나 간식을 주며 기분 좋게 대화해주는 것이 좋다. 이 과정을 며칠에 걸쳐 반복하면서 점점 도로 가까이 이동한다. 어느새 강아지는 점차 인도 가장자리에도 두려움 없이 설 수 있게 된다. 단, 강아지의 한계를 넘어서지 않도록 주의하고 불안해하는 신호를 조금이라도 보이면 절대로 무리하지 말고 바로 한 단계 이전으로 돌아가도록 한다.

사람을 무서워하는 경우도 마찬가지다. 처음에는 조용하고 온순한 사람들과 먼저 교류할 수 있도록 도와준 뒤, 점차 활발한 사람들로 단계적으로 나아간다. 열 명 정도의 다양한 사람들과 긍정적인 만남을 경험하면 강아지는 다음에 만나는 새로운 사람도 친절할 것이라 기대하게 된다. 적절한 시간과 경험이 주어지면 수줍음이 많은 강아지라도 점점 긴장을 풀고 낯선 사람과도 함께 있는 시간을 편안히 느끼게 된다. 특히 이런 강아지는 속도에 맞춰주고 오랜 시간 신중하게 훈련해야 한다. 이제, 사람들이 다가오거나 이름을 부르거나 눈을 마주치는 상황에도 강아지가 충분히 편안함을 느끼는지 확인이 되면 훈련을 조금 느슨하게 해도 된다.

사회화는 시기가 중요한 훈련이기 때문에(유능한 행동 전문가를 찾는 법은 115쪽 참고) 전문가의 도움이 필요하다 생각이 든다면, 너무 늦기 전에 요청하는 것이 좋다.

몸을 옆으로 돌리고 장난감을 이용해 놀이를 제안하자 이 수줍은 강아지가 조금씩 가까이 다가온다.

자동차 적응 훈련

자동차라는 공간은 어린 강아지에게 자연스러운 환경이 아니기 때문에 천천히 익숙해지도록 해야 한다. 이리저리 흔들리고 방향을 바꾸는 상황에서 바닥이나 좌석에 안정적으로 앉아 있는 것에 적응하는 훈련은 꼭 필요하다. 반려견이 자동차로 이동하는 것을 생활의 일부로 받아들이게 되면 보호자와 어디든 함께 갈 수 있고, 일상의 모든 순간에 동행할 수 있다.

강아지를 처음 집으로 데려오는 날은 어미견과 형제자매견, 그리고 익숙했던 환경과 이별하는 상황이기 때문에 이미 너무 많은 스트레스를 받은 상태다. 여기에 자동차라는 환경까지 처음 경험하게 하는 것은 강아지에게 너무 벅찰 수 있다.

따라서 자동차로 이동할 때는 누군가의 무릎 위나 발치에 놓은 작은 종이 상자 안에 태워 데려오는 것이 좋다. 이때 강아지들이 쓰던 담요나 냄새가 배인 천을 챙겨 와서 그 위에 강아지를 앉혀 심리적으로 안정감을 느끼게 한다.

이후의 자동차 이동 시에는, 강아지가 자라서 정기적으로 타게 될 자리에 미리 앉혀 익숙해지도록 한다. 자리는 안전하면서도 강아지의 움직임이 제한되어 운전자를 방해하지 않는 공간을 선택하자. 만약 강아지를 좌석에 태울 생각이라면, 떨어지지 않도록 안전벨트에 고정할 수 있는

강아지가 차에서 보내는 시간을 장려한다. 어릴 때부터 차량 이동에 익숙해지면, 어디든지 문제없이 데리고 다닐 수 있다.

전용 하네스를 착용시켜야 하며, 측면이 있는 두툼한 침구 위에 앉혀 안정감을 느끼게 해주는 것이 좋다. 처음 자동차를 타면 침을 흘리거나 멀미를 할 수 있으므로 세탁 가능한 침구나 커버를 사용하는 것이 좋고, 침구나 리드줄을 씹을 수 있으니 이 시기가 지나기 전까지는 여러 번 교체해야 할 수도 있다.

차 안에서는 이동용 케이지도 좋은 선택이 될 수 있다. 단, 그 전에 집 안에서 먼저 케이지에 익숙해지도록 훈련한 뒤 사용하는 것이 좋다. 케이지는 강아지가 들어가서 서 있고, 돌아서고, 눕기에 충분한 크기여야 하며 강아지의 성장에 따라 사이즈를 조절해야 한다. 케이지 바닥에는 푹신하고 두툼한 방석을 깔아주고 방수기능이 있는 세탁 가능한 담요를 그 위에 덮어준다. 이렇게 하면 차가 움직일 때 미끄러지지 않고 몸을 기댈 수 있어 안정감을 느낀다. 또한, 케이지는 차 안에서 흔들리거나 움직이지 않도록 단단히 고정해야 한다.

자동차에 익숙해지기

강아지가 집에 적응을 마치면, 매일 몇 분씩 차 안에서 잠시 쉬게 하며 자동차에 익숙해지도록 한다.

차량 내부에는 부드럽고 흡수성 좋은 소재의 천을 깔고, 강아지를 안에 넣어 자유롭게 탐색하게 한다. 그 전에 강아지가 졸린 상태인지, 미리 배변을 마쳤는지 확인한다. 그 다음 차 안에 편히 눕혀 준 뒤 씹을 수 있는 간식을 함께 넣어준다. 차 문이나 트렁크를 닫을 때의 소리나 충격으로 놀라지 않도록 조심하고 강아지가 안정을

핵심 포인트

- 이동할 때는 강아지를 미끄럽지 않고 흡수성이 좋은 부드러운 침구 위에 눕힌다. 편하게 몸을 기댈 수 있도록 가장자리가 있는 작고 아늑한 공간을 배치하면 안정감을 느낄 것이다.
- 차 문은 세게 닫지 말고 강아지가 차 안에 안전하게 들어가기 전에는 시동을 걸지 않는다. 배기가스는 냄새가 고약하고 불쾌할 뿐 아니라, 강아지를 놀라게 할 수 있다.
- 운전할 때는 강아지를 배려해 조심스럽게 주행해야 한다. 강아지는 차가 어디로 가는지 볼 수 없고, 좌석에 고정되어 있지도 않으며 언제 방향을 틀지 예측할 수도 없다.
- 코너를 돌거나 과속방지턱과 요철 구간을 지날 때는 속도를 줄이고, 가속과 감속도 부드럽게 해야 한다. 강아지의 입장에서는 차량의 움직임이 갑작스럽고 예측 불가능하게 느껴질 수 있기 때문이다.

찾을 때까지 차 밖에서 기다린다.

강아지가 차를 편안한 공간으로 받아들이기 시작하면, 그 다음부터는 아주 짧은 거리부터 드라이브를 시작하고 중간중간 산책을 보상으로

사회화 83

> 여행용 케이지는 강아지에게 안정감을 주는 데 도움이 될 수 있다. 다만 케이지가 흔들리지 않도록 단단히 고정해 주어야 한다.

넣어주는 것도 좋다. 차량 주행 중에는 코너를 돌거나 과속방지턱을 넘을 때 조심스럽게 운전해야 한다. 강아지는 밖을 볼 수 없기 때문에 자기가 언제 움직이고 흔들릴지 예측할 수 없다. 집에 도착하면 집 안으로 들어가기 전에 먼저 강아지를 배변 장소로 데려간다.

이런 식으로 점차 이동 거리를 늘려가면서 강아지가 긴 거리의 이동도 편해지도록 훈련해야 한다.

이런 과정을 통해 강아지는 차를 타는 것에 겁 먹거나 흥분하지 않게 된다. 또한 차량 이동을 평범한 일상의 일부로 인식하여 목적지에 도착할 때까지 차분하게 기다릴 줄 알게 된다. 강아지가 이동 자체에 흥분하지 않고, 오히려 쉬는 시간으로 받아들이게 되면 차 안에서 짖거나 시끄럽게 구는 일도 없어진다.

차멀미

강아지가 처음 몇 번의 차량 이동에서 침을 흘리거나 구토하는 경우는 흔하다.

특히 브리더에게 키워질 때 차량 이동에 익숙해지지 않은 경우 더욱 그렇다. 하지만 이런 증상은 대부분 오래가지 않는다. 이를 극복하려면 강아지가 한 번에 감당할 수 있는 거리 내에서 짧은 이동 주행을 자주 반복하는 것이 좋다. 매일 동네길의 끝까지 나갔다가 천천히 돌아오는

> 강아지가 정지된 차 안에서 편안함을 느끼도록 하는 것은 차를 타는 데 익숙하도록 하고, 하차 예절 훈련에도 도움이 된다.

것도 괜찮다. 차량 이동에 익숙해지는 데는 시간이 걸릴 수 있지만, 결국에는 차를 편안히 느끼고 어디든 함께 갈 수 있는 개로 자랄 것이다.

하차 예절 훈련

강아지를 차에서 내리기 전에 문이 완전히 열릴 때까지 기다리게 하고 그에 대해 칭찬해주자. 차를 타면 산책이 따라온다는 것을 알게 되면, 차 문이 열리는 순간부터 빨리 나가고 싶어하는 반응을 보일 수 있다. 이럴 때일수록 기다리게 하면서 간식으로 보상해 주고, 필요하다면 제지해야 한다. 강아지가 차분히 기다리는 모습을 보이면 다치지 않도록 들어 올려 차에서 내려준다.

강아지 시절부터 이 습관을 들여놓으면 성견이 되었을 때에도 차 문을 열었을 때 함부로 뛰어내리지 않고 보호자의 지시에 따라 얌전히 기다리게 된다. 특히 복잡한 도로에서 개가 안전하게 내려야 하는 상황에서는 이런 습관이 매우 중요한 안전장치가 된다.

주의하세요!

- 따뜻하거나 햇볕이 강한 날에는 강아지를 차 안에 혼자 두면 안 된다. 차량 내부 온도가 빠르게 상승하여 강아지가 열사병으로 목숨을 잃을 수 있다.
- 어린 강아지는 체온 유지가 어려워 쉽게 추위를 타기 쉽다. 날씨가 매우 추울 때에도 차 안에 혼자 두면 안 된다.
- 사람들이 자주 지나다니는 곳이나 도난 위험이 있는 장소에 강아지를 혼자 두지 않도록 주의해야 한다. 강아지를 금전적 대상으로 본 절도범이 차량을 털어 훔쳐가는 일은 생각보다 쉽게 일어날 수 있다.
- 강아지는 물거나 씹는 습성이 있다는 것을 잊지 말자. 차량 내부를 물어뜯어 손상시킬 경우 수리하거나 교체하는 데 비용이 많이 들 수 있다.

CHAPTER SEVEN
배변 훈련

개를 포함한 일부 동물들은 본능적으로 자신이 주로 머무는 공간과 떨어진 곳에 배변하려는 습성이 있다. 강아지는 생후 약 3주가 되면 가르치지 않아도 스스로 잠자리에서 나와 배뇨하려는 행동을 보이기 시작한다. 이는 마치 배변 훈련이 유전자에 내재되어 있는 것처럼 보인다. 우리가 해야 할 일은 '집'이라는 공간이 우리가 주로 생활하는 곳임을 가르치고, 배변은 바깥에서 해야 한다는 것만 학습시키면 된다.

입양되기 전에는 어미견이 새끼들이 보금자리를 떠날 때까지 그들의 몸을 깨끗이 해준다. 하지만 보금자리를 나가기 시작하면 잠자리와 배변 장소를 명확하게 구분해 줘야 한다. 배변 장소는 막 걷기 시작한 강아지들이 쉽게 접근할 수 있어야 하며 흡수력이 좋은 재질로 덮여 있어 배뇨할 때 발이 젖는 불쾌감이 느껴지지 않도록 해야 한다. 브리더는 강아지가 자라면서는 더 넓은 공간이나 야외로 이동할 수 있는 공간을 마련하여 강아지가 잠에서 깨거나 먹이를 먹은 직후에 밖으로 데리고 나가 풀밭 위에서 배변할 수 있도록 도와야 한다.

모든 배변 장소는 정기적으로 청소해야 강아지들이 배설물 밟은 발로 보금자리를 돌아다니며 더럽히는 것을 막을 수 있다. 브리더가 이러한 관리를 잘 했다면 강아지는 이미 어느 정도 배변 훈련의 기본을 갖춘 상태로 보호자의 집에 오게 된다. 반대로 이러한 준비가 되어 있지 않았다면 배변 훈련은 훨씬 더 어려운 과제가 될 수 있다.

강아지를 데려오기 전에, 가족 중에 누가 배변 훈련을 담당할 것인지 미리 정해두는 것이 좋다. 강아지는 좋은 습관이 들일 때까지 처음 2~3주 동안 지속적인 관찰과 관리가 필요하기 때문에

> 강아지를 자주 밖으로 데려가 배변을 유도하면 배변 훈련이 더 빨라진다.

배변 훈련을 위해 정해진 장소에 데려가야 할 때

- 식사 직후
- 놀이 후
- 운동 후
- 흥분한 상황 직후 (예: 손님 방문 등)
- 잠에서 깬 직후
- 아침에 일어나자마자
- 밤에 잠들기 직전
- 최소 한 시간에 한 번씩

날씨와 상관없이 강아지를 데리고 나가 배변을 시키고, 배변을 마칠 때까지 곁에 있어주는 것이 중요하다. 특히 한밤중에 야외에 나가야 할 때를 대비해 따뜻한 외투와 우산을 미리 준비해 두는 것이 좋다.

한 사람이 전담하여 집중적으로 돌보고 필요에 따라 다른 가족들의 도움을 받는 방식이 효과적이다. 항상 강아지를 시야에 두고, 적절한 시간과 장소에서 배변할 수 있도록 주의를 기울이면 강아지는 실내에서 실수하는 일이 거의 없이 깔끔한 반려견으로 성장할 것이다.

강아지가 밖을 자유롭게 돌아다니며 냄새를 맡는 것은 배변을 더 빨리 유도하는 데 도움이 된다. 보호자가 강아지를 빤히 쳐다보거나 "빨리 해"라고 재촉하는 것은 금물이다. 인내심을 가지고 조용히 기다리자. 바깥 날씨가 춥다면 외투를 입고, 비가 오면 우산을 챙겨서 급하게 실내로 들어가지 않도록 한다. 털이 짧은 강아지는 궂은 날씨에 밖으로 나가기를 꺼릴 수 있으므로 필요할 때는 따뜻한 옷을 입혀 밖으로 나가게끔 유도한다.

배변하려는 신호(대개는 쪼그리고 앉는 자세인데, 수컷 강아지도 사춘기 전까지는 앉아서 소변을 본다.)를 보이면 차분하게 미리 정해둔 말을 해준다. 이 때 사용할 말은 "쉬하러 가자" 같은 공공장소에서도 자연스럽게 사용할 수 있는 짧고 튀지않는 표현이 좋다. 강아지가 배변을 완전히 마친 후에는 칭찬해 주고 간식으로 보상해 준다. 배변은 자체로도 보상이기 때문에 반드시 간식을 줄 필요는 없지만, 간식을 주면 그 장소에 좋은 인식이 생겨 반복 학습에 도움이 된다. 배설물은 바로 치워야 하고 묻거나 변기에 버려서 청결한 환경을 유지한다.

어린 강아지는 바깥 환경에 쉽게 주의를 빼앗기고 긴장할 수 있으므로 배변을 마칠 때까지 곁에 있어주는 인내심이 필요하다. 강아지를 야외에 혼자 두면 보호자에게 돌아가려고 뛰어올 것이고, 그런 상태로 실내에 들이면 보호자와 분리되었던 스트레스와 흥분으로 인해 실내에서 배변을 해버릴 수 있다.

이렇게 되면 실수만 남고 배변 교육은 제대로 이루어지지 않는다. 그렇다고 밖에서 너무 오래 기다릴 필요는 없다. 몇 분 정도 기다렸다가 배변을 하지 않으면 일단 실내로 데려오고, 잠시 후 다시 시도하면 된다.

하루 중 언제든 강아지가 먼 곳을 응시하며 불편하게 걷고, 바닥을 킁킁거리며 맴돌거나 쪼그려 앉으려는 자세를 보인다면 바로 강아지와 같이 밖으로 나가야 한다. 여기서 강아지를 안고 나가지 않는 것이 중요한데, 이것은 배변 습관을 제대로 형성해가는 과정 중에 있기 때문이다. 쉽게 예로 들면, 강아지가 '배변이 마려우면 뒷문을 통해서 마당으로 나가야 한다'는 점을 스스로 깨달아야 한다는 것이다.

만약 실내에서 배변 중인 강아지를 발견했다면, 목소리를 내거나 손뼉을 쳐서 행동을 즉시 중단시켜야 한다. 무슨 말을 하느냐는 중요하지 않지만, 강아지의 주의를 끌어서 배변을 중간에 끊을 수 있을 정도로 경쾌하되, 너무 크게 소리쳐서 겁먹고 숨지 않도록 해야 한다. 강아지의 주의를 끌었다면 곧장 뒷문 쪽으로 달려가면서 즐거운 어조로 강아지를 부르며 따라오게 한다. 문 근처에 신발을 미리 준비해 두면 바로 나갈 수 있어 편리하다. 밖으로 나가 지정된 배변장소에서 강아지가 진정될 때까지 기다리고 정해놓

강아지가 바닥 냄새를 맡거나 빙글빙글 도는 행동, 산만해 보이는 모습 등 배변 신호가 있는지 유심히 관찰해야 한다.

> 강아지와 함께 밖에 머물러 주자. 그렇지 않으면 강아지는 보호자에게 돌아가려는 데만 집중하고, 결국 실내로 들어온 후에야 배변을 하게 된다.

은 배변 구호를 말한 다음 미처 끝내지 못한 배변을 마무리 할 수 있도록 몇 분간 더 기다린다.

배변이 끝났다면 강아지를 집 안으로 데리고 들어와 다른 방에 잠시 두고 방금 전 실내에서의 실수를 깨끗하게 치워준다.

하루 중 강아지에게 집중할 수 없는 시간에는 사고가 크게 나지 않는 좁은 공간에 머물게 하는 것이 가장 좋다. 반려견 펜스를 사용하는 경우, 바닥에 큰 비닐시트를 깔고 그 위에 신문지나 강아지용 배변 패드를 올려두면 배변 실수가 나도 쉽게 정리할 수 있다. 배변 실수를 자주 한다면 강아지를 더 자주 밖으로 데려가도록 하자.

이와 같이 간단한 절차들을 꾸준히 반복하면, 강아지는 밖에서 배변하는 것이 올바른 행동이

라는 사실을 빠르게 학습하고 좋은 습관을 들일 수 있다. 적절한 시간대에 바깥에 나가는 횟수가 많아지고 실내 배변 횟수가 줄어들수록 학습 속도는 더 빨라진다. 규칙적인 습관이 자리를 잡기까지는 시간이 걸리므로 가끔의 실수는 이해해야 한다.

올바른 배변 습관이 자리 잡기 시작하면 강아지는 배변이 마려울 때 현관 근처를 왔다 갔다 하고, 그 앞에서 낑낑거리거나 앞발로 긁으면서 밖에 나가고 싶다는 신호를 보낸다. 주인은 이러한 신호를 빠르게 파악해 즉시 밖으로 데리고 나가야 한다.

배변 자국 깨끗이 지우기

강아지가 실내에서 배변하면 바닥에 남는 냄새 자국을 아무리 깨끗이 청소했다 해도 강아지의 민감한 코로는 계속해서 감지될 수 있다. 이 냄새는 강아지가 같은 자리를 다시 배변 장소로 인식하게 만드는 원인이 된다.

이를 방지하려면 전용 효소 세척제를 사용하는 것이 가장 좋다. 대부분의 동물병원에서 괜찮은 제품을 판매한다. 사용 전에는 먼저 색이 번지지 않는지 작은 부분에 테스트해 본다. 만약 카펫이나 러그가 심하게 오염되었다면 교체를 고려해야 할 수도 있다. 새 바닥재를 깔거나 인테리어를 바꾸려는 계획이 있다면 강아지가 성견이 되기 전까지는 미루는 것이 더 안전하다.

밤에 해야 할 일

강아지는 어린아이와 마찬가지로 신체 조절 능력이 제한적이기 때문에 배변 욕구를 느끼면 즉

시 해결해야 한다. 강아지가 밤에 6~8시간 동안 배변을 참기를 기대하는 것은 무리이며 밤에 배변 실수가 없어지기까지는 생후 7~8개월이 되어야 한다. 만약 강아지가 바닥에 실수하지 않고, 배변하고 싶을 때 보호자를 깨워 밖에 나가려 한다면 번거롭더라도 일어나서 데리고 나가도록 하자. 이런 행동은 배변 실수를 줄이고 더 빠른 훈련 효과를 가져오며 머지않아 배변을 밤새 잘 참을 수 있을 것이다.

한밤중 배변 가리기

처음에는, 강아지가 분리 훈련이 완전히 될 때까지 보호자 침실에서 같이 자면서 밤중에 깼을 때 바로 바깥으로 데려갈 수 있도록 한다. 이 시기에 대부분의 강아지는 밤에 배변을 조절하는 능력을 익히게 되지만, 모든 강아지가 그런 것은 아니다. 아직 몸을 완전히 조절할 수 없는 어린 강아지는 배변 욕구를 느끼면 즉시 해결해야 하기 때문에 보호자가 깨서 밖으로 데려가지 않으면 그대로 바닥에 실수할 수 있다.

강아지마다 배변 조절을 익히는 데 걸리는 시간은 다르지만, 대부분 결국에는 잘 배우게 된다. 강아지를 밤새 혼자 두기 시작할 때 바닥 전체에 비닐을 깔고 그 위에 신문지나 배변 패드를 덮어주는 것이 좋다. 비닐 시트는 배설물이 바닥에 스며드는 것을 막아 냄새가 남는 것을 방지하고, 그 냄새로 인해 실내 배변이 고착화되는 것을 방지한다. 시간이 지나고 강아지의 조절 능력이 발달하면 실수도 점점 줄어들고, 7~8개월쯤에는 밤새 배변을 조절하면서 가릴 수 있게 된다.

체벌은 답이 아니다.

강아지가 집 안에서 배변하는 모습을 목격하더라도 절대 혼내서는 안된다. 그로 인한 스트레스는 강아지가 무엇이 옳은 행동인지 배우는 데 오히려 방해가 된다. 보호자 앞에서 배변하면 혼난다는 인식을 하게 되면 몰래 숨어서 배변하려는 습관이 생길 수 있다. 이렇게 되면 올바른 행동을 가르치기가 더 어려워진다.

비슷한 맥락으로, 이미 시간이 지난 배변 자국을 발견한 뒤 혼내는 것도 아무 효과가 없다. 강아지가 기억력이 부족해서가 아니라, 이전에 한 행동과 지금 혼나는 이유를 연관 짓지 못하기 때문이다.

보호자가 화난 것처럼 보이면 강아지는 보호자의 화를 가라앉히기 위해 복종하는 반응을 보

많은 강아지들이 생후 6개월 전까지는 배변 습관이 완전히 잡히지 않으므로 훈련을 꾸준히 해야 한다.

강아지와 산책을 시작하면 배변 훈련 과정이 한결 수월해진다.

인다. 하지만 강아지의 이러한 반응은 사람에게는 죄책감을 느끼는 행동처럼 보이기 때문에 '자신이 잘못했다는 것을 알고 있다'라고 생각하며 더 혼내려는 경우가 많다.

하지만 이미 지나간 일에 대해 혼내는 것은 교육 효과가 없을 뿐만 아니라, 오히려 역효과를 낳을 수 있다. 강아지는 보호자가 이유 없이 공격적으로 변할 수 있다고 느끼면, 불안하고 위축되며 학습 능력도 저하한다. 더 나쁜 점은 보호자가 방에 돌아왔을 때 혼나는 경험을 반복하면 혼자 남겨진 것에 대한 불안감을 느낄 수 있고, 이는 장기적으로 다양한 문제 행동으로 이어질 수 있다.

얼마나 걸릴까?

강아지마다 학습 속도는 모두 다르다. 어떤 강아지는 요령을 거의 즉시 터득하는 반면, 어떤 강아지는 6개월 이상 걸리기도 한다. 특히 비좁고 비위생적인 사육장과 같은 환경에서 자란 강아지는 집 안에서 정성스럽게 길러진 강아지보다 배변 훈련에 훨씬 더 오랜 시간이 걸릴 가능성이 높다.

강아지가 배변 훈련을 얼마나 빨리 익히는지는, 첫 몇 주 동안 보호자가 얼마나 시간과 노력을 들이느냐에 달려있다. 실내에서 강아지를 얼마나 잘 지켜보고 규칙적으로 바깥으로 데려가 배변하게 해 주었는지가 핵심이다. 세심히 관찰하고 꾸준히 노력할수록 강아지는 배변 훈련에 더 빨리 적응하고 적을수록 훈련 기간은 길어질 수밖에 없다.

음성 신호로 배변 훈련하기

배변 훈련은 단순히 실내에서 실수하지 않는 데서 끝나서는 안된다. 꽤 많은 개가 도심이나 주거 밀집 지역에서 살아가고 있는데다 이용할 수 있는 야외 공간이 부족해짐에 따라, 특히 보도나 아이들이 노는 장소에서 발생하는 반려견 배변 문제로 인해 사람들의 여론이 점점 나빠지고 있다.

거리에 나왔을 때 반려견의 배설물을 치우는 번거롭고 불편한 일을 피하고 싶다면, 외출 전 집에서 미리 배변하는 훈련을 해 두는 것이 좋다. 이것은 생각보다 어렵지는 않지만, 초기 단계에서는 상당한 시간과 인내심이 요구된다.

배변 훈련을 꾸준히 잘 해왔다면 강아지가 모든 예방 접종을 마치고 외출할 수 있게 될 즈음에는 배변과 연관된 특정한 구호에 익숙해져 있을 것이다. 이 시점에서는 루틴이 어느정도 자리 잡혀 있을 때라 강아지가 언제 배변 욕구가 생기는지에 대한 감도 생겼을 것이다. 첫 산책은 이러한 시간대에 맞춰 계획하는 것이 좋다. 평소처럼 실외로 나가 정해둔 배변 유도어를 반복해서 말하고, 강아지가 배변을 하면 칭찬한 뒤에 산책을 나간다.

만약 강아지가 배변하지 않는다면, 잠시 실내로 데리고 들어갔다가 나중에 다시 시도해야 한다. 강아지가 배변을 한 이후에만 산책을 나가는 습관이 들면 산책이 보상으로 따라온다는 것을 깨닫게 될 것이다.

이 과정은 처음에는 인내심이 필요하지만 길에서 다른 사람들이 자기 반려견의 배설물을 치우는 모습을 볼 때 자신의 개가 얼마나 다루기 쉬운지 느끼게 될 것이다. 하지만 아무리 훈련이 잘 되어있다 하더라도 만일을 대비해 항상 배변 봉투를 챙겨 나가는 것이 바람직하다.

아파트에서의 생활

야외 배변을 할 개별적인 마당이 없는 아파트에서 배변 훈련을 하는 것은 어렵긴 해도 불가능한 것은 아니다. 강아지에게 야외 배변을 가르치고자 한다면 근처에 배변 장소로 사용할 수 있는 공간을 찾아야 한다. 다만, 이 장소가 강아지에게는 상당히 먼 거리일 수 있으므로 매 시간 빠짐없이 강아지를 데리고 나가는 것이 더욱 중요하다. 필요하다면 계단이나 일부 구간에서는 안고 나가야 할 수도 있다. 강아지가 배변 훈련에 익숙해질수록 배변 욕구를 보이는 초기 신호를 미리 눈치채고 더욱 주의를 기울여야 한다.

특히 소형견의 경우에는 실내에 임시 또는 반영구적인 배변 공간을 마련할 수도 있다. 이 공간에 배변 패드를 깔아놓거나 잔디를 채운 큰 고양이용 배변 트레이를 써도 좋다. 최근에는 강아지 전용 실내 배변 트레이도 시중에 다양하게 나와 있다. 실내 배변 공간에 배변하도록 가르치는 방식은 야외 훈련과 마찬가지로 일관되게 진행해야 하며 배변 후에는 즉시 청소해 항상 청결을 유지해야 한다.

일시적인 실수들

강아지가 어떤 형태로든 스트레스를 받게 되면 배변 훈련이 일시적으로 무너지는 것은 흔한 일이다. 이는 예고 없이 혼 날 때, 몸이 아플 때, 크리스마스, 가족 간의 다툼, 아기의 탄생 등 가족 내 변화가 갑작스럽게 일어났을 때 또는 강아지를 향한 태도가 급변했을 때 등 다양한 상황에서 발생할 수 있다.

암컷 강아지가 첫 생리를 준비하거나 수컷 강아지가 다리를 들고 배변하기 시작하는 등 성적으로 성숙해질 무렵의 신체적 변화도 일시적으로 배변 습관에 혼란을 줄 수 있다. 강아지가 생후 1년이 되기 전까지는 너무 큰 기대를 하지 말아야 하며 처음 1년 간은 가벼운 실수는 자연스럽고 당연한 현상으로 받아들여야 한다. 실수가 생겼을 때는 원래의 배변 훈련 방식으로 되돌아가야 한다. 강아지가 신체적으로나 정신적으로 성숙해지면 이러한 실수들은 점차 줄어들게 된다.

복종성 배뇨

일부 강아지들(특히 암컷)은 흥분하거나 스트레스를 받을 때 혹은 위압적인 사람이나 개와 마주쳤을 때 소변을 흘리는 경향이 있다. 누군가가 다가와 인사하거나 혼이 날 때 소변을 조금 지릴 때도 있으며, 때로는 등을 바닥에 대고 눕거나 뒷다리 하나를 들고 앉은 채로 배뇨하는 모습을 보이기도 한다. 이런 반응은 자신을 향한 큰 동물의 위협을 누그러뜨리거나 벗어나려는 본능적인 행동이다. 참고로 인간이 무심코 몸을 앞으로 숙이거나 미소 짓거나 머리를 쓰다듬으려 손을 내미는 행위가 강아지에게는 위협적으로 느껴질 수 있다. 이는 강아지 나름의 방식으로 '자, 냄새 맡아 봐요, 저는 아직 어리니 해치지 마세요.'라고 말하는 것이다.

이럴 때 강하게 꾸짖거나 화를 내면 강아지는 더 많은 소변을 흘리며 더 강한 복종의 신호를 보내려 한다. 가장 좋은 반응은 이를 무시하고 소변이 흘러도 상관없는 장소로 이동한 후에 다시 관심을 주는 것이다. 만약 강아지가 현관문 앞에서 사람을 맞이할 때마다 이런 행동을 보인다면, 비닐 시트와 낡은 수건을 준비해 두었다가 강아지를 그 위로 유인해 인사를 시키거나 손님이 밖에서 강아지와 인사할 수 있도록 조치하는 것이 좋다.

이런 행동을 보이는 강아지는 자신감을 키울 필요가 있다. 나이가 들수록 자연스럽게 나아지기는 하지만, 그동안은 혼내거나 화를 내지 말아야 한다. 사람과 함께 있는 것이 즐겁고 안전하다는 것을 배울 수 있도록 도와주는 것이 중요하다.

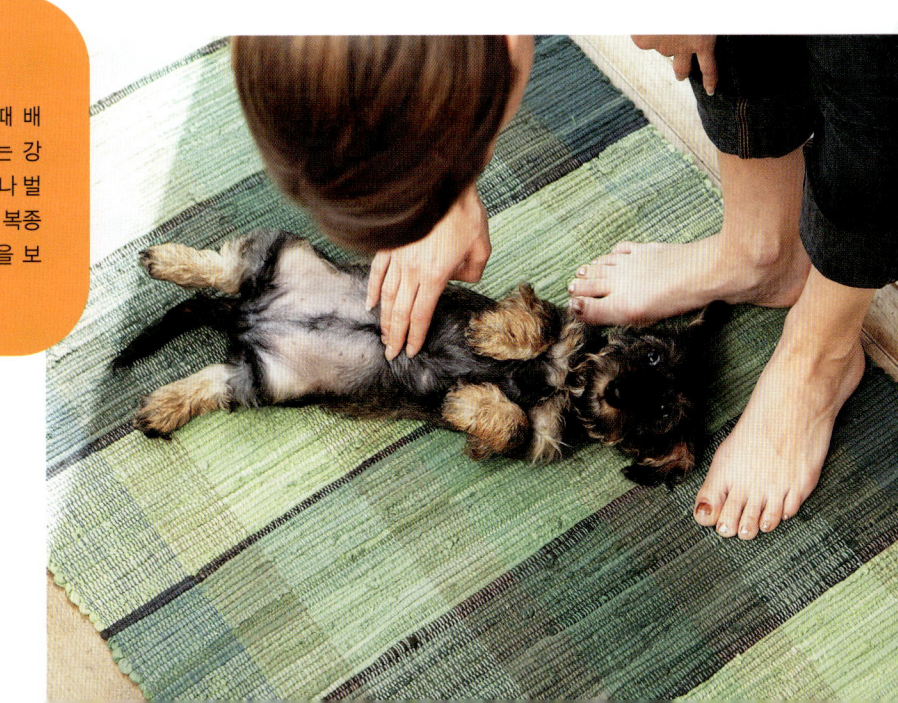

인사를 받을 때 배를 보이며 눕는 강아지는 혼나거나 벌을 받을 경우, 복종성 배뇨 행동을 보일 수 있다.

CHAPTER EIGHT
좋은 습관과 행동

강아지는 우리가 살아가는 세상의 규칙이나 예절을 본능적으로 알고 있는 존재가 아니다. 따라서 우리가 인내심을 가지고 그들에게 적절한 행동 방식을 차근차근 가르쳐야 한다. 좋은 행동에는 격려하고 보상하며, 바람직하지 않은 행동은 미리 차단하거나 주의를 돌리는 방식으로 지도하면 좋은 습관을 빠르게 가르칠 수 있다. 강아지가 아직 어리고 쉽게 영향을 받는 시기에 형성된 습관은 평생 지속된다. 문제 행동을 나중에 바로잡는 것보다 처음부터 좋은 습관을 들이는 것이 훨씬 중요하다. 강아지의 기본적인 욕구가 충족되어 편안함을 느끼는 상태를 유지하는 것, 그리고 보호자가 훌륭한 양육자로서 존중을 받는 것도 이 과정에 큰 도움이 된다.

좋은 행동은 격려하고, 문제 행동은 차단한다

강아지 생후 1년 간은 가능한 한 자주 바람직한 행동을 유도하고 격려해야 한다.

이를 위해서는 강아지가 펜스 밖에 있는 시간에 무엇을 하고 있는지 늘 주의 깊게 살펴보며 올바른 행동을 하고 있는지를 확인해야 한다. 특히 초기 몇 개월은 가정 내에서나 가족과의 상호작용에서 어떤 행동이 적절한지 배우는 시기이므로 더욱 중요하다.

원하는 행동을 유도한 뒤 즉시 칭찬하고 보상해주면 이러한 반응이 곧 좋은 습관으로 자리 잡게 되고, 강아지 스스로 문제 행동을 찾아나서는 데 시간을 할애하지 않는다.

원치 않는 행동을 막으려면 사전에 대비해야 한다. 강아지가 무엇을 할지 예측하고, 그 행동을 하려는 순간 주의를 돌리거나 물리적으로 막아야 한다. 반대로 바람직한 행동을 유도하고, 원하는 반응을 보였을 때는 칭찬과 보상을 아끼지 말아야 한다.

미리 대비해 문제 행동을 예방하고, 필요 시 리드줄을 활용하자. 보상은 반드시 보호자를 통해 주어져야 하며, 강아지가 문제 행동으로 스스로 보상을 얻지 않도록 해야 한다.

예를 들어, 강아지가 주방 조리대에서 음식을 찾는 습관을 들이지 않도록 강아지 시기에는 모든 음식을 반드시 치워두어야 한다. 대신 스너플 매트나 견고한 장난감 안에 간식을 넣어 코로 냄새를 맡아 찾을 수 있도록 바닥에 놓아둔다. 특히 보호자가 요리 중일 때처럼 조리대 위에 음식이 많을 때 더욱 효과적이다. 이렇게 하면 강아지가 조리대 위에 올라가거나 발 밑에 들어와 방해하는 행동을 하지 않게 된다.

강아지가 나쁜 행동을 즐겁게 느끼기 전에 그것을 미리 막거나 중단시키는 것이 가장 좋다. 문제 행동은 빠르게 고착되고, 그 행동 자체가 보상처럼 느껴지기 때문에 반복될 가능성이 높다. 따라서 강아지가 생후 첫 1년 동안 바람직하지 않은 행동을 철저히 저지 받았다면, 이후에도 그런 행동을 보일 확률은 매우 낮다. 이는 뛰어오르기, 가구 위에 올라가기, 가축이나 조깅하는 사람을 쫓는 행동 등 다양한 문제 행동에 모두 적용된다. 예를 들어, 강아지가 러그 가장자리에 누워있는 상황에서 곧 러그 끝을 이로 물어뜯을 것이 예상된다면 그 전에 러그 중앙으로 불러 육포 조각을 주며 다른 행동으로 유도해야 한다. 러그가 더러워질 수 있다면 낡은 수건을 깔아주는 것도 좋다. 강아지가 씹기 시작하면 잘했다고 충분히 칭찬해 준다.

이미 나쁜 행동이 시작되었을 경우에는 즉시 목줄이나 하네스를 잡고 그 행동에서 부드럽게 떼어내 따라오도록 유도한 후, 대신 해줬으면 하는 행동을 알려준다.

강아지가 부적절한 행동을 반복한다면, 2미터 정도 길이의 짧은 줄을 목줄에 부착해 끌고

핵심 포인트

- 바람직한 행동을 격려하고 보상해준다.
- 미리 대비하여 문제 행동을 예방한다.
- 문제 행동을 보이려 할 때, 가능한 한 빨리 주의를 돌리고 보호자가 원하는 행동을 하도록 유도한다.

다니게 하면 갑작스럽게 붙잡거나 쫓아다니지 않고도 빠르게 저지할 수 있다. 단, 아이들이나 몸이 불편한 성인이 줄에 걸려 넘어지지 않도록 주의해야 하며 반드시 보호자가 지켜보는 상황에서만 사용해야 한다. 줄을 이용해 강아지를 저지하거나 부드럽게 멈추게 한 다음, 관심을 돌려 올바른 행동으로 유도하고 그 행동을 했을 때 즉시 칭찬하고 보상해야 한다.

강아지가 올바른 행동보다 부적절한 행동을 자주 보이는 시기를 보내고 있다면 낮에 보호자가 조금 더 시간을 내어 에너지를 발산할 기회를 주자. 예를 들어 장난감을 활용한 놀이, 자유롭게 뛰어놀기, 훈련, 후각 놀이, 그리고 조용한 사회적 교감 등 적절한 활동들을 추가해 주는 것이 도움이 된다.

분명한 기준으로 규칙 정하기

가정마다 생활 방식이 다르기 때문에 강아지는 자라나는 환경에 따라 각기 다른 '규칙'을 배우

게 된다. 예를 들어, 어떤 개는 집안의 모든 공간에 자유롭게 출입하지만 어떤 개는 주방에만 머무르거나 위층 출입이 금지되기도 한다. 사람의 침대나 소파에 올라가는 것을 허용하는 집도 있고, 절대 금지하는 집도 있다. 얼굴을 핥는 행동을 용인하는 보호자도 있고, 이를 엄격히 제지하는 보호자도 있다.

개의 적응력은 매우 뛰어나다. 필요한 욕구를 충족시켜 주면서 모든 가족이 일관되게 인내심을 가지고 훈육해 주면 대부분의 강아지는 그 집안의 '규칙'을 빠르게 배우게 된다. 강아지는 사람처럼 '이 소파에 올라가면 안 돼'라는 식의 추상적인 규칙을 이해하지는 못한다. 대신, 자신의 행동에 따른 결과를 통해 배운다. 예를 들어, '소파 옆에 놓인 편안한 침대에 누워 있으면 모두가 나를 귀여워해 주고 맛있는 간식도 주네. 아무도 나를 다른 데로 옮기지 않아.'라고 스스로 판단하게 되는 것이다. 경험을 통해 소파보다는 자기 침대에 있는 것이 더 보람 있는 선택이라고 배우는 것이다.

가능한 한 이른 시기에 가족 모두가 강아지에게 허용할 행동과 금지할 행동에 대해 결정해야 한다. 그래야 모두가 명확하고 일관되게 훈육하고 강아지 역시 혼란을 겪지 않는다. 또한 성견이 되었을 때 어떤 모습이길 원하는지도 함께 고려해야 한다. 당신의 개가 침대 위에서 함께 자도 괜찮은가? 식사 중에 먹이를 주거나 언제든 먹는 걸 허용할 것인가? 차 문을 열었을 때 바로 뛰어내리게 둘 것인가, 아니면 기다리는 법을 가르칠 것인가? 집 전체를 자유롭게 다니게 할 것인가, 일부 공간은 출입을 금지할 것인가? 이러한 내용을 가족과 함께 논의하고 합의해 두면 강

강아지의 어린 시절부터 '위 층에 올라가지 않기'와 같은 기본 규칙을 세워두면, 보호자가 원하는 방식으로 행동하는 반려견으로 자랄 것이다.

> 강아지를 대신해 결정을 내려주고, 하고 싶은 것을 할 수 없을 때 생기는 불가피한 좌절감을 견디도록 도와주는 것이 중요하다.

아지를 처음 데려오는 시점부터 일관된 방식으로 교육할 수 있다.

어릴 때는 괜찮다고 생각했던 행동을 나중에 강아지가 크고 나서 문제로 삼는 일이 없도록 유의해야 한다. 예를 들어, 점프하는 행동은 어릴 때는 귀엽게 여겨지지만, 나중에는 고치기 어려운 습관이 될 수 있다. 따라서 가정의 규칙은 최대한 일찍 정하고 처음부터 신중하게 가르치는 것이 모두에게 좋다.

무엇보다 중요한 점은, 일단 규칙이 정해졌다면 – 예를 들어 침대 위에서 자는 것을 금지하기로 결정했다면 – 강아지를 집에 들이는 순간부터 가족 모두가 그 규칙을 일관되게 지켜야 한다는 것이다. 첫 1년 동안은 의도적이든 아니든 규칙을 어기는 일이 없도록 해야 한다. 즉, 강아지가 금지된 행동을 즐기는 상황 자체를 만들지 않는 것이 중요하다. 대신, 주의를 돌리고 원하는 행동을 하도록 유도하여 칭찬하고 보상을 준다.

강아지에게 원하는 바를 명확히 하고, 무엇보다 일관성 있게 가르쳐야 나쁜 습관이 생기지 않는다. 강아지가 자기가 좋아하는 행동 보다 보호자가 좋아하는 행동을 했을 때 충분한 칭찬과 보상을 해주는 것이 좋다. 이렇게 하면 강아지는 보호자가 원하는 방식으로 행동하는 법을 배우게 되고, 성숙해지면 그 습관들이 단단히 자리 잡히고 규칙은 자연스럽게 유지된다.

좌절에 대처하는 법 배우기

개가 사람과 함께 살기 위해서는 원하는 대로 자유롭게 행동할 수 없다. 자유로운 행동은 울타리나 문, 보호자의 의도에 따라 제한되기 때문이다. 그러므로 강아지가 자신의 뜻대로 되지 않을 때 생기는 좌절감을 다루는 법을 이른 시기에 배우는 것이 좋다. 그래야 성장하여 통제가 어려워지기 전에 감정 조절을 할 수 있게 된다.

슈퍼마켓에서 사탕을 사달라며 떼쓰는 아이처럼 어린 강아지도 원하는 것을 얻지 못하면 처음에는 바람직하지 않은 행동을 보일 수 있다. 이러한 감정을 어떻게 다루고, 자신의 반응을 점

처음 몇 달 동안 가르쳐야 할 좋은 습관들

- 뛰어오르지 않기
- 예의 바르게 인사하기
- 시끄럽게 굴지 않기
- 얌전히 먹기
- 먹이 조르지 않기
- 차분히 자리 잡고 앉기

예의 바르게 훈련된 강아지는 사람들에게 뛰어오르는 강아지보다 더 환영 받는다.

차 조절하는 법을 가르쳐야 하는데 이때는 집이라는 익숙한 공간에서 배우는 것이 동물병원 대기실과 같이 사람들의 눈치가 보여 강아지가 보이는 행동을 그냥 넘기거나 훈련 없이 두기 어려운 공공장소보다 훨씬 효과적이다.

대부분의 강아지는 일상생활 속에서 자연스럽게 좌절감에 대처하는 법을 빠르게 배운다. 그 이유는 세상에는 원한다고 해서 가질 수 없는 게 너무 많고, 그 대부분은 사람이 통제하고 있기 때문이다. 예를 들어, 밖에 나가고 싶어도 문이 열릴 때까지 기다려야 하고, 먹이나 간식도 주어야 먹을 수 있으며, 놀고 싶어도 보호자가 놀아줄 준비가 될 때까지 기다려야 가능하다. 이처럼 강아지는 삶 속에서 다양한 '기다림'을 경험하며 좌절감을 견디는 법을 자연스럽게 익히게 된다.

하지만 성격이 강한 일부 강아지들은 보호자가 너무 관대할 경우 이러한 좌절을 견디는 법을 배우는 데 더 오랜 시간이 걸리기도 한다. 이런 강아지에게는 다음과 같은 훈련이 도움이 된다.

강아지가 원하는 어떤 물건을 준비한 뒤, 하네스와 리드줄로 연결한 상태에서 그것을 강아지의 손이 닿지 않는 거리에 던지거나 놓는다. 이후 강아지가 보이는 모든 행동 – 버둥거림, 몸부림, 리드줄을 물거나 짖는 것 등 – 은 철저히 무시해야 한다. 말을 걸거나 몸을 만지거나 야단치는 등의 행동은 절대 하지 말고, 앞으로 나아가지 못하게만 막는다. 흥분이 완전히 가라앉고 강아지가 진정되어 바람직한 행동을 보이기 시작하면, 그때 비로소 원하던 것을 갖게 해준다.

이 훈련은 매일 반복해서 연습하자. 처음에는 강아지가 그다지 관심 없어 하는 물건으로 시작해서 점차 원하는 물건으로 단계적으로 진행한다.

훈련 초기에는 강아지가 평온한 상태일 때 실시하고, 이후에는 흥분된 상태에서도 연습한다. 강아지가 원하는 것을 앞에 두고도 흥분하지 않고 차분히 기다릴 수 있게 되면 이제 장소도 바꿔 연습해 본다.

또한, 흥분도가 높은 상황을 훈련 기회로 활용하는 것도 좋다. 예를 들어, 근처에서 다른 강아지들이 노는 모습을 보고 함께 놀고 싶어 할 때는 완전히 차분해질 때까지 기다렸다가 놓아주는 식이다. 이러한 방식으로 훈련하면, 강아지는 자신의 뜻대로 되지 않을 때 생기는 감정을 스스로 다스리고 어떤 상황에서도 자제할 수 있는 능력을 기르게 된다. 그 결과 보호자가 원하는 순간에 침착하게 기다릴 수 있는 강아지가 된다. 보상이 주어질 때까지 기다리는 과정에서 생기는 통제력은 인내심 있고 올바른 행동을 하는 반려견으로 성장하는 데 중요한 기초가 된다.

뛰어오르기

강아지가 인사를 할 때 보호자의 얼굴에 가까이 다가가고 싶어 하는 것은 자연스러운 본능이자 뛰어오르는 행동은 이를 위한 방식 중 하나다. 이럴 때 보호자가 눈을 마주치거나 말을 걸거나 손을 뻗는 등 어떤 형태로든 관심을 보이면 이는 점프하는 행동에 대한 보상이 되어 강아지는 사람을 만날 때마다 반복하게 된다. 이 습관은 강아지가 성장하여 몸집이 커지고 활동량이 많아지면 매우 성가신 행동이 될 수 있으며, 심지어 진흙투성이가 된 채 뛰어올라 불쾌한 문제로 커질 수 있다.

이를 방지하려면, 가족을 포함한 누구든지 강아지의 네 발이 모두 바닥에 닿아 있을 때만 인사를 해야 한다. 강아지가 이미 점프하고 있다면, 아무런 반응을 보이지 말고 천천히 몸을 돌려 무시한 채 가만히 서 있어야 한다. 강아지가 바닥으로 내려오면 그때 몸을 낮춰 얼굴을 가까이 가져가 인사를 한다. 강아지가 얼굴을 핥을 수도 있으므로 원치 않는다면 적절한 거리를 두는 것이 좋다.

강아지가 작을 경우에는 그 눈높이에 맞춰 완전히 몸을 낮춰 인사해 주는 것이 필요하다.

강아지가 가까이에서도 점프하려 한다면, 바로 일어나고 강아지가 네 발을 바닥에 다시 붙일 때마다 몸을 낮추는 '서기와 앉기'를 반복한다. 이때 타이밍이 매우 중요한데 강아지가 바닥에 있을 때 재빨리 반응해야 한다. 또는 손가락을 하네스나 목줄에 살짝 걸어 점프하지 못하도록 제지하는 것도 방법이다. 점프하는 행동이 한 번도 보상 받지 않으면 강아지는 결국 네 발을 바닥에 두는 것이 더 낫다는 것을 배우게 된다.

이 훈련을 처음 시작할 때 강아지가 네 발을 바닥에 잘 딛고 있다면 즉시 관심과 칭찬을 듬뿍 주어야 한다. 시간이 지나면서는 강아지가 점프하지 않더라도 인사를 기다리는 시간을 조금씩 늘려간다. 나중에 집에 도착했을 때 바로 인사할 수 없는 상황 – 예를 들어 장바구니를 들고 있을 때 – 에는 먼저 말로 반가움을 표현해 안심시킨 뒤, 보다 적절한 타이밍에 인사를 해준다.

강아지는 귀엽고 사랑스러워 보이기 때문에 사람들이 인사를 나누고 싶어할 것이다. 하지만 누군가가 점프를 허용하거나 부추기면 그동안 쌓아온 훈련이 쉽게 무너질 수 있다. 따라서 강아지가 새로운 사람을 만날 때는 반드시 보호자가 옆에서 지켜보며 관리해야 한다. 점프할 경우에는 목줄을 잡아주거나, 강아지를 자주 만나는

좋은 습관과 행동

사람과 인사하기

1 사람을 만날 때는 강아지를 리드줄에 묶어 통제할 수 있도록 한다. 방문객에게 다가가기 전에 강아지와 함께 접근하면서 방문객 앞 바닥에 작고 맛있는 간식 3~4개를 놓는다. 강아지는 간식을 찾고 먹느라 흥분이 분산되고, 그 사이에 자연스럽게 진정된다. 만약 강아지가 간식보다 사람에게 더 관심을 보인다면 더 맛있는 간식으로 바꾸거나 더 진정된 후에 접근하거나 배고 고플 때를 이용해 훈련해보자.

2 방문객에게는 미리 안내해준다. 강아지가 간식을 다 먹은 후에 방문객은 허리를 굽히거나 쪼그려 앉아 인사를 해달라고 요청한다. 이때 강아지가 네 발을 바닥에 두고 있을 때만 인사를 부탁한다. 만약 강아지가 점프하려고 하면 방문자는 즉시 일어나 시선을 피하고, 강아지가 다시 차분해지면 다시 내려와 인사를 이어간다.

3 방문객이 이 과정을 성공적으로 해내기 위해서는 보호자의 도움이 필요하다. 방문객이 강아지가 점프하려는 순간에 바로 일어나지 못하거나 빠르게 반응하지 못한다면 보호자는 강아지가 점프하지 못하도록 하네스나 목줄에 손가락을 살짝끼워 제지해준다.

4 훈련이 잘 되면, 방문객에게 간식을 몇 개 건네 강아지에게 직접 먹여주게 한다. 이렇게 하면 방문객과의 긍정적인 연관성이 형성된다.

강아지가 '앉아'라는 지시에 앉는 것을 배우면, 방문객을 만날 때 앉아서 그를 맞이할 수 있다. 이것은 훨씬 예의 바른 태도이다. 강아지가 아직 흥분 상태라면 바닥에 간식을 몇 개 떨어뜨려준다. 그 다음, 앉으라고 명령하고 필요하다면 간식을 이용해 앉도록 유도한다 (14장, 212쪽 참고). 앉는 데 성공하면 즉시 보상해준다. 이 과정을 반복하다 보면 강아지는 차분하게 앉아 사람을 맞이하게 된다.

> 강아지가 낯선 사람이나 다른 개에게 다가가기 전에, 보호자에게 먼저 오도록 훈련해야 한다.

사람이라면 이 책 100~101쪽에 소개된 훈련법을 알려주는 것이 좋다. 모든 사람이 강아지에게 인사할 때 허락을 구하는 것은 아니므로 보호자는 빠르게 몸을 낮춰 강아지가 점프하지 않도록 주의해야 한다.

 강아지가 아이들에게 인사할 때는 특별한 주의를 기울여야 한다. 아이들은 강아지에게 흥분을 유발할 수 있고, 이로 인해 점프하는 습관이 금세 생길 수 있다. 강아지가 아이들에게 뛰어오르지 않도록 보호자가 상황을 반드시 지켜봐야 한다. 반려 가정의 아이들에게는 놀이 중 강아지가 점프했을 때 어떻게 대처해야 하는지 미리 가르쳐야 한다. 팔짱을 끼고 몸을 고정시킨 채 가만히 서서 강아지를 보지 않고 정면을 응시하도록 교육한다. 아이들이 움직이지 않으면 강아지는 곧 흥미를 잃고 다른 활동으로 관심을 돌린다.

 하지만 아이들이 움직이기 시작하면 강아지가 다시 흥분할 수 있으므로 그럴 땐 보호자가 즉시 개입해 다시 상황을 안정시켜 주어야 한다.

사람과 인사하기

100~101쪽에 소개된 훈련법을 활용해 강아지에게 예의 바르게 인사하는 법을 가르치자. 몇 차례 반복하면 강아지는 사람을 만날 때 점점 차분해지는 모습을 보이지만 강아지 시기동안에는 항상 감독이 필요하다. 특히 현관 앞에서 이 훈련을 반복하여 손님이 방문했을 때 올바르게 행동하는 법을 익히게 하자. 가족이 뒷문으로 나갔다가 한 사람씩 현관으로 돌아와 초인종을 누르고 손님처럼 들어오는 상황을 여러 번 연출해보면 효과적이다.

과도한 짖음

강아지는 생후 6~7개월이 되면 자연스럽게 경계심이 생기기 시작한다. 이 사실을 모르는 보호자가 어린 시절부터 짖는 행동을 부추기면 사소한 자극에도 짖어대는 개가 되고 나중에는 다루기 어렵고 불편한 문제로 이어질 수 있다. 따라서 강아지에게 짖도록 유도해서는 안 된다. 충분한 사회화를 통해 자란 강아지는 주변 소음이나 방문객을 위협으로 여기지 않으며 편안하고 안정된 태도를 유지한다. 물론 이것이 나중에 강아지가 진정한 위협이 발생했을 때 이를 무시하게 된다는 뜻이 아니다. 잘 사회화된 성견은 필요할 때 가족과 영역을 보호할 줄 안다는 의미이다.

강아지가 자신이나 자신의 영역을 위협받는다고 느껴 짖는다면, 이를 제지하려고 소리 지르는 식으로 상황을 악화시켜서는 안된다.

반대로, 보호자가 상황을 통제하고 있다는 점을 조용한 말투와 차분한 태도로 보여줌으로써 강아지의 불안을 달래야 한다. 강아지가 계속 불안해한다면, 다른 방으로 데려가거나 해당 자극에서 멀리 떨어지게 하여 진정시킨다. 흥분이 조금 가라앉으면 다른 활동으로 주의를 돌려 흥미를 유도하고 차분함을 회복시킨다.

특히 소형견은 흥분했을 때 짖는 것이 자연스러운 행동이다. 이때 말을 걸거나 소리를 지르거나 만지는 등의 반응은 모두 보상으로 인식되어 절대 피해야 한다. 그렇지 않으면 나이가 들수록 짖는 게 더 심해질 수 있다. 강아지가 왜 짖는지 그 상황을 잘 살펴보고, 조용해졌을 때만 보상이 주어지도록 상황을 조정하는 것이 중요하다. 예를 들어, 산책을 앞두고 기대감에 짖는 경우 강아지가 조용해질 때까지 가만히 서서 눈도 마주치지 말고 기다린다. 조용해지면 산책 준비를 계속한다.

강아지가 마당에 나가면서 짖는 습관을 들이는 것도 이웃에게 불편을 줄 수 있으므로 주의가 필요하다. 밖에 나가는 것에 흥분하여 짖을 가능성이 있다면, 리드줄을 채우고 조용해질 때까지 기다린 후 이동한다. 마당에서는 보호자가 반드시 함께 있어야 하며 불필요하게 짖을 때는 바로 중단시켜야 한다. 이러한 훈련을 통해 강아지는 정말로 짖어야 할 상황이 아닌 이상 밖에서는 조용히 있어야 한다는 규칙을 익히게 된다. 이러한 습관이 자리 잡힌 후에는 혼자 마당에 나가도 문

과도하게 짖는 행동은 성견이 되었을 때 통제하기 어렵고, 문제가 될 수 있으므로 강아지때부터 이 행동을 조장하지 않는 것이 가장 좋다.

제가 되지 않는다.

강아지가 지나치게 자주 짖는다면 이후에 다루게 될 내용을 참고하여 신체적·정신적 욕구가 충분히 충족되고 있는지 점검해야 한다.

간식 얌전히 받아먹기

처음에는 강아지가 입을 정확하게 조절하지 못해 마치 어린아이가 손가락으로 물건을 집을 때처럼 서투르게 행동한다. 그래서 간식을 건네는 손가락을 날카로운 유치로 실수로 깨물 수 있다. 간식을 가만히 들고 기다려주는 횟수가 많아질수록 강아지는 점차 입의 사용을 세밀하게 조절하게 되어 실수 없이 간식을 받아먹게 된다. 만약 이 과정이 너무 아프거나 피부가 얇아 상처가 쉽게 난다면, 처음에는 간식을 손바닥 위에 올려놓은 채로 주고 점차 손가락으로 집은 상태로 전환하거나 또는 강아지가 깨물지 않고 음식을 받을 수 있을 때까지 낡은 가죽 장갑을 착용하는 것도 도움이 된다.

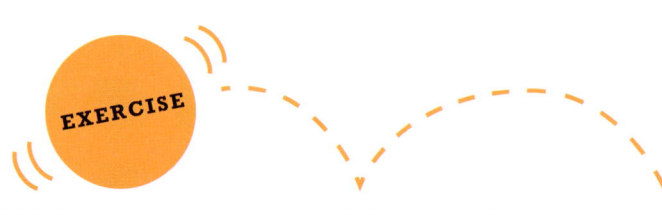

간식 얌전히 받아먹기

1 간식을 엄지와 손가락 사이에 끼운 뒤, 주먹을 쥐고 손등을 강아지 쪽으로 내민다. 강아지가 음식을 덥석 물려고 다가오면 손등에 먼저 부딪히게 될 것이다.

2 강아지는 손등에 부딪힌 후 잠시 망설이게 될 것이다. 그 순간, 손을 펴서 손바닥에 간식을 올려준다. 그러면 강아지는 손가락을 물지 않고 간식을 받아먹게 된다. 이 과정을 반복하면 강아지는 손 가까이 다가와 손이 열릴 때까지 조용히 기다리는 법을 배우게 된다.

3 이제 강아지가 차분히 기다리는 동안 다른 손의 손가락 사이에 간식을 끼워 넣어주는 방식으로 손가락에서 조심스럽게 받아먹도록 연습을 시작한다.

어린 아이들에게는 간식을 손바닥에 평평하게 올려서 주는 방법을 가르쳐 준다.

이때 엄지손가락과 다른 손가락들을 함께 붙인 채로 주도록 지도해야 한다. 아이들은 손가락이 예민하고, 간식을 줄 때 손을 갑자기 빼는 경향이 있어 강아지가 다음 번에는 간식을 빼앗기지 않으려 급하게 물려는 행동을 하게 만들 수 있다. 또한 강아지가 아이가 들고 있는 음식을 낚아채는 상황은 반드시 피해야 한다. 이런 상황이 생기지 않도록 아이를 자리에 앉히거나 식사가 끝날 때까지 강아지를 다른 방에 두는 것이 바람직하다.

강아지는 보호자가 간식을 주려다 손을 빼면 간식을 낚아채는 법을 빠르게 배운다. 따라서 간식을 건넬 때는 손을 움직이지 말고 강아지가 입을 정확히 댈 수 있도록 도와줘야 한다. 간식을 가지고 강아지를 놀리지 말아야 한다. 이런 행동은 강아지가 음식에 달려들도록 하고, 자칫 손을 물릴 수 있다. 간식을 줄 때는 항상 확신을 가지고 자연스럽게 건네야 한다. 그래야 강아지가 낚아채지 않고 기다리는 습관을 배운다. 만약 이미 음식을 낚아채는 습관이 생긴 경우, 반대편에 나오는 훈련을 시도해보자.

사람 음식 주지 않기

식사 중이거나 식사 직후에 강아지에게 먹이를 주면 강아지는 곧 이 시간대에 먹을 것을 기대하게 되고, 식탁 옆에 앉아 침을 흘리며 기다리는 습관을 들이게 된다. 이를 예방하는 방법은 간단하다. 식사 시간이나 간식 시간에 강아지에게 사람 음식을 절대 주지 않는다는 원칙을 가족 모두가 철저히 지키는 것이다. 음식은, 특히 사람 음식은 강력한 보상이 되기 때문에 단 한 번의 예외가 있어도 강아지는 그 경험을 학습하게 된다. 따라서 강아지 시기 내내 규칙을 일관되게 지키는 것이 매우 중요하다. 방문객도 주의해야 한다. 잠깐의 실수라도 나쁜 습관을 빠르게 익힐 수 있으므로 방문객이 있을 때에도 주의 깊게 살펴야 한다. 식사 중에 음식을 받은 경험이 전혀 없다면, 강아지는 사람의 식사 시간에

배고픈 강아지의 코 높이에 유혹적인 음식이 놓여 있을 경우 특히 주의가 필요하다.

무관심해진다.

강아지가 사람이 식사하는 근처에 머무는 것 역시 피해야 한다. 음식이 바닥에 떨어지거나 아이들이나 방문객이 일부러 주는 음식에 강아지가 보상을 받기 때문이다.

식사나 간식 시간에는 강아지가 자신의 침대에서 쉴 수 있도록 유도하자. 침대는 가족과 함께 있을 수 있도록 같은 방에 두면서 그 위에서 오래 집중할 수 있도록 껌이나 간식을 채운 장난감을 함께 제공한다. 강아지가 빠르게 다 먹었을 경우를 대비해 여분의 간식을 준비해 두고, 식사 도중 침대를 벗어나면 다시 침대로 데려가 앉히는 것을 반복한다. 처음에는 감독이 많이 필요할 수 있지만, 곧 식탁 밑이나 사람의 발 근처를 기웃거리기보다는 침대에 머무르는 것이 더 유익하다는 것을 배우게 된다.

또 다른 방법으로는 계단용 안전문을 설치해 식사하는 방에 강아지가 들어오지 못하도록 하는 것도 있다. 강아지는 문 너머로 보호자가 식사하는 모습을 보면서 조용히 누워서 차분하게 기다리는 습관을 들일 수 있다.

차분히 눕기

강아지가 보호자의 요청에 따라 차분히 자리를 잡고 눕는 동작은 매우 유용하다. 예를 들어, 친구 집, 동물병원이나 카페, 식당, 술집 등에 갔을 때 혹은 집에 손님이 왔을 때 등 강아지가 관여하지 않아야 하는 상황에서 큰 도움이 된다. 새로운 환경에 들어선 후 바로 침착하게 자리를 잡고 눕는 개는 주변 사람들에게 좋은 인상을 주며, 더 많은 장소에서 환영 받는다.

이 훈련은 집 안에서부터 시작한다.

약간 졸린 상태일 때를 골라 강아지를 리드줄에 묶어 의자와 강아지 침대가 나란히 놓인 장소로 데려간다. 보호자는 의자에 앉고, 리드줄을 발로 밟아 강아지가 보호자에게 뛰어오르거

식사 시간에 강아지 침대를 보호자 가까이 두고 씹는 간식을 제공하면 차분히 기다리고 사람 음식을 구걸하지 않는다.

강아지는 보호자가 자신을 안전하게 지켜주고 보호해 줄 것이라는 믿음을 가져야 한다

나 침대에서 너무 멀어지지 않도록 짧게 조절한다. 그런 다음, 간식을 몇 개 침대 위에 흩뿌려 두고 강아지가 그것을 찾아 먹게 한다. 보호자는 편안히 기대어 앉아 기다린다. 강아지가 마지막 간식을 다 찾고 나면 점차 긴장이 풀리고 안정되기 시작할 것이다. 이때 강아지를 무시하고 스스로 자리를 잡도록 둔다. 강아지가 보호자를 바라보며 서 있어도 괜찮으니 신경 쓰지 말고 반응하지 않도록 한다.

주변에 방해 요소가 없다면 강아지는 곧 스스로 자리를 잡고 편안히 누울 것이다. 그동안 TV를 보거나 책을 읽으며 몇 분간 기다려보자. 강아지가 여전히 깨어 있다면 훈련을 종료하고 나중에 다시 시도한다. 만약 강아지가 잠이 들면 그 상태로 계속 휴식을 취하거나 리드줄을 풀고 그대로 자게 둔 채 훈련을 마무리한다.

이 훈련을 반복하여 강아지가 이 상황에 자연스럽게 적응하도록 한다. 처음에는 몇 분 정도 짧게 진행하고 점차 시간을 늘려 보호자가 다른 일을 하는 동안 30분 정도 조용히 누워 있을 수 있도록 한다. 훈련 초기에는 졸릴 때만 진행하고, 이후에는 더 활기찬 상태에서도 차분히 눕는 법을 가르쳐야 한다. 또한 집 안의 다른 장소나 마당에서도 동일한 훈련을 시도한다.

강아지가 집에서 차분히 눕는 데 익숙해졌다면 이제는 집 밖의 환경에서도 같은 훈련을 이어간다. 다른 사람의 집, 카페나 술집, 대중교통 등에서 강아지가 조용히 자리를 잡고 눕는 법을 배우게 해야 한다. 주변이 흥미롭고 산만한 상황일수록 씹을 수 있는 간식을 제공하면 강아지가 더 빨리 안정되고 차분해질 수 있다.

강아지의 욕구 충족하기

강아지의 모든 욕구가 충족되면 함께 지내기 훨씬 편안하고 문제 행동이나 말썽도 크게 줄어든다. 강아지의 몸도 사람과 마찬가지로 항상 균형을 유지하려고 하기 때문에 충분한 음식 섭취, 따뜻함 유지, 적당한 열량 소비, 삶에 필요한 것들을 얻기 위한 동기 부여 등이 필요하다. 강아지의 행동은 이러한 결핍을 보완하려는 방식으로 나타난다.

강아지가 스스로 욕구를 해소하기 전에 보호자가 이를 충분히 충족시켜주는 것이 문제 행동을 예방하는 데 큰 도움이 된다.

강아지의 행동 욕구는 안전, 사회적 욕구, 신체 항상성의 세 범주로 나눌 수 있다.

안전에 대한 욕구

강아지는 안전하다고 느껴야 하며 위험한 상황에서는 애착 대상(어미견 혹은 보호자)에게 의지하여 도움을 받는다.

강아지가 안전하고 보호받고 있다고 느끼게 해주는 것은 매우 중요하다. 이는 강아지가 방어적인 행동을 학습하거나 두려움과 불안으로 인해 으르렁거리거나 물거나 하는 등의 문제 행동을 보이는 것을 예방한다.

사회적 욕구

사회적 유대감은 어린 강아지에게 매우 중요하다. 가정에서 강아지는 한두 명의 주요 애착 대상과 깊고 안정된 관계를 형성할 때 가장 만족감을 느낀다. 이들은 하루 여러 차례, 정기적으로 충분한 애정과 관심을 나누어 줄 수 있는 시간이 있어야 한다. 만약 강아지의 사회적 욕구가 제대로 충족되지 않으면 과도한 관심을 끌기 위한 행동이나 사람이 있을 때 지나치게 흥분하여 날뛰는 모습을 보이게 된다. 또는 반대로 위축되거나 사회적 교류를 피하는 모습을 보이기도 한다. 자신이 사랑받고 있고 특별한 사람들과 연결되어 있다고 느끼는 강아지는 그렇지 않은 강아지보다 훨씬 차분하고 반응을 잘 한다.

신체 항상성 욕구

강아지는 잠을 자고, 놀고, 운동하고, 탐색하고, 먹고, 마시고, 따뜻하게 지내고, 씹는 활동을 규칙적으로 해야 한다. 이러한 기본적인 활동을 충분히 할 수 없게 되면 강아지는 문제 행동을 통해 신체 균형을 회복하려 한다. 예를 들어 다양한 씹을 수 있는 간식을 제공하지 않으면, 집 안의 물건을 물어뜯는 행동을 할 수 있다. 식사를 하루 한 끼만 제공하는 대신 작은 양으로 여러 번에 나누어 제공하는 것만으로도 식사 전 지나

어린 강아지에게는 조용히 쉴 수 있는 공간을 제공하고 충분한 수면을 취하게 하는 것이 매우 중요하다.

치게 허기져 예민하고 다루기 어려운 상태를 방지할 수 있다.

가장 흔한 문제로는 놀이, 운동, 탐색의 기회를 충분히 받지 못한 강아지가 그 욕구를 집 안에서 해소하려 하면서 발생한다. 식물을 물어뜯기, 아이들을 쫓고 잡아당기기, 뛰어오르기, 과도한 흥분 등이 이에 해당된다.

강아지가 무엇을 필요로 하는지 명확히 알 수 있는 경우도 있지만, 항상 그런 것은 아니다. 예를 들어, 장시간 배가 고픈 상태에서는 손을 향해 난폭하게 달려들거나 불안정한 행동을 보일 수 있다.

만약 이유를 잘 모르겠다면 행동 전문가의 도움을 받는 것이 좋다(115쪽 참고).

강아지의 신체 항상성 욕구가 모두 충족되면 안정되고 차분하며 양육과 훈련이 쉬운 강아지로 자라게 된다.

수면

강아지가 충분히 '조용한' 시간을 가지고 쉴 수 있도록 해야 한다. 주변 환경에 자극이 많으면 강아지는 본능적으로 잠을 참으며 놀려는 경향이 있다. 특히 활동이 많은 가정이라면 조용하고 평화로운 공간에 편안한 침대를 마련해 주고 정기적으로 혼자 쉴 수 있는 '타임아웃' 시간을 만들어 주는 것이 중요하다. 생후 8주 된 강아지는 몇 시간마다 잠을 자야 하며 자연스럽게 깨어날 때까지 건드리지 말고, 깨어나는 순간 화장실로 유도해 배변을 도와야 한다. 저녁 무렵 강아지가 예민하거나 쉽게 짜증을 낸다면 낮 동안 충분한 수면을 취하지 못했을 가능성이 높으므로 낮잠 시간을 더 늘려야 한다.

강아지가 자라면서 필요한 수면 시간은 점차 줄어들지만, 하루 중 언제든 눕고 싶을 때 쉴 수 있도록 조용한 시간은 여전히 필요하다. 집안 환경이 분주하다면 강아지가 쉬는 시간에는 펜스나 휴식 공간이 있는 방에 들어가지 않도록 한다. 좋은 습관이 자리 잡고 아이들이 강아지가 자고 있을 때는 건드리지 않는 것이 중요하다는 점을 이해하면 루틴은 점차 유연해질 수 있다. 또한 강아지가 자연스럽게 깨어날 때를 지켜보게 하고 깨어났을 때 함께 밖에 나가 배변을 돕고 그 후에 놀 수 있도록 알려준다.

신체 활동

강아지마다 필요한 활동량은 다르다. 하지만 장시간 산책은 성장 중인 강아지의 뼈와 관절에 손상을 줄 수 있다. 그 대신 울타리로 둘러싸인 안전한 공간에서 자유롭게 달릴 수 있는 기회를 자주 제공하거나 짧지만 활기찬 장난감을 이용한 놀이를 자주 해주면 충분한 운동과 자극을 줄 수 있다.

정확한 운동량은 강아지의 연령과 성격에 따라 달라지기 때문에 정확한 기준을 정하기는 힘들다. 자유롭게 뛰놀게 했을 때 얼마나 오래 움직이는지를 관찰하고, 언제부터 속도가 줄어드는지를 기준으로 삼으면 된다. 처음에는 아주 짧거나 몇 분 정도일 수도 있지만 강아지가 성장하면서 운동 시간이 점점 늘어나게 된다.

리드줄을 착용하고 외출을 시작할 때는 보호자와 함께 새로운 곳을 탐색한다는 흥분감에 강아지가 평소보다 훨씬 오래 걷기도 한다. 또한 리드 없이 강아지가 자유롭게 산책한다면 천천히 걷고 냄새를 맡으며 자주 멈춰서는 산책이 될 수 있다. 보호자의 보폭에 맞춰 산책을 시키는 것은 생후 최소 6개월 이후부터 시작하는 것이 좋다. 그 이후에도 산책 시간이 너무 길어서 성장 중인 몸에 무리가 되지 않도록 각별히 주의해야 한다.

강아지가 집 안에서 지나치게 활발하고 에너지가 넘친다면 현재 신체적·정신적 자극이 충분하지 않은 것일 수도 있다. 이 현상은 특히 보호자가 장시간 바쁜 경우 더욱 두드러질 수 있다. 이럴 땐 하루 중 장난감 놀이, 자유로운 탐색, 문제 해결형 활동 등 정신적 자극을 주는 시간을

> 강아지를 차분하고 바르게 키우려면 해당 품종과 성격에 맞는 충분한 운동을 시켜주어야 한다.

추가로 마련하고 안전한 공간에서 자유롭게 뛰어놀도록 하는 것이 좋다.

지나친 활동은 오히려 과도한 흥분을 유발하여 차분해지기 어렵게 만들고, 들뜬 상태를 지속시킨다. 따라서 추격 놀이나 달리기 놀이는 짧게 제한하고 그 사이사이에 냄새 맡기와 같은 차분한 활동을 끼워 넣어 정신적 안정감을 유도해야 한다. 강아지에게 적절한 운동량을 찾는 것이 핵심이며 확신이 없다면 수의사와 상담해 보는 것도 방법이다.

정신적 자극 활동

강아지는 어릴 때부터 신체 활동과 더불어 충분한 정신적 자극과 두뇌 활동을 필요로 한다. 사실 과도한 신체 운동보다 정신적인 활동이 강아지를 더 피곤하게 만들 수 있다. 정신적인 활동은 강아지가 만족감을 느끼고 보호자와의 유대감을 강화한다. 또한 세상에 대한 이해와 학습 능력을 발달시킨다. 사회화 외출, 훈련 기회, 놀이 시간, 자유롭게 뛰놀고 탐색할 수 있는 시간 등은 강아지의 정신 에너지를 건강하게 소모시키고 심리적 충족감을 주는 데 도움을 준다.

하루에 몇 시간 간격으로 짧은 놀이 시간이나 학습 활동을 반드시 마련해 주어야 한다(9장, 117쪽 참고). 강아지마다 필요로 하는 정신적 자극의 정도는 다를 수 있으므로 놀이 후에는 강아지가 만족스럽게 누워 쉴 수 있을 만큼의 적당한 자극을 제공하는 것이 중요하다.

강아지를 키우는 보호자의 자세

강아지가 자라면서 보호자의 기대를 점점 이해하게 되면 보호자가 원하는 것과 강아지가 원하는 것이 충돌하는 순간이 생기기 시작한다. 또한 나이가 들수록 옳지 않은 행동에서 주의를 돌려 보호자가 원하는 행동으로 전환시키는 일이 더 어려워질 수 있다. 이때 보호자가 '좋은 보호자'로서의 역할을 충실히 해왔다면, 강아지가 청소년기 특유의 본능적인 욕구와 가족의 기대가 충돌하는 시기에도 훨씬 수월하게 대응할 수 있다.

보호자와 강아지 관계가 중요한 이유

강아지가 보호자와 존중 기반이 된 관계를 맺고 있다면 보호자를 기쁘게 해주고자 노력하고 배우려는 태도를 보인다. 이는 아이들이 좋아하고 존경하는 선생님에게 더 잘 배우는 것과도 같다. 강아지가 성숙해짐에 따라 자신의 욕구보다 보

신뢰와 존중에 기반한 관계는 강아지의 바람직한 행동을 이끌어내는 데 필요한 토대이다

호자의 바람을 더 중요하게 여기면 함께 지내기가 훨씬 쉬워지고, 훈련을 잘 따르며 바람직한 행동을 더 많이 보인다. 협조적이고 예의 바른 개는 일반적으로 늘 갈등을 일으키는 개보다 훨씬 더 행복하다.

반면, 주변의 말을 듣지 않는 개와 함께하는 삶은 매우 힘들 수 있다. 이런 개는 통제되지 않고 보호자의 요구에 응하지 않으며, 자신이 원하지 않는 일은 절대 하려 하지 않는다. 그 결과 보호자는 쉽게 지치고, 점차 강아지에게 필요한 사회적 접촉을 줄이게 된다. 이로 인해 강아지는 손님이 왔을 때 과도한 행동을 보이며 관심을 끌려 하거나 비사회적인 방식으로 행동하게 된다. 우리 사회에서 통제되지 않는 반려견은 함께 살아가기 어렵기 때문에 제멋대로 행동하는 개는 종종 행복하지 못한 삶을 살거나 수명이 짧아질 가능성도 있다.

강아지에게 억지로 존중을 강요할 수는 없다. 존중은 잘 계획된 훈련을 통해 서서히 쌓아가는 것이다.

좋은 보호자가 되는 법

어린 강아지의 존중을 얻는 일은 어렵지 않다. 강아지는 자연스럽게 보호자를 따르고 지도를 받으려 하기 때문이다. 하지만 강아지가 성장하면서 이러한 위치를 유지하는 것은 더욱 중요해진다. 특히 청소년기에 접어들면 강아지는 더 대담해지고 보호자가 원하지 않는 행동을 하고자 하는 욕구가 강해진다. 대부분의 반려견은 오랜 세대에 걸쳐 사람과 협력하도록 품종 개량되어 왔기에 사람과 조화를 이루며 지내는 것을 본능적으로 좋아한다. 개가 자신의 욕구보다 사람의 요청을 더 중요하게 받아들이는 습관은 함께 살아가는 데에 있어 반드시 필요한 요소이다. 우리가 그들의 세계에 맞춰 사는 것이 아니라, 그들이 우리의 세상에 잘 적응해야 한다.

좋은 보호자는 가족에게 강압적이거나 억압

자원과 이동을 보호자가 통제함으로써 강아지는 인내심과 존중하는 태도를 배우게 된다.

위협을 쉽게 느낄 수 있다. 따라서 강아지가 편하고 안전한 지를 관찰하고, 그렇지 않은 경우 적절히 도와주어 강아지에게 '좋은 보호자'로 인식시키도록 한다(6장 '사회화 훈련', 64쪽과 10장 '입질과 공격성에 대한 예방', 140쪽 참고).

자원 통제하기

보호자는 강아지의 삶과 편안함에 큰 영향을 미칠 수 있는 중요한 결정을 내린다. 예를 들어, 식사를 얼마나 자주, 어느 정도의 양으로 할 지, 언제 놀 수 있는지, 얼마나 운동할지, 외부 세계에 얼마나 접근할 수 있을지를 보호자가 결정한다. 보호자가 이러한 모든 자원을 통제하면 강아지는 자신의 생존과 만족을 위해 필요한 모든 것을 보호자를 통해 얻는다는 사실을 자연스럽게 인식하게 되며 보호자를 매우 중요한 존재로 여기게 된다.

강아지가 필요로 하는 것을 보호자의 요청에 잘 따랐을 때 보상으로 제공하고, 언제 어디서

적인 방식으로 복종을 요구하지 않는다.

대신, 더 지혜롭고 침착하게 상황을 이끌어가며 갈등 없이 원하는 것을 이뤄내는 현명한 방법을 찾아낸다. 최고의 보호자는 대개 온화하고 관대하지만, 필요한 순간에는 단호하고 확고한 태도도 가질 줄 안다. 그러면서도 평소에는 친구처럼 다정한 태도를 유지한다. 좋은 보호자는 과도한 요구를 하지 않으며 강아지를 계속 몰아붙이거나 괴롭히지 않는다.

가족을 안전하게 지키기

보호자는 가족 구성원이 위험에 처하지 않도록 지켜주고, 문제가 생겼을 때 현명하게 해결할 수 있는 용기와 지혜를 갖춰야 한다. 위험 상황이 발생했을 때 신속하고 효과적으로 문제를 해결할 수 있어야 한다. 특히 아직 사회화가 충분히 안된 어린 강아지는 다양한 상황에서 불안이나

> **좋은 보호자가 갖춰야 할 자질 4가지**
>
> - 가족의 안전을 지킨다.
> - 자원의 확보와 공정한 분배를 결정한다.
> - 효과적인 소통 능력을 갖추고 있다.
> - 갈등이나 반감을 일으키지 않고 원하는 방향으로 이끈다.

이 자원에 접근할 수 있을지를 보호자가 결정함으로써 보호자는 강아지의 삶과 행동을 조율하는 주체가 된다. 강아지는 이를 통해 누구의 의사가 더 중요한지를 스스로 조정하게 되며 보호자 중심의 행동 습관을 형성하게 된다. 반대로, 자원을 너무 자유롭게 혹은 강아지가 요구할 때마다 제공하면 강아지는 자신의 욕구가 가장 우선이라고 여기게 될 수 있다.

강아지의 생존과 만족을 위해 필요한 모든 자원을 보호자가 통제하고 있는 만큼 그 욕구들이 적절한 시기에 충족될 수 있도록 하는 것도 매우 중요하다.

보호자가 놀이를 주도하고 강아지보다 더 자주 이기면 자제력을 기르는 데 도움이 된다.

효과적인 소통

좋은 보호자는 가족 구성원들과 원활하게 소통하기 위해 항상 노력한다. 강아지는 사람의 언어를 쉽게 이해하지 못하는 대신 제스처와 행동 언어에 더 잘 반응한다. 따라서 인내심 있고 세심한 태도로 학습 과정을 즐겁게 만들어 주어 충분히 이해할 때까지 명확하게 의사 소통하는 보호자는 존중을 받게 된다. 강아지를 놀라게 하고 혼란스럽게 만드는 알 수 없는 말들로 소리치며 위협을 주면, 강아지는 오히려 혼란스러워하고 두려워하게 된다.

체벌이 효과가 없는 이유

체벌은 균형 잡히고 예의 바른 성견으로 성장하도록 돕는 데 전혀 필요하지도, 바람직하지도 않다. 이는 불필요할 뿐만 아니라 강아지에게 매우 불쾌한 경험이 되며 보호자에 대한 두려움과 반감, 나아가 인간 전반에 대한 경계심을 심어줄

수 있다. 이러한 훈육은 보호자와 강아지 사이의 유대감을 약화시키고 그동안 쌓아온 우정과 신뢰를 무너뜨릴 수 있다. 체벌로 강아지를 훈육해 온 가정의 강아지들은 공격적인 행동을 자주 보이며, 반대로 체벌 없이 훈육된 개는 좀처럼 공격적인 성향을 잘 보이지 않는다.

특히 손으로 체벌을 받은 강아지는 '손' 자체를 두려워할 수 있으며 아이가 머리를 쓰다듬으

보호자가 통제하는 자원들

- 음식 – 식사, 간식
- 놀이 – 장난감을 이용한 게임
- 사회적 접촉 – 칭찬, 쓰다듬기, 관심 표현
- 접근 권한 – 외출, 탐색, 산책

려 할 때와 같이 누군가가 손을 뻗으면 방어적으로 물 수 있다. 반면, 손이 해롭지 않고 보상을 준다는 긍정적 경험이 쌓이면 그런 반응은 줄어든다.

안타깝게도 문제가 생겼을 때, 체벌은 보호자에게 가장 간단하고 즉각적인 해결책처럼 보일 수 있다. 사려 깊은 대처보다는 빠른 처벌이 더 손쉬워 보이고, 심지어 이를 위해 제작된 다양한 도구들이 시중에 판매되기도 한다. 더 안타까운 점은 체벌이 일시적으로 효과가 있는 것처럼 보여 보호자들이 이를 반복하게 된다는 사실이다. 하지만 실제로는 문제의 근본 원인을 해결하지 못한 채, 겉으로 드러난 행동만 잠시 억누를 뿐이다.

예를 들어, 사회화 부족으로 낯선 사람을 무서워해 으르렁거리는 개가 있다고 해보자. 이때마다 보호자의 강한 체벌이 으르렁거리는 행동을 멈추게 할 수 있지만, 이는 체벌이 두렵기 때문이지 두려움이 사라졌기 때문이 아니다. 보호자는 이를 효과적이라 믿고 다른 사람에게 권할 수 있겠지만 정작 문제의 원인인 '두려움'은 여전히 존재한다. 그러다 개가 어느 날 심각한 위협을 느끼는 순간 경고 없이 무는 일이 발생한다.

핵심은 '이해'이다. 보호자가 싫어하는 행동인데도 강아지가 얻고자 하는 게 무엇인가를 생각해봐야 한다. 그 보상을 파악할 수 있다면 비슷한 만족감을 줄 수 있는 대체 행동을 찾아주고 환경을 만들어주자. 강아지 입장에서는 문제의 원인이 해결되기 때문에 이전보다 더 즐겁고 보람된 방식으로 욕구를 해소하게 된다. 이러한 접근은 보호자와 강아지 모두에게 지속 가능한 해결책이 된다.

많은 개들이 보호자의 의도를 이해하지 못한 채 벌을 받는다. 훈련에는 오랜 시간이 필요하며 음성 신호를 익히는 데에는 반복 학습이 필요하다. 그러나 이를 모른 채 과도한 기대를 하는 보호자들이 있다. 결과적으로 체벌은 학습 속도를 높이는 데 아무런 도움이 되지 않는다.

'안 돼'라고 말해야 할까?

이 주제는 다양한 논의의 대상이 되어 왔다. 강아지가 아주 어릴 때 '안 돼' 같은 부정적인 제지를 반복적으로 당하면 오히려 역효과가 생길 수 있다. 그보다는 인내심을 갖고 바람직한 행동을

사랑과 신뢰에 기반한 관계는 성숙해 가는 과정에서 바람직한 행동을 형성하는 데 튼튼한 기반이 된다.

차분히 가르치는 것이 훨씬 효과적이다. 처음부터 사랑과 신뢰를 바탕으로 한 관계를 만들어나가야 한다. 명심할 점은 아무리 가벼운 체벌이라도 이러한 관계를 해칠 수 있다는 것이다.

강아지가 청소년기에 접어들 무렵, 건강한 관계와 좋은 습관이 형성되어 있다면 교정이 필요한 상황은 자연히 줄어든다. 그럼에도 불구하고 실수나 원치 않는 행동은 발생할 수 있으며, 때로는 보호자가 원하는 행동을 유도하기보다 부드러운 제지가 더 효과적일 수 있다. 이런 제지를 과용하지 않고, 명확하고 온화하게 의사를 전달한다면 보호자와 강아지 사이의 소통 수단으로 유용하게 쓰일 수 있다.

강아지가 제지 신호를 무시한다면, 부정적 강도를 높이기보다 접근 방식을 조정하는 것이 좋다.

먼저 기본 욕구가 충족되고 있는지 확인하고, 문제 행동이 보상 수단으로 쓰이는 상황을 차단해야 한다. 그 대신 바람직한 행동을 유도하고 강화하는 것이 중요하며, 훈련 방식과 보호자와의 관계도 함께 점검해야 한다. 특히 청소년기에는 이 과정이 쉽지 않을 수 있다.

행동 문제

열악한 환경에서 태어난 강아지가 심각한 두려움이나 문제 행동을 가진 채 입양되기도 하고, 새로운 집에 적응하며 점차 문제 행동을 보이기도 한다. 사실 거의 모든 보호자는 강아지의 성장 과정에서 다양한 어려움을 겪는데 이는 경험 많은 보호자도 예외는 아니다. 문제가 생겼을 때는 '자라면 괜찮아지겠지'라고 기다리기보다, 자격 있는 전문가의 도움을 받는 것이 바람직하다.

대부분의 문제는 시간이 지난다고 해서 저절로 해결되지 않으며 생후 초기에는 일주일이면 해결될 문제도 성견이 되면 수년이 걸릴 수 있다.

도움을 구하는 것은 결코 부끄러운 일이 아니다. 강아지를 키우는 일은 누구에게나 도전이며, 나 역시 그 시기에 믿을 수 있는 동료들의 조언과 지지에 큰 힘을 얻었다. 다만, 도움을 요청할 대상은 신중히 선택해야 한다.

우선, 필요한 사람이 훈련사인지 행동 전문가인지 알아야 한다. 특정 명령을 가르치거나 배변, 놀이 중 물기 같은 비교적 기본적인 문제 해결에는 훈련사가 필요하고, 두려움이나 공격성 등 일반 훈련으로 해결되지 않는 문제에는 행동 전문가의 도움을 받아야 한다.

좋은 훈련사를 찾고자 한다면 223쪽을 참고하자. 행동 전문가는 지인 추천이나 동물병원을 통해 소개받는 것이 좋다. 경험이 풍부하고 관련 자격을 갖춘 사람, 오랜 기간 활동해 온 전문가를 선택하는 것이 바람직하다. 또한 보험에 가입되어 있고, 공신력 있는 단체에 소속된 책임 있는 전문가인지 확인하는 것도 중요하다.

영국에서는 Animal Behaviour and Training Council(www.abtc.org.uk)이나 Association of Pet Behaviour Counsellors(www.apbc.org.uk)를, 북미와 그 외 지역에서는 International Association of Animal Behavior Consultants(iaabc.org)를 참고할 수 있다.

CHAPTER NINE
함께하는 놀이와 활동

강아지와 함께하는 놀이와 다양한 활동은 단순히 즐거운 시간을 보내는 수단 그 이상이다. 함께 노는 가족은 더 끈끈한 유대감을 가지는 만큼 아 장에서는 강아지의 넘치는 에너지를 효과적으로 해소하면서, 영리하고 즐거운 놀이 방법을 소개한다. 이러한 활동을 통해 어떤 긍정적 효과를 얻을 수 있는지, 그리고 어떻게 보호자와 강아지 간의 관계를 강화할 수 있는지를 다룰 것이다.

함께하는 놀이와 활동이 중요한 이유

강아지와 함께 경험을 공유하고 즐거운 활동을 나누는 것은 우정과 상호 신뢰를 쌓는 훌륭한 방법이다. 강아지가 보호자를 기쁘게 해주고 싶어 하고, 보호자와 함께 있는 것이 재미있다고 느낀다면 보호자의 말을 잘 따르려고 열심히 노력할 것이다. 이러한 관계는 훈련을 더 수월하게 만들어 준다.

강아지와 함께 즐거운 활동을 자주 할수록, 강아지는 점점 보호자를 세상에서 가장 즐거운 존재로 인식하게 된다. 보호자와 함께 있고 싶은 욕구가 커질수록 보호자의 영향력도 더 커진다. 이러한 활동을 공유하는 것은 보호자가 강아지의 삶의 중심으로 들어가는 것을 의미하며, 그 결과 강아지는 보호자에게 더 주의를 기울이고 민감하게 반응하게 된다. 이는 강아지가 성장하여 청소년기에 접어들었을 때 특히 중요해진다.

예를 들어, 산책 중 강아지가 보호자 곁을 떠나지 않고 함께 하는 놀이가 시작되기를 기다린다면, 혼자 멀리 가서 문제를 일으킬 가능성도 줄어든다. 강아지가 보호자와 노는 것이 즐겁다고 느낀다면 다른 아이들이나 조깅하는 사람들, 혹은 동물들을 쫓아다니며 혼자만의 놀이를 만들 필요를 느끼지 않게 된다. 보호자는 이미 즐

강아지와의 놀이는 보호자와 강아지 사이에 강한 유대감을 형성하고 신뢰를 쌓는 데 즐겁고 효과적인 방법이다.

강아지는 본래 장난기가 많기 때문에 장난감을 활용한 놀이로 잘 유도해주는 것이 중요하다.

거운 존재가 되었기 때문에 부르면 곧장 달려오게 되며 또 다른 재미있는 일이 벌어질지도 모른다는 기대감으로 보호자에게 집중하게 된다.

이렇게 되면, 강아지가 보호자를 무시하고 도망가 시간을 지체하는 일이 줄어든다.

장난감을 가지고 사람과 놀 줄 아는 강아지는 인간을 즐거움과 기쁨의 원천으로 인식하게 된다. 이러한 개는 사회성이 풍부하고 함께 지내기에 더 즐거운 반려견으로 자라난다. 이들은 다른 개와만 놀 줄 아는 개보다 사람 사회에서 더 나은 삶을 누릴 가능성이 크다. 놀이는 개가 본능적으로 지닌 사냥 본능을 해소하는 역할도 한다. 추적하고, 쫓고, 포획하는 본능을 놀이로 유도해주면 그 본능이 부적절한 방식으로 표출되는 것을 막을 수 있다.

이러한 활동의 큰 장점은 강아지의 과잉 에너지를 효과적으로 소모시켜 차분하고 안정된 상태를 유지하게 만들어 준다는 점이다. 강아지가 성장하면서, 특히 청소년기에 접어들수록 신체 활동이나 정신적 자극이 부족하면 지루함과 불만을 느끼게 되고, 이러한 상태는 문제 행동으로 이어질 수 있다. 특히 체격이 크고 무거운 견종의 강아지는 몸이 완전히 성장하기 전까지 장거리 산책을 피해야 한다. 따라서 놀이와 활동은 이들의 에너지를 해소할 수 있는 훌륭한 대안이 된다.

일부 견종, 특히 사역견은 하루 종일 신체적으로 활동적이고 정신적으로 민첩하게 반응하도록 사육되어 왔다. 하지만 대부분의 반려 가정에서는 이를 충족시키기가 어렵다. 그래서 규칙적인 놀이와 활동은 현실적인 대체 수단이 된다. 하루에 여러 차례에 걸쳐 흥미로운 활동을 제공하면 개는 잘 적응하고 다음 활동을 기대하게 된다.

하루에 한 번 긴 활동을 하는 것보다 짧은 활동을 여러 번 나누어 진행하는 것이 바람직하다. 강아지가 잘 행동할 때, 예를 들어 조용히 누워 쉬고 있을 때 활동을 시작하면 바람직한 행동에 보상받는 것으로 인식하여 다음에도 같은 행동

강아지의 유전적 특성은 좋아하는 놀이 유형에 영향을 미친다. 예를 들어, 스태퍼드셔 불 테리어와 같은 견종은 터그놀이를 선호하는 경향이 있다.

을 할 가능성이 높아진다. 반면, 보호자가 원하지 않는 행동을 할 때만 관심을 받게 된다면, 그럴 때만 보호자가 반응한다고 생각하여 강아지의 전반적인 행동은 점차 나빠질 수 있다.

후각 놀이

뛰어난 후각을 활용해 물건이나 사람을 찾아내는 활동은 강아지들이 매우 좋아하며 에너지를 빠르게 소모시켜 만족스럽고 뿌듯한 상태로 만들어준다. 후각으로 대상을 찾아내는 것은 개에게 있어 매우 자연스러운 행동으로 탐색 과정에서 뇌의 '찾기' 기능이 자극되고 목표물을 찾았을 때에는 뇌에서 기분 좋은 화학 물질이 분비된다. 이것은 마치 우리가 쇼핑 중에 딱 원하는 물건을 찾았을 때 느끼는 만족감과 유사하다.

이러한 후각 놀이는 보호자가 미리 세팅하고 방법을 가르쳐준 뒤에는 강아지가 혼자서도 즐길 수 있는 활동이다. 그래서 보호자가 피곤하지만 강아지는 여전히 활력이 넘칠 때 활용하기에 적합한 활동이다.

놀이를 시작할 때나 끝낼 때, 혹은 중간에 강아지의 집중을 유도해야 할 경우에도 보호자가 관여하게 되므로 후각 놀이는 여전히 강아지와 보호자 사이의 유대감을 키우고 함께 즐거운 시간을 보낼 수 있는 훌륭한 방법이다.

함께 즐기는 놀이와 활동

- 후각 놀이
- 상호작용형 장난감
- 장난감 놀이
- 신체 활동
- 탐색 활동
- 후각 탐색 산책

찾기 놀이

이 놀이는 강아지가 후각을 활용해 숨겨진 장난감을 찾는 것을 목표로 한다. 보호자가 외출해야 할 때 강아지의 정신적인 에너지를 소모시켜 안정시킬 수 있는 매우 효과적인 방법이며, 실내외 어디서든 진행할 수 있다. 일단 이 놀이 방법을 익히면 대부분의 개들은 이 활동을 매우 즐기게 된다.

먼저 강아지를 붙잡고 폭신한 장난감을 긴 풀밭이나 의자 뒤와 같이 보이지 않는 곳으로 굴리거나 던진다. 그런 다음 신나는 어조로 "찾아!"라고 외치며 강아지를 풀어주고 함께 따라간다. 강아지가 장난감을 찾는 순간, 크게 칭찬해주고 장난감을 물고 시작 지점으로 가져오도록 격려하며 함께 즐겁게 놀아준다. 이때 중요한 점은 강아지가 스스로 장난감을 놓을 준비가 되기 전까지 억지로 빼앗지 않는 것이다.

천천히 단계를 높여가며 강아지가 눈에 보이지 않는 여러 장소에 던진 장난감을 찾도록 격려하자. 처음에는 강아지의 눈을 손으로 가리거나 몸으로 시야를 가리는 방식으로 장난감이 어디로 던져졌는지 보지 못하게 한다. 딱딱한 바닥에 떨어질 때 소리가 나는 장난감(예: 플라스틱 장난감)을 활용하면 '어딘가에 무언가가 있다'는 신호를 줄 수 있다. 또는 헌 수건 가장자리 아래에 장난감을 살짝 숨기는 것부터 시작해 점차 수건 한가운데에 감춰 강아지가 냄새를 맡고 찾아내도록 할 수도 있다.

나중에는 "찾아!"라는 말만으로도 강아지는 장난감이 주변 어딘가에 숨겨져 있다는 것을 인식하게 된다. 장난감을 찾을 때마다 반드시 칭찬해주고, 찾은 장난감을 가지고 놀아주는 것이 중요하다. 필요한 경우 장난감이 있는 방향으로 유도해 도와주고 점차 집안 어디든지 숨겨진 장난감도 찾아낼 수 있도록 난이도를 높여간다. 처음에는 쉬운 위치에서 시작하고 다양한 물건과 더 어려운 숨김 장소로 점진적으로 발전시켜 나간다.

먹이 흩뿌리기

시간이 부족할 때는 간단한 찾기 놀이로, 먹이를 흩뿌려 주는 방식도 활용할 수 있다. 이때는 배변 장소와는 거리가 있는 잔디밭이나 깔끔한 바닥에서 진행한다. 잔디가 짧은 경우에는 작은 먹이를, 풀밭이 길거나 거친 경우에는 더 큰 먹이를 사용하면 찾기 쉽다. 강아지에게 충분한 시간을 주어 모든 먹이를 찾아서 먹을수

테리어 종은 삑삑이 장난감으로 노는 것을 좋아한다. 이는 그 소리가 사냥시 잡은 먹잇감의 소리와 유사하기 때문이다.

마당에서 숨은 가족 구성원을 찾는 등 야외에서 즐기는 후각 놀이는 강아지와 아이들 모두가 금세 좋아하는 놀이가 될 수 있다.

있도록 하자.

활동량이 많은 강아지라면 사료를 그릇에 담아주는 것보다는 흩뿌려 먹게 하는 방식이 더 효과적일 수 있다. 하루 먹이량 대부분은 좋은 행동과 훈련용 보상으로 사용하고, 남은 분량은 놀이를 통해 찾아 먹게 하자.

야외에서의 후각 놀이

야외에서는 긴 풀밭에 장난감을 숨기는 것 외에도 강아지가 앞서 달려가고 있을 때 장난감을 살짝 떨어뜨린 후, 강아지가 보호자의 냄새 자취를 따라 되돌아오며 장난감을 찾도록 유도할 수 있다. 이러한 방식으로 열쇠나 기타 떨어뜨린 물건을 찾는 훈련도 가능하다. 또한 가족 구성원이 나무나 덤불 뒤에 숨도록 하여 강아지가 찾아내는 놀이도 할 수 있다.

이때, 강아지가 다른 방향을 보고 있을 때 보호자가 몰래 도망쳐 숨는 방식은 절대 해서는 안 된다. 낯선 환경에서 애착 대상을 갑자기 잃는 경험은 어린 동물에게 큰 두려움을 안겨줄 수 있으며, 전혀 유쾌한 일이 아니다.

'숨바꼭질' 놀이는 반드시 두 사람 이상이 함께 산책할 때에만 안전하게 진행해야 한다.

야외에서 이 놀이를 할 때는 바람의 방향을 고려해야 한다. 바람이 강아지를 향해 불어올 경우, 장난감이나 사람의 냄새가 더 잘 전달되기 때문에 찾기 쉬워진다. 처음에는 이런 유리한 조건에서 시작하여 점차 난이도를 높여가는 것이 좋다.

더 나아가기

성견을 위한 다양한 후각 기반 스포츠와 훈련 과정이 많이 생겼다. 대표적으로는 센트워크(보통 캣닙이나 총기 오일을 이용해 마약 탐지견처럼 훈련), 트래킹, 맨트레일링, 워킹 트라이얼 등이 있다. 이러한 활동을 통해 보호자는 개의 후각 능력과 공기의 흐름, 기온, 날씨 등이 냄새 감지에 어떤 영향을 주는지에 대해 더 깊이 이해할 수 있게 된다.

상호작용형 장난감

딱딱한 고무나 실리콘으로 만들어진, 원뿔형 또는 공 모양의 단순한 상호작용형 장난감들이 있다. 이 장난감 안에 간식을 채우거나 바를 수 있도록 되어 있다. 강아지는 먹이를 핥아 먹거나 굴려 빼내면서 장난감을 가지고 논다. 이러한 장난감은 보호자가 바쁘거나 친구 집을 방문할 때, 또는 반려견 출입이 가능한 카페나 펍에 갔을 때처럼 강아지를 조용히 앉혀두고 싶을 때 매우 유용하다.

처음에는 강아지가 먹이를 쉽게 꺼낼 수 있도록 간식을 가득 채우거나 입구가 넓은 장난감을 사용하는 것이 좋다. 그렇지 않으면 강아지가 실망하고 흥미를 잃을 수 있다. 이후에는 난이도를 높여서 더 오래 집중해야 간식을 얻을 수 있도록 설정할 수 있다. 만약 강아지가 한 자리에 조용히 머물러 있어야 한다면 굴러가지 않는 장난감을 선택한다.

반대로, 더 많은 움직임을 유도하고 싶다면 공이나 원뿔 모양의 장난감을 활용하면 된다.

고무나 실리콘 재질로 만든 평평하면서 돌기나 홈이 있는 매트에 부드러운 음식을 펴 바르는 것도 좋은 방법이다. 강아지는 이를 천천히 핥으며 시간을 보내게 된다. 또는 양털 소재의 술이 달린 '스너플 매트'를 구입하거나 직접 만들어, 그 안에 간식을 숨기고 강아지가 코로 찾아내도록 할 수 있다.

이러한 장난감은 강아지의 에너지를 쓰는데 매우 효과적이며, 준비만 해주면 보호자의 개입이 거의 필요하지 않는다. 다만 강아지가 이 장

수건을 말아 접은 틈 사이에 장난감이나 맛있는 간식을 숨겨두고 강아지가 찾아내도록 하는 것은 정신적 에너지를 소모시키는 훌륭한 방법이다.

이 단단하고 잘 씹히지 않는 장난감은 가운데에 넓은 입구가 있어 간식을 쉽게 꺼낼 수 있다. 강아지를 위한 입문용 상호작용형 장난감으로 매우 적합하다.

난감을 매우 즐거워하는 모습을 보다 보면 간식의 양이 과도해지기 쉬우므로 주의가 필요하다.

특히 스프레드 형태의 간식을 사용할 경우, 지방 함량이 너무 높으면 소화를 방해할 수 있으므로 적절히 조절해야 한다.

또한, 강아지가 코로 누르거나 밀어서 뚜껑을 열고 안에 들어 있는 간식을 꺼낼 수 있는 퍼즐 장난감들도 다양하게 판매되고 있다. 처음에는 쉬운 퍼즐부터 시작해 강아지가 혼자 스스로 해결하게끔 유도한다. 강아지가 좌절하고 포기하기 전에 마무리할 수 있도록 도와야 한다. 또한 머핀 트레이에 테니스공을 올려 그 아래 간식을 숨기는 식으로도 직접 만들 수 있다. 강아지가 공을 굴려 간식을 찾아내도록 유도하는 것이다.

장난감을 활용한 놀이

장난감은 독성이 없고, 쉽게 부서지지 않으며 강아지에게 해를 끼치지 않는 것이라면 무엇이든 될 수 있다. 예를 들어, 낡은 양말을 뭉쳐서 다른 양말 안에 넣은 것, 질긴 모피 천이나 양가죽 조각도 장난감이 될 수 있다. 장난감을 고를 때, 어린 강아지는 형제자매와 비슷한 촉감을 가진 부드러운 물건을 선호하므로 크고 푹신한 장난감이 좋다. 길쭉한 장난감은 날카로운 유치로부터 거리를 유지해 손을 보호할 수 있어 어린 강아지와 어린아이가 함께 있는 가정에서는 특히 유용하다. 장난감은 절대 삼킬 수 없을 만큼 크고 튼튼해야 하며 쉽게 부서져 작은 조각이 되기 전에 반드시 치워야 한다.

각 견종은 본래 수행하던 역할이 달랐기 때문에 대개 그 역할과 유사한 놀이를 더 즐기는 경향이 있다.

대부분의 강아지는 모든 종류의 놀이를 즐기지만 특정한 유형의 놀이를 더 선호하는 경향을 보이기도 한다. 강아지의 취향이 뚜렷해지기 시작하면 그에 맞는 장난감을 구비하는 것이 좋다. 예를 들어, 공처럼 던지기 쉬운 장난감은 쫓는 놀이에 적합하고, 당기는 놀이를 좋아하는 강아지와 놀 때는 입에 물고 있는 공을 억지로 꺼내는 것보다 줄다리기용 장난감을 사용해 노는 것이 훨씬 수월하다.

장난감을 자주 바꿔주는 것은 보호자와 강아지 모두의 흥미를 유지시킨다. 이런 점에서 강아지도 아이들과 다르지 않아서 새로운 장난감이나 새로운 놀이를 매우 반가워한다. 게임의 주체인 보호자 역시 흥미를 계속 느껴야 한다. 때로는 새 장난감이나 오래된 장난감을 다시 꺼내 사용하는 것만으로도 놀이의 재미가 크게 향상될 수 있다.

산책할 때를 대비해 외투 주머니에 장난감을 하나 넣어두면 언제든 놀아줄 수 있다. 막대기 대신 장난감으로 노는 것은 강아지의 입, 눈, 얼굴 부위에 발생할 수 있는 부상을 예방하는 데 도움이 된다.

이런 부상은 막대기 한쪽 끝이 땅에 꽂힌 상태에서 강아지가 멈추지 못하고 달려들어 다른

강아지가 좋아하는 놀이

- **추격 놀이** – 많은 견종, 특히 목양견과 하운드 계열이 즐긴다. 하운드는 나이가 들면 실제 동물 추격에만 관심을 보이는 경우가 많지만, 어릴 때부터 장난감을 활용한 놀이에 익숙해진 경우 장난감으로도 추격 놀이를 즐길 수 있다.
- **소유 놀이** – 대부분의 개가 장난감을 차지하고 놓지 않으려고 물고 있는 것을 좋아한다. 특히 장난감을 입에 물고 자랑하듯 돌아다니는 것을 즐기는 건독 계열에게 인기 있는 놀이이다.
- **터그 놀이** – 경비견이나 불도그 계열의 견종이 일반적으로 선호한다.
- **'흔들고–죽이기' 놀이** (삑삑이 장난감 놀이) – 테리어 계열이 자주 선호하는 놀이이다.

쪽 끝에 부딪히며 발생하기 쉽다. 강아지가 막대기를 집어 들더라도 무시하면, 곧 보호자가 가져온 장난감과 노는 것이 더 재미있다는 것을 배우게 된다.

집 안의 각 방마다 장난감을 하나씩 두는 것도 좋은 방법이다. 놀이는 몇 분만 투자해도 충분히 진행할 수 있으며 장난감이 가까이에 있다면 보호자가 시간이 날 때마다 쉽게 놀이를 시작할 수 있다.

산책할 때 부드러운 장난감을 가져가면 언제든지 함께 놀 수 있다. 산책 중에는 자주 멈춰 짧게 놀이 시간을 가지는 것이 좋다.

놀이는 항상 즐거우면서도 쉬운 분위기로 유지하자. 강아지가 장난감을 가지고 노는 방법을 자연스럽게 터득하도록 도와주면 강아지와의 유대감도 깊어진다.

올바른 놀이 방법

모든 놀이 활동은 보호자와 강아지가 자발적이고 동등한 입장에서 진행되어야 하며 이는 보호자가 '부모 역할'이라는 입장을 항상 의식하고, 놀이를 지배하려는 태도를 줄이는 것을 의미한다. 대신 강아지가 이길 수 있는 기회를 자주 제공함으로써 놀이에 재미를 느끼도록 해 준다.

 부드럽고 즐거운 말투로 강아지를 놀이에 초대하자. 강아지의 눈높이로 내려가고, 분위기를 부드럽게 맞추며 빠르게 움직이는 푹신한 장난감을 제공한다. 강아지가 놀이를 거부하거나 자리를 피한다면 보호자의 에너지를 조금 낮추어 다시 시도하거나 다른 장난감을 사용해보자. 여전히 반응이 없다면 시간이 지난 후 다시 시도해본다. 강아지도 사람처럼 항상 놀고 싶은 기분은 아닐 수 있으며, 피곤하거나 몸이 불편하거나 스트레스를 받을 수도 있다. 시간과 공간을 충분히 제공하면 아마도 조금 뒤에는 반응을 보일 것이다.

 강아지가 흥미를 보이면 장난감을 빠르게 움직여보자. 장난감을 등 뒤나 가구 뒤로 휙 숨겼다가 다시 보이게 하고, 바닥을 빠르게 가로질러 움직여본다. 장난감은 바닥을 따라 움직여야 한다. 그래야 강아지가 점프하면서 중심을 잃어 관절을 다치는 일을 줄일 수 있다. 몇 초간 쫓게 한 뒤에는 장난감을 천천히 움직여 쉽게 잡도록 한다. 강아지가 장난감을 물고 있을 때는 잠시 가지고 놀도록 하거나 가볍게 당기는 놀이를 한 뒤 장난감을 넘겨주는 방식이 좋다. 단, 유치가 자라는 시기에는 너무 세게 당기지 않도록 주의해야 한다.

 강아지가 장난감을 잡았을 때는 칭찬과 함께 "정말 잘했어!" 같은 말로 축하해주자. 강아지는 꼬리를 흔들며 장난감을 자랑스럽게 들고 돌아다니다가 결국 보호자에게 다시 다가올 것이다. 이때 머리나 장난감에 손을 대면 강아지가 빼앗긴다고 느끼고 도망칠 수 있으니 주의한다. 대신, 등을 쓰다듬고 옆구리를 부드럽게 만져주면서 장난감에 대한 흥미가 식기를 기다렸다가 장난감을 받아 다시 놀이를 시작하면 된다.

이처럼 상호 존중을 바탕으로 한 놀이를 하면 보호자는 강아지에게 최고의 놀이 친구로 인식되며 강아지는 보호자와 노는 것을 점점 더 좋아하게 된다. 장난감을 억지로 들이밀거나 소유욕을 드러내거나 강아지가 장난감을 전혀 차지하지 못하게 하거나 너무 거칠게 다루는 경우 강아지는 실망하고 흥미를 잃는다. 강아지와 즐겁게 놀아주면 평생 친구가 될 수 있다.

놀이가 생각대로 되지 않아 짜증이 날 때는 잠시 놀이를 멈추고, 무엇이 잘못되었는지 돌아본 후 다음에는 어떻게 더 잘 할 수 있을지 고민해 보자. 피곤하거나 기분이 좋지 않을 때는 억지로 놀지 않는다. 보호자가 짜증을 내면 강아지는 보호자를 신뢰하지 않게 되고 놀이 자체를 회피하게 된다. 놀이는 항상 즐거운 분위기에서 마무리 해야 하며 강아지와 보호자 모두 흥미를 잃기 전에 끝내는 것이 이상적이다.

놀이는 모두에게 즐거움이자 편안한 시간이 되어야 한다. 모든 놀이를 재미있고 긍정적인 경험으로 만들어준다면 서로 간의 유대감도 한층 더 깊어질 것이다.

특별한 장난감은 따로 보관하기

강아지가 항상 가지고 놀 수 있는 단단한 장난감이나 씹을 수 있는 장난감을 다양하게 제공해주는 것이 좋다. 이렇게 하면 강아지가 집 안의 소중한 물건들을 물어뜯거나 가져가는 것을 방지할 수 있다. 이런 장난감으로는 함께 놀지 말고, 보호자가 '특별한' 장난감을 따로 마련한다. 이 장난감들은 훨씬 부드럽고, 강아지가 접근할 수 있는 시간이 제한되어 있기 때문에 바닥에 굴러다니는 장난감보다 더 흥미롭게 느껴질 것이다. 시간이 지나면 강아지는 이 '특별한' 장난감을 보호자와 함께 노는 시간과 연관 짓게 되고 그 장난감에 더 특별한 의미를 가지게 될 것이다.

이런 '특별한' 장난감, 예를 들어 삑삑이 장난감이나 폭신한 장난감은 보호자가 함께 놀 때만 사용하는 경우 더 오래 쓸 수 있다. 반면, 이갈이 중인 강아지에게 그냥 맡겨두면 금세 뜯기고 망가진다. 보호자들은 종종 자기 강아지에게는 장난감이 없다고 말한다. 이는 장난감을 주자마자 파묻거나 물어뜯어 망가뜨리거나 숨겨버리기 때문이다. 따라서 강아지가 혼자 놀 때는 더 튼튼한 장난감을 주고, 섬세한 장난감은 보호자가 따로 보관한다.

물어오기(리트리브) 훈련

'물어오기' 놀이는 강아지와 함께 즐기기 쉬운 활동으로 성장 후에는 우편물을 가져오거나 열쇠 찾기 같은 실용적인 행동으로 확장될 수 있다. 이 훈련은 강아지가 장난감을 가지고 도망치는 습관이 생기기 전에 일찍 시작하는 것이 좋으며 혼자 하는 것에 어려움을 느낀다면 경험 있는 훈련사의 도움을 받는 것도 좋다.

아이들과의 놀이

강아지와 아이들은 보통 함께 놀면서 서로 많은 것을 배우며 친밀한 관계를 형성한다. 하지만 강아지는 옳은 행동과 동시에 잘못된 행동도 쉽게 배울 수 있다는 사실도 잊어서는 안된다.

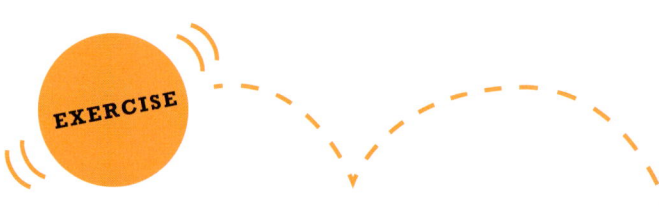

물어오기 훈련(The Retrieve)

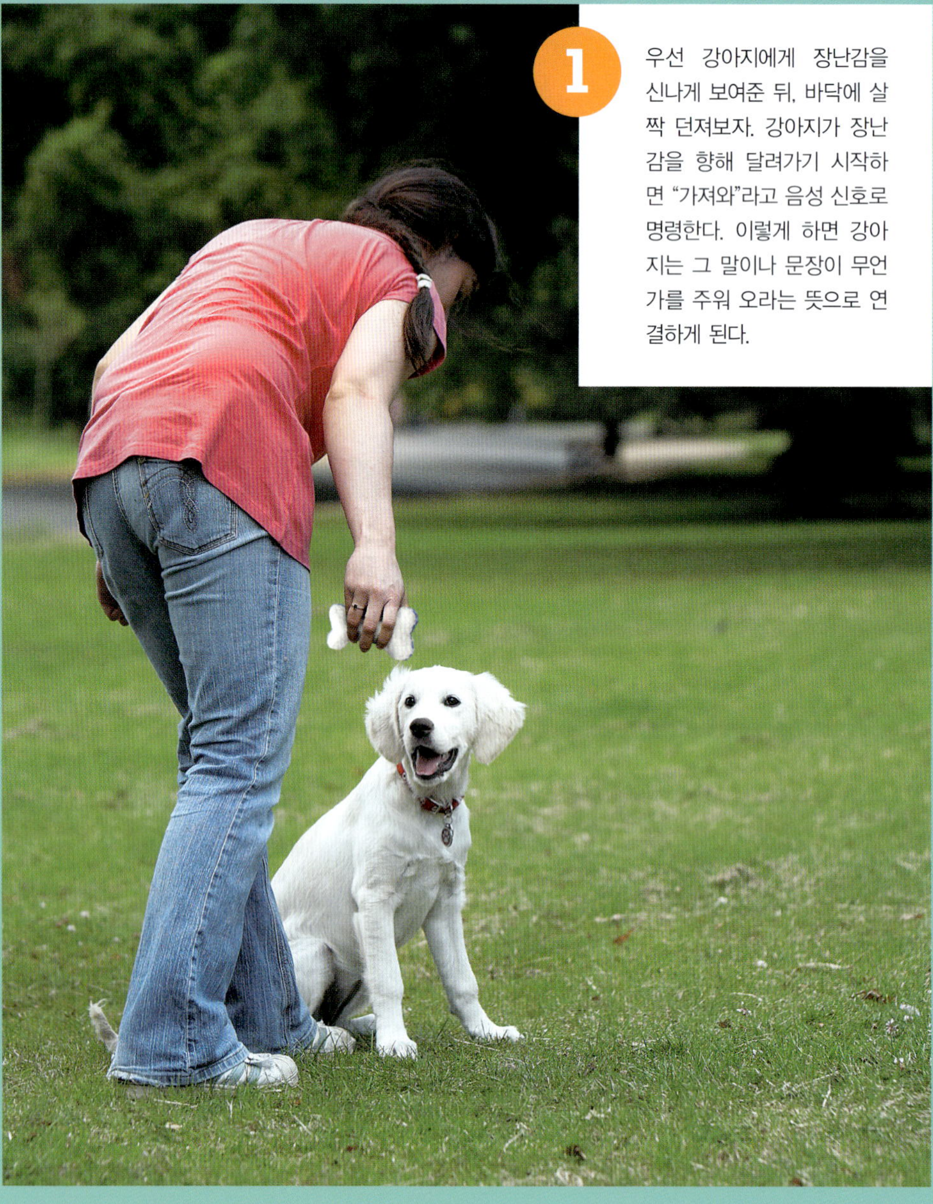

1 우선 강아지에게 장난감을 신나게 보여준 뒤, 바닥에 살짝 던져보자. 강아지가 장난감을 향해 달려가기 시작하면 "가져와"라고 음성 신호로 명령한다. 이렇게 하면 강아지는 그 말이나 문장이 무언가를 주워 오라는 뜻으로 연결하게 된다.

2 강아지가 장난감을 물었을 때 기쁜 목소리로 칭찬하며 당신에게 오도록 격려한다. 기쁨이 목소리에 담겨 있다면 강아지는 입에 장난감을 문 채 꼬리를 흔들며 달려올 것이다. 이 때는 손을 가만히 두어 장난감을 뺏으려 한다고 오해하지 않도록 신경쓴다. 만약 강아지가 그렇게 느끼면 다른 곳에 가서 장난감을 가지고 놀려고 할 수 있다.

3 강아지가 왔을 때는 장난감을 바로 만지지 말고, 머리 주변을 제외한 다른 부위를 쓰다듬으며 크게 칭찬해주자. 만약 바로 장난감을 가져가려 한다면 강아지는 당신을 피하려 할 것이다. 조금 인내심을 가지고 기다리면 강아지가 잠시 장난감을 물고 있다가 스스로 내려놓는다.

그 순간에 맞춰 "놔"와 같이 음성 신호로 명령하고 장난감을 집어든 뒤 칭찬해준다. 다시 장난감을 던져 강아지가 쫓아가게 한다.

아이들이 강아지와 놀 때는 반드시 보호자가 지켜보아야 하며 아이와 강아지 모두가 올바른 행동을 배우도록 지도해야 한다.

따라서 놀이 시간에는 반드시 어른이 함께 있어 상황을 조심스럽게 지켜보며 감독한다.

강아지가 어릴 때 배운 행동은 이후 평생의 습관으로 이어지기 때문에 초기 교육이 매우 중요하다. 아이들이 일부러 강아지를 다치게 하려는 것은 아니지만 어린 나이에는 자신의 행동이 어떤 결과를 초래할 수 있는지 잘 모를 수 있다. 아이들과 강아지가 함께 노는 모습을 잘 관찰하자. 강아지가 부적절한 방식으로 놀기 시작한다면 다른 놀이로 자연스럽게 유도하거나 아이들에게 더 적절한 놀이로 전환할 수 있도록 안내해 주는 것이 필요하다.

하루 중 신나는 시간

강아지는 무언가에 신나거나 흥분할 때마다 놀고 싶어 한다.

예를 들어, 가족 중 누군가가 귀가했을 때나 손님이 집에 도착했을 때 등이 이에 해당한다. 이러한 흥분된 순간에는 강아지들이 자신이 가장 좋아하는 놀이를 자주 한다. 래브라도는 슬리퍼를 물고 다닐 수 있고, 테리어는 우편함으로 들어오는 종이를 잡아채고 '죽이듯' 흔드는 행동을 하며 어떤 강아지는 산책을 준비할 때 리드줄을 잡아당기며 노는 모습을 보이기도 한다. 이러한 순간은 놀이에 관심이 적은 강아지에게도 활용해 놀이에 자연스럽게 참여하도록 유도할 수 있다.

예를 들어, 현관 근처에 장난감을 두고 귀가할 때마다 꺼내어 함께 놀아주자. 하루 중 신나는 일들에 장난감의 등장이 항상 연결되면 점차 강아지는 장난감을 보는 것만으로도 흥분하게 된다. 이는 강아지가 흥분된 순간에 부적절한 놀이를 스스로 만들어내는 것을 방지하는 데도 도움이 된다.

놀이 통제

처음부터 놀이를 지나치게 통제하거나 너무 많은 규칙을 부여하려고 하지 말자. 놀이에서 상대

방이 지나치게 지배적이거나 명령하는 태도를 보이면 강아지는 금세 흥미를 잃는다. 먼저 놀이 자체에 대한 흥미와 열정을 이끌어낸 후, 그 다음에 천천히 규칙을 가르치는 것이 중요하다.

강아지가 즐겁게 놀이에 몰입할 때, 바로 그 때부터 점진적으로 놀이 규칙을 부드럽게 가르치자. 놀이를 통해 배우는 규칙과 루틴은 일상생활 속에서 보호자가 강아지를 통제하는 데 큰 도움이 될 뿐만 아니라, 위급 상황에서도 효과적으로 대응할 수 있는 토대가 된다. 특히 대형견이나 힘이 센 견종의 강아지에게는 이러한 훈련은 더욱 중요해진다.

예를 들어, 강아지가 성견이 된 후 옆집 고양이를 쫓아가다 차가 많이 다니는 도로로 달려간다면, 혹은 가축이 있는 들판에 풀려있는 상황이라면, 주인이 부를 때 즉시 반응할 가능성은 얼마나 될까? 공을 쫓아 전속력으로 달리는 중에도 멈출 수 없다면 위기 상황에서 통제는 더욱 어려워질 것이다. 또는 터그 놀이 중 장난감을 바로 놓게 하지 못한다면 겁먹은 아이의 털 달린 후드 모자를 강아지가 물고 늘어질 때 억지로 떼어내야 하는 상황을 상상해보자. 얼마나 당황스럽고 위험한 순간이 될 수 있겠는가?

따라서 강아지가 성견이 되었을 때 절대 하지 않기를 바라는 행동이 놀이 중 나타난다면 그 즉시 놀이를 중단해야 한다. 강아지가 성장한 뒤 아이와 노는 모습을 상상해보자. 놀이 도중 장난감 대신 실수로 손가락을 무는 일이 발생한다면 괜찮을까? 줄다리기 도중 장난감을 놓지 않기 위해 아이의 손가락을 물면 얼마나 놀라겠는가. 혹은 강아지가 아이를 향해 전속력으로 달려와 손에 든 장난감을 낚아채려 한다면, 과연 그것이 안전하고 적절한 행동일까?

지금 놀이를 통해 가르치는 모든 것은 미래의 안전하고 예의 바른 반려견을 위한 투자라는 점을 잊지 말아야 한다.

강아지가 놀이 중 바람직하지 않은 행동을 보이면 조용히 장난감을 들고 자리를 떠나 즉시 놀이를 종료해야 한다. 이를 통해 강아지는 곧 어떤 행동이 놀이를 끝나게 만들었는지를 깨닫고 앞으로는 그런 행동을 피할 것이다.

놀이 중 통제용 음성 신호를 가르치는 것은 강아지가 흥분하거나 스트레스를 받는 상황에서도 보호자의 지시에 따를 수 있도록 하기 위함이다. 놀이를 통제할 수 있다는 것은 곧 강아지를 통

강아지는 흥분할 때마다, 이렇게 슬리퍼를 물고 놀듯이 자신이 좋아하는 놀이를 시도하려 할 것이다.

제할 수 있다는 의미다. 처음부터 완벽한 결과를 기대해서는 안 된다. 아직 어린 강아지는 자기 절제를 배우는 데 시간이 걸린다. 긍정적인 접근을 기반으로 한 경험 있는 훈련사의 도움을 받는 것은 훈련을 지속할 동기를 얻고, 효과적인 교육 방법을 익히는 데 큰 도움이 된다.

쫓기 놀이(추격 놀이)

강아지가 성장했을 때, 덩치가 크거나 힘이 세고 빠른 견종일 경우 쫓기 놀이를 제어할 수 있는 능력은 매우 중요하다. 리드줄 없이도 안전하게 활동하려면 보호자가 "기다려"라고 했을 때 강아지가 쫓지 않아야 하고, 이미 추격 중이더라도 "이리 와" 혹은 "멈춰" 같은 지시에 즉시 반응할 수 있어야 한다. 특히 '쫓는 도중 멈추는 행동'은 매우 어려운 훈련이므로 전문가의 도움을 받는 것을 권장한다.

쫓기 전에 기다리기

놀이 중간중간 강아지의 하네스에 짧은 줄을 끼워 양끝을 잡은 뒤, 장난감을 던지기 전 "기다려"라고 말한다. 강아지는 장난감을 쫓아가려 하겠지만 보호자가 줄을 잡고 있으므로 움직이지 못한다. 강아지가 얌전히 기다리는 모습을 보이면 조용히 칭찬해준다.

이후 한쪽 줄을 풀고 "가져와"라는 음성 신호를 준 뒤 장난감을 쫓아가도록 격려한다.

반복 훈련을 할 때 강아지가 곁에서 잘 기다렸다면 줄을 쥔 채로 좋아하는 장난감을 떨어뜨리고 칭찬하고, 그 자리에 머물도록 한다. 이때 강아지는 장난감을 직접 쫓아가는 상황인지, 아니면 보호자 옆에서 받는 상황인지 예측할 수 없게 된다. 이런 방식으로 보호자의 지시 없이는 함부로 움직이지 않도록 훈련하면 어떤 상황에서도 보호자의 신호를 기다리는 습관이 형성된다.

강아지가 보호자의 지시에 따라 안정적으로 기다릴 수 있게 되면 더 이상 줄로 제지하지 않아도 된다. 하지만 상황에 따라 필요하다고 판단될 때는 언제든지 다시 줄을 사용하는 것이 좋다. 단, 제어가 지나치면 놀이에 대한 흥미가 떨어질 수 있다. 강아지가 쫓는 것에 점점 소극적인 기색을 보이면 이 훈련을 너무 반복한 것은

공을 던진 후, 강아지가 흥분해서 달려들지 않도록 목줄에 끼운 줄을 붙잡고 있다가 강아지가 진정하면 쫓아가도 된다는 신호를 준다.

아닌지 점검하고, 장난감을 즉시 쫓게 해주는 기회를 더 자주 제공해야 한다.

이후에는 쫓는 대상의 흥미도를 높여 훈련을 확장해보자. 익숙한 장난감이 굴러가는 상황에서 쫓지 않도록 요구하는 것과 풀밭에서 튀어나온 토끼를 쫓지 않도록 요구하는 것은 전혀 다른 수준의 도전이다. 하지만 흥미로운 쫓기 놀이를 연출함으로써 훈련을 단계적으로 강화할 수 있다. 어떤 방식이 효과적인지는 강아지의 동기부여 요인에 따라 달라지겠지만, 예를 들어 새로운 장난감이나 가장 좋아하는 장난감을 멀리 던지거나, 다른 개나 아이들과 함께 놀고 싶어하는 상황을 연출해두고 그들 사이로 달려가는 대신 '기다려' 신호를 지키게 하는 등 다양한 방식으로 자극적인 상황을 연출해볼 수 있다.

강아지를 관찰하고 상상력을 발휘하면 현실에서 마주할 수 있는 상황을 연습할 수 있는 자극적인 환경을 쉽게 만들 수 있다. 이러한 훈련은 강아지가 흥분 상태에서도 보호자의 지시를 기다릴 줄 아는 태도를 기르는 데 큰 도움이 된다.

물건을 놓지 않는 강아지 훈련법

소유 본능과 관련된 놀이는 대부분 혼자 하는 활동이다. 이 내용이 포함된 이유는, 일부 강아지에게는 장난감을 소유할 시간이 매우 중요하다는 점을 보호자가 인식할 수 있도록 돕기 위해서다. 이러한 특성을 이해하고 장난감을 잠시 혼자 가지고 놀 수 있는 시간을 허용해 주면, 앞으로 그 장난감을 얻기 위해 더 열심히 집중하고 노력하는 태도를 보인다.

장난감을 던지기 전에 강아지에게 몇 초간 '앉아'와 '기다려'를 시키는 것은 자기조절 능력과 바른 예절을 가르치는 데 도움이 된다.

예를 들어, 목양견 계열처럼 추격을 좋아하는 개들은 장난감을 물고 돌아와 보호자 발 밑에 바로 떨어뜨리며 다시 던져 주기를 기대한다. 반면, 장난감을 물고 끝까지 놓지 않으려는 개들도 있다. 이런 경우, 강아지가 원하는 만큼 장난감을 소유하도록 기다려주면 다음에는 더 쉽게 넘겨줄 가능성이 높다. 놀이를 즐기는 모든 강아지에게는 '사람의 손은 빼앗는 것이 아니라 주는 것'이라는 원칙을 가르쳐야 한다.

그래야 장난감을 두고 공격적으로 변하는 행동을 예방할 수 있다(152쪽 참조).

터그 놀이

강아지와 잡아당기기를 할 때는 부드럽게 당겨야 한다. 강아지의 유치가 빠지거나 새 이가 나는 중이기 때문에 거칠게 당기면 입에 상처가 날 수 있다. 대부분은 강아지가 당기는 동작을 하도록 두고 보호자는 장난감을 고정한 채로 잡고 있다가 간혹 장난감을 살짝 당겨 게임에 흥미를 더해주는 역할을 해야 한다. 장난감을 머리 위로 들어 강아지가 스스로 놓을 때까지 버티는 방식은 입을 다치게 할 수 있으므로 피해야 한다.

대신, 보호자는 장난감을 그냥 놓아주고 강아지가 장난감을 가지고 돌아오도록 격려하면서 강아지의 머리와 장난감에 손을 대지 말고 등과 옆구리를 부드럽게 쓰다듬어 준다. 강아지가 진정될 때까지 기다린 후 다시 놀이를 시작한다.

강아지가 너무 흥분하기 전에 놀이를 중단하는 것이 중요하다. 특히 불도그 계열처럼 흥분을 조절하기 어려운 품종은 과도한 흥분 상태에서 자제력을 잃고 장난감 대신 손가락을 무는 실수를 할 수 있다. 초기에는 차분한 놀이를 중심으로 진행하고, 점차 강아지의 자제력이 길러지면 더 활동적인 놀이로 확장해 나간다.

강아지가 장난감과 당기기 놀이에 충분히 흥미를 느끼게 되었을 때는 이제 놀이 중 신호에 맞춰 잡아당기는 것을 멈추도록 가르치는 것이 좋다. 책의 134~135쪽 1단계와 2단계를 따라 진행해보자. 놀이가 더 활발해지면 음성 신호를 점차 사용한다. 먼저 장난감을 몸 쪽으로 끌어당겨 최대한 고정한 상태에서 강아지가 장난감을 강하게 당기고 있을 때 "놔"라는 음성 신호에 반응하도록 한다.

강아지가 바로 장난감을 놓지 않는다면, 흥분이 덜한 타이밍으로 다시 돌아가 훈련 강도를 낮춰 반복하며 점진적으로 난이도를 높여야 한다.

'흔들고 물어뜯기' 놀이

장난감에서 나는 삑삑 소리에 매우 흥분하며 이를 물어뜯고 '죽이려는' 행동을 보이는 개는 본능적인 사냥 욕구가 강한 경우다. 이런 개들은 장난감을 다루는 방식이 실제 사냥 행동을 연상케 하기 때문에 작은 동물이 근처에 있을 때는 각별한 주의가 필요하다. 안전을 위해서라도 작은 반려 동물에게는 별도의 보호 조치를 해주는 것이 좋다.

작고 폭신한 삑삑이 장난감을 가지고 노는 것이 강아지의 사냥 본능을 키운다는 근거는 없다. 사냥 본능은 유전적으로 내재되어 있기 때문에 놀이를 통해 익숙해질 수는 있지만 새롭게 생기는 것은 아니다. 놀이가 끝날 때마다 삑삑이 장난감을 회수하면 장난감의 형태가 더 오래 유지될 뿐 아니라, 강아지가 산책 중 다람쥐 같은 작은 동물을 발견했을 때 주의를 돌리는 데도 활용할 수 있다.

사냥 본능과 관련된 유전자는 보통 생후 6개월 무렵부터 활성화되기 시작하므로 어릴 때는 순해 보이던 강아지도 성장하면서 행동이 달라질 수 있다. 다만, 어릴 때부터 작은 동물과 함께 생활하며 충분히 사회화된 강아지 중에는 이들을 가족 구성원으로 인식하고 해를 끼치지 않으며 평생 잘 지낼 수도 있다. 이런 차이는 양육 방식과 유전적 성향 모두에 따라 달라진다.

그 외 다양한 놀이

강아지가 장난감을 가지고 노는 법을 익히고 나면, 앞으로 함께할 수 있는 놀이는 무궁무진하다. 앞서 소개한 기본 놀이들은 이 장의 마지막에서 다룰 성견을 위한 다양한 활동에 기초가 된다. 이러한 기본 놀이들을 강아지와 보호자의 상황에 맞게 변형하거나 새로운 놀이를 창의적으로 만들어도 좋다. 강아지가 더 학습하고 성장하는 과정 속에서 놀이도 점점 복잡해지며 이는 보호자와 강아지 모두에게 흥미롭고 즐거운 경험이 될 것이다.

주의하세요!

일부 개는 사냥 본능이 매우 강하기 때문에 햄스터, 기니피그, 토끼와 같은 작은 동물과 절대 단둘이 두어서는 안 된다.

신체 활동

앞서 언급했듯이, 장시간 산책은 어린 강아지에게 해로울 수 있다(8장 109쪽 참고). 하지만 그렇다고 해서 강아지에게 필요한 신체 활동이 없는 것은 아니다. 강아지의 몸을 건강하게 하는 동시에, 사고력을 키워주는 활동은 다양하다.

탐색 활동

강아지는 새로운 것을 탐색하는 것을 좋아한다. 안전하게 탐색할 수 있도록 도와주면 강아지의 근력, 균형감각, 자신감이 발달한다. 야외로 데려갈 경우, 차량 통행이나 기타 위험 요소가 없는 장소를 선택하자. 숲은 다양한 냄새와 자연 지형이 있어 강아지가 올라가거나 넘어다니며 탐험하기에 좋다. 공원이나 울타리로 둘러싸인 반려견 전용 운동장도 리드줄 없이 안전하게 탐색할 수 있는 좋은 장소이다. 가능하다면 다양한 장소를 바꿔가며 강아지가 색다른 환경을 경험하게 해주자.

외출이 어렵거나 탐색 활동을 보완하고 싶을 때는 집에서 강아지가 넘거나 밑으로 통과할 수 있는 다양한 장애물, 바닥재, 사물 등을 제공할 수 있다.

다른 사물이나 동물의 냄새를 묻힌 부드러운 천이나 간식을 숨겨두고 찾게 하면 강아지는 더욱 흥미를 느끼게 된다. 여건이 된다면 작은 계단이나 그네, 해먹 등을 안전하게 설치하고 난이도를 약간씩 다르게 하여 도전해보게 한다. 또한 '탐험 코스'를 마당이나 울타리 안에 만들어보자.

이러한 탐험 코스에 강아지를 처음 소개할 때는 어떻게 반응하는지 주의 깊게 관찰한다. 처음에는 숨어 있는 간식이나 냄새 나는 천을 찾아내게 도와주고, 이후에는 질리지 않도록 순서를 바꾸거나 새로운 냄새와 간식을 교체해 다양한 자극을 반복적으로 활용한다.

후각 탐색 산책(Sniffy Walks)

강아지가 모든 예방 접종을 마치고 수의사의 외출 허가를 받은 이후라면 하네스와 리드줄을 착용한 상태로 산책할 수 있다. 이때 강아지의 속도에 맞춰 천천히 진행하는 것이 중요하다. 어떤 강아지는 앞마당이나 문 앞을 벗어나는 것도 망설이는 반면, 어떤 강아지는 자신 있게 거리로 나서려 할 수 있다.

EXERCISE

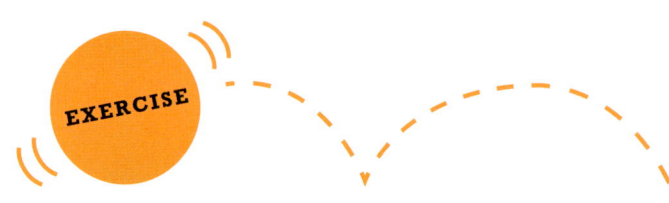

터그 놀이- 음성 신호 "놔!" 배우기

1 두 개의 줄다리기 장난감을 준비하고, 하나는 보이지 않게 둔 채 강아지에게 덜 선호하는 장난감으로 놀이를 유도한다. 장난감은 강아지 머리 높이나 바닥 높이에서 당기는 식으로 몇 초가 놀아준 뒤, 장난감을 몸 쪽이나 다리에 바짝 붙여 최대한 움직이지 않게 단단히 잡는다. 간식을 강아지의 코 가까이에 대면 더 빨리 놓을 수 있지만, 그렇지 않다면 기다려야 한다. 강아지가 장난감을 서서히 놓기 시작하면, "놔!"와 같은 음성 신호를 준다.

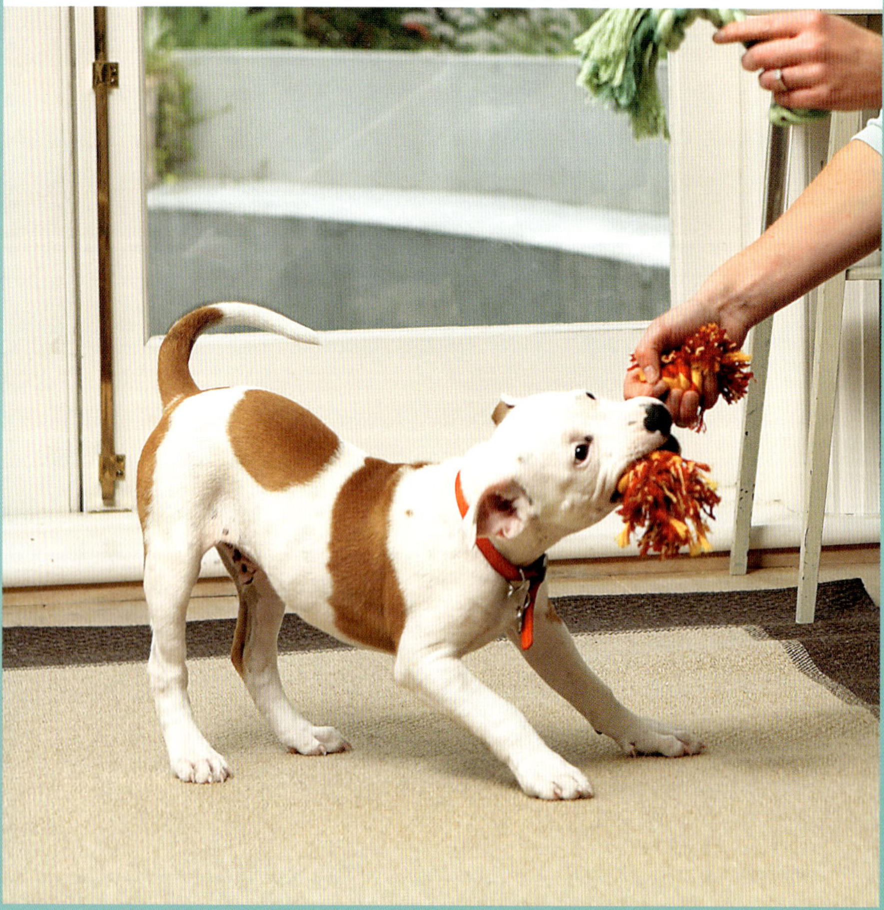

2 강아지가 장난감을 놓으면 간식을 주고 칭찬한 뒤, 좋아하는 장난감으로 다시 놀이를 제안한다. 이 과정을 짧고 자주 반복하면 강아지는 "놔!"라는 음성 신호만으로도 장난감을 놓는다. 장난감을 놓을 때마다 반드시 충분히 보상해 주는 것을 잊어서는 안된다.

3 강아지는 점차 "놔!"라는 명령을 들으면 지금 하고 있는 놀이는 더 이상 재미없어지고, 장난감을 놓을 때는 간식, 보호자의 칭찬, 더 재미있는 새로운 놀이가 주어진다는 것을 배우게 된다. 이런 반복을 통해 강아지는 "놔!"라는 말을 들으면 바로 장난감을 놓는 습관을 익히게 된다.

리드줄을 느슨하게 유지한 채 강아지가 원하는 속도로 걷게 하면 자주 멈춰서서 냄새를 맡을 것이다. 특히, 풀밭이나 나무 밑동, 다른 동물이나 개가 지나간 흔적이 있는 자리에서 더욱 그렇다. 이때는 강아지를 재촉하지 말고, 그가 주변 환경을 충분히 탐색할 수 있도록 기다려주자.

강아지가 몇 시간 전 그 장소에서 무슨 일이 있었는지를 냄새로 알 수 있는 것은 마치 최근에 일어난 일들을 빠르게 편집한 영상을 보는 것과도 같다.

이러한 '후각 탐색 산책'은 보호자에게는 다소 지루하게 느껴질 수 있지만 강아지에게는 바깥 세계를 이해할 수 있는 소중한 기회이며 에너지를 소모하고 마음을 안정시키는 데 매우 중요한 시간이다. 강아지를 데려갈 장소로는 도로나 인도보다는 맡을 수 있는 냄새가 풍부하고 시각적인 자극도 많은 공원이나 시골 지역이 훨씬 적합하다. 넓은 장소에 갈 경우에는 긴 리드줄을 사용하여 강아지가 자유롭게 주변을 탐색할 수 있도록 하자.

산책 중에는 강아지를 방치하거나 휴대전화만 보지 말고 강아지와 함께 있는 시간에 집중한다. 가끔씩 강아지가 무엇을 발견했는지 살펴보거나 다른 방향으로 냄새를 맡아보도록 유도해보자.

산책은 강아지가 혼자 하는 활동이 아니라 보호자와 '공유하는 시간'이 되어야 한다. 상호작용이 오가는 산책은 보호자와 강아지 모두에게 훨씬 더 즐거운 경험이 된다.

워크 트레이닝 산책

강아지는 약 18개월쯤 되어야 신체에 무리가 가지 않는 선에서 오랜 시간 운동을 할 수 있다. 따라서 그 전까지는 장시간의 산책은 피해야 한다. 그렇다고 해서 산책을 하지 말아야 한다거나, 별다른 자극 없이 단순히 걷기만 해야 한다는 의미

풀밭에서 숨겨진 장난감을 찾는 놀이는 개의 타고난 능력을 발휘할 수 있는 활동으로, 그들에게는 쉽고 즐거운 놀이이다.

> ### 산책 중 가능한 활동
> 주변 환경에 맞춰 응용해보자.
> 매번 똑같은 산책일 필요는 없다.
>
> - **탐색 놀이** – 긴 풀밭에 장난감을 숨기거나 산책 중 일부러 떨어뜨린 물건을 찾게 한다.
> - **짧은 훈련 타임** – 간단하고 즐겁게 진행한다.
> - **장난감을 활용한 추격 놀이** – 짧고 재미있게 진행한다.
> - **호출 반응 훈련** – 매번 성공할 때마다 처음처럼 크게 칭찬한다
> - **숨바꼭질** – 한 사람은 숨고 다른 사람이 강아지가 찾도록 유도한다.
> - **주변환경 활용** – 주변의 사물을 넘거나 밑으로 지나가는 등 다양하게 움직이게 한다.
> - **방향 전환** – "이쪽이야!"라고 신호한 후 방향을 바꿔본다. 낯선 개를 멀리서 보았을 때 유용하다.

는 아니다. 오히려 산책 시간 동안 교육적이면서도 정신적·신체적으로 강아지를 자극하는 다양한 활동을 포함시키는 것이 이상적이다.

'워크 트레이닝 산책'은 산책 중에 미리 계획된 다양한 활동을 포함한 산책 방식이다. 산책 전, 어떤 활동을 할지 미리 준비하고 필요한 물품은 주머니나 가방에 챙겨서 나간다.

활동을 재미있다고 만들어주면, 강아지는 산책 중 언제든지 신나는 일이 생길 수 있다는 기대감을 갖고 보호자 곁에 머무는 것이 즐겁다고 느끼게 된다. 이러한 활동은 '후각 탐색 산책'에 자연스럽게 넣어 구성하되, 강아지가 자유롭게 돌아다니며 냄새 맡고 스스로 무언가를 탐색할 수 있는 시간도 반드시 포함해야 한다.

보호자 확인 (CHECK-INS)

어린 강아지는 리드줄 없이 산책할 때 보호자가 여전히 근처에 있는지를 자주 확인하는 경향이 있다. 그러나 이 '체크인' 행동은 강아지가 자라면서 자신감이 생기면 점점 줄어들 수 있으므로

이러한 시선에 의식적으로 보상해주는 것이 좋다. 강아지가 보호자 쪽을 바라보면 가볍게 반응해주거나 이름을 부르고 다가오게 한 다음, 간식이나 놀이로 보상해주자. 이렇게 하면 확인하는 습관이 강화되어 자극이 많은 산책 중에도 보호자와의 연결감을 계속 느낄 수 있다.

강아지는 사회화 과정을 통해 새로운 사람이나 개를 만나는 것에 큰 기쁨을 느끼지만 모든 상황이 반가운 만남으로 이어지는 것은 아니다. 어떤 사람은 개를 무서워하거나 싫어할 수 있고, 어떤 개는 공격적인 성향을 보일 수도 있다. 따라서, 멀리서 사람이나 개가 보이면 강아지가 항상 보호자에게 돌아오도록 가르치는 것이 좋다. 이렇게 하면 강아지가 해당 대상을 만나도 되는지 여부를 보호자가 직접 판단할 수 있다.

이 훈련은 다음과 같이 시작할 수 있다. 멀리서 사람이나 개가 보이면 강아지를 불러 보호자에게 오게 하고, 도착하면 칭찬하고 보상해준다. 만남이 괜찮은 상대라면 그 후 인사를 나누

멀리 사람이나 개가 보일 때마다 강아지가 보호자에게 자연스럽게 시선을 돌려 확인하도록 훈련하고, 그 행동이 몸에 밸 때까지 충분한 보상을 제공한다.

게 하고, 그렇지 않은 경우에는 거리를 유지한다. 처음에는 인사하는 것보다 그냥 지나치는 상황을 더 만들도록 한다. 상대가 지나간 후에는 보호자에게 집중한 것에 대해 간식이나 놀이로 보상해준다.

이 과정을 반복하면, 강아지는 모든 사람과 개에게 달려들기보다는 보호자 옆에서 차분하게 걸으며 상황을 관찰하는 습관을 갖게 된다. 궁극적으로는 사람이나 개가 나타나기만 해도 보호자에게 먼저 돌아오는 습관을 스스로 익히게 될 것이다.

사회화를 위한 외출

사회화 훈련에 필요한 구체적인 내용은 6장(64쪽)을 참고하고, 하루에도 몇 차례 이러한 외출을 실천하도록 하자. 사회화 외출은 강아지에게 새로운 경험을 제공하는 곳이면 어디든 괜찮다. 예를 들어, 친구 집, 기차역, 카페, 어린이 놀이터, 버스 정류장, 반려동물 용품점 등에 데려가는 것도 좋은 방법이다.

다른 새로운 경험과 마찬가지로, 처음에는 일정한 거리를 두고 강아지가 새로운 냄새, 소리, 풍경을 천천히 받아들일 수 있도록 해야 한다. 보호자는 밝고 긍정적인 상호작용을 통해 이 경험을 즐거운 것으로 만들어줘야 한다. 만약 강아지가 불안한 반응을 보인다면 조금 뒤로 물러나 시간을 주자. 외출을 짧고 즐겁게 마무리하고 집으로 돌아와 편히 잠을 자게 하면 꿈을 꾸면서 긍정적인 기억이 자리잡는다.

이러한 외출은 강아지가 주변 환경에 익숙해지게 하고, 보호자와 함께 경험을 공유하면서 관계에 대한 신뢰감도 크게 향상시킨다. 또한 외부 자극은 강아지의 정신적 에너지를 자연스럽게 소모하게 하여 집에서는 더 차분하고 만족스러운 상태로 지낼 수 있도록 만들어준다.

성견을 위한 활동

강아지의 몸이 완전히 성장하는 시기는 약 18개월 무렵으로 그 이전까지는 점프나 장시간 신체활동은 피해야 한다. 이런 이유로 대부분의 반려견 스포츠는 훈련 시작 시기와 대회 출전 가능 연령에 제한을 둔다.

참여할 수 있는 다양한 활동

지역 클럽이나 훈련사 정보는 인터넷을 통해 확인한다.

- Agility
- Bikejoring
- Dog scootering
- Canicross
- Disc dog
- Dog parkour
- Flyball
- Gundog trials – 긍정적 훈련 방법을 사용하는 훈련사를 찾자.
- Heelwork to music
- Herding – Sheepball 또는 Treibball과 같은 동물 복지에 더 친화적인 방식을 추천한다.
- Hoopers – 충격이 적어 강아지, 부상견, 노령견에게 적합하다.
- Mantrailing
- Obedience trials – 긍정적 훈련 방식을 사용하는 훈련사를 찾자.
- Rally obedience
- Scent work
- Tracking
- Water rescue
- Working dog trials

련들은 어릴 때부터 충분히 배울 수 있으며 보호자가 방법을 알고 있다면 바로 시도해볼 수 있다. 그렇지 않다면, 경험 많은 훈련사와 함께 기초 훈련을 잘 다져놓고 이후에 특정 스포츠나 활동으로 발전시키는 것이 이상적이다.

해당 활동을 전문으로 가르치고 행사를 운영하는 클럽이나 협회는 관심 분야가 비슷한 사람들과 어울릴 수 있는 좋은 장소이다. 각 활동마다 참여하는 사람들의 성향은 다르므로 자신과 맞지 않는다고 느껴질 경우 주저하지 말고 다른 활동을 시도해보자. 이런 훈련 활동에 참여하는 것은 재미있고 사교적인 경험이 될 뿐만 아니라, 반려견 훈련에 더 열정을 갖고 꾸준히 이어갈 수 있는 동기가 된다.

단, 참여 활동의 훈련사들이 긍정 강화 방식만을 사용하는지 반드시 확인해야 하며, 만약 훈련 방식이 마음에 들지 않는다면 즉시 중단한다.

어질리티 훈련은 속도감 있고 역동적인 활동으로 개들이 정말 좋아한다.

그럼에도 불구하고 어릴 때부터 기초 훈련을 시작하는 것이 좋다. 어떤 활동이든 기초적인 훈

함께하는 놀이와 활동 139

CHAPTER TEN
입질과 공격성 예방

입질은 강아지에게 흔히 나타나는 행동으로 때로는 꽤 아플 수 있지만 올바른 접근을 통해 보다 바람직한 행동으로 유도할 수 있다. 이 행동이 왜 발생하는지를 이해하는 것이 핵심이며 강아지가 공격적으로 변할 수 있는 다양한 원인을 미리 아는 것도 중요하다. 그래야 문제행동을 예방할 수 있다.

입질

강아지가 처음 집에 올 때는 이미 형제자매견들과 함께 놀던 환경에 익숙해져 있다. 입질이나 몸싸움은 강아지들끼리 자연스럽게 즐기는 놀이 형태다. 강아지가 새로운 집에 적응하고 보호자와 친밀감을 형성하게 되면, 이제 보호자와도 놀고 싶어한다. 하지만 보호자는 몸싸움을 하기에는 몸집이 너무 커서 강아지는 장난을 걸기 위해 손, 팔, 발, 머리카락 등 움직이는 부위를 물며 놀이를 시도할 것이다. 강아지가 활달하고 자신감이 있는 성격일수록 더 적극적으로 표현하는 경향이 있다.

입질의 의도가 공격이 아닌, 보호자와 놀고 싶다는 신호라는 점을 알아두자. 하지만 강아지의 이빨은 작고 날카로운 데다, 일부는 턱 힘도 강하기 때문에 입질은 실제로 통증을 유발하거나 피부에 작은 상처를 낼 수도 있다. 따라서 강아지에게 장난감을 가지고 노는 데 집중하도록 가르쳐야 한다.

강아지와 함께하는 초기 몇 주 동안 시간을 함

크고 부드러운 장난감을 이용해 강아지가 놀도록 유도하고 장난감을 바닥 가까이에서 움직이게 하여 쫓고 잡는 놀이가 더 재미있게 느껴지게 한다.

장난감은 항상 바닥 가까이에서 가지고 놀아야 강아지가 점프하지 않고도 쉽게 닿을 수 있다. 부드럽게 당기고 자주 놔주면서 놀이를 즐기도록 한다.

께 보낼 때에는 크고 부드러운 장난감을 준비해 둔다. 강아지의 손이 닿지 않는 집안 여러 곳에 장난감을 미리 비치해 두자. 특히 외출 후 강아지를 반기는 장소나 놀이와 상호작용이 자주 이루어지는 공간에 두는 것이 효과적이다. 바깥 외출을 시작할 시기에는 훈련용 간식과 배변 봉투를 담은 가방이나 외투 주머니에 적절한 장난감을 하나씩 넣어두는 것이 좋다. 가족 모두가 쉽게 장난감을 꺼낼 수 있는 환경을 만들면 강아지는 입질 대신 장난감으로 노는 방법을 더 빠르게 익히게 된다.

처음 몇 주, 강아지와 교감할 때는 부드러운 장난감을 준비해두고, 입질하려는 행동이 보일 때마다 장난감으로 유도한다. 특히 강아지가 장난기 넘칠 때는 더 주의 깊게 대응해야 한다.

만약 손을 물거나 손가락을 깨물기 시작하면 그 손을 주먹 쥐어 물기 어렵게 만든 후, 다른 손으로 움직이는 장난감을 보여 주어 주의를 다른 곳으로 돌린다.

장난감을 강아지 눈높이에 맞춰 이리저리 움직이거나 흔들고 굴리며 놀이에 흥미를 만들어 준다. 장난감을 멀리 던지면, 어린 강아지는 장난감이 어디로 갔는지 인지하지 못할 수 있기 때문에 바닥에서 움직이는 게 좋다. 처음에는 여전히 손을 물려고 할 수 있지만 계속 유도하면 장난감이 더 재미있다는 사실을 곧 깨닫게 된다. 만약 강아지의 무는 힘이 세거나 피부가 쉽게 다치는 경우에는 가죽 장갑을 잠시 착용한다. 9장(129쪽)에서 제시한 놀이 규칙을 참고하여 일관되게 훈련하면 강아지는 곧 손이 아닌 장난감을 물고 노는 습관을 갖게 될 것이다.

강아지가 장난감으로 놀기 시작하면, 실수로 손가락을 물었을 때 놀이가 즉시 종료된다는 사실도 함께 가르쳐야 한다. 장난감 대신 보호자의 피부를 물 때는 조용히 장난감을 치우고 일어서서 몇 초간 놀이를 중단한다. 강아지가 차분히 기다릴 때에만 놀이를 다시 시작한다. 이런 방식을 통해 강아지는 놀이를 계속하려면 이빨을

놀면서 무는 행동은 강아지가 자라면서 더 큰 문제로 발전할 수 있다. 따라서 무는 행동을 사람이 아니라 장난감에 하도록 유도하는 법을 가르쳐야 한다.

조심히 써야 한다는 점을 빠르게 배우게 된다.

장난감 놀이로 입질을 대체하는 데에는 며칠이 걸린다. 강아지가 나이가 많거나 입질을 오랫동안 해온 경우에는 더 오래 걸릴 수 있다. 더 많은 정보는 오른쪽을 참고하고, 일주일 이상 노력했음에도 개선이 없다면 전문 훈련사나 행동 전문가의 조언을 구하는 것이 좋다 (115쪽 참고).

입질을 계속하는 강아지 훈련법

어떤 강아지들은 입질을 더 강하고 집요하게 하는 경향이 있다. 특히 형제견들과 놀면서 이러한 행동이 자연스러운 놀이로 학습되었거나, 가족 중 일부가 장난으로 물기를 부추겨 비명을 지르며 달아나는 경우 이러한 행동은 더욱 강화된다. 이는 강아지의 흥분도를 높이고 입질 욕구를 키운다. 특히 강아지가 아이들이나 피부가 얇은 노인과 함께 생활하는 경우에는 이 문제를 더욱 시급히 다루어야 한다.

잘못된 놀이 바로잡기

위에서 설명한 방법과 9장(132쪽)의 내용을 다시 시도해보자. 장난감을 활용한 놀이가 무는 것보다 훨씬 더 즐겁고 보람 있는 활동으로 느껴질 수 있도록 해야한다.

무는 것을 방지하기 위해 더 크고 길쭉한 부드러운 장난감을 사용해보자. 바닥을 따라 빠르게 움직이거나 예측 불가능한 방향으로 흔들며 놀이의 재미를 높이고, 놀이 중에는 자유로운 손이나 신체 부위를 최대한 고정하고 움직이지 않도록 주의하자. 필요한 경우 두꺼운 장갑, 청바지, 부츠 등 보호 장비를 착용한다.

또한 강아지가 장난감을 쫓아가고 가지고 있을 수 있는 기회를 자주 주는 것이 중요하다. 놀이 시간은 짧게 제한하고, 강아지가 지나치게 흥분하기 전에 놀이를 종료하여 자제력을 유지할 수 있도록 해야 한다.

놀이 중단하기

이러한 방법으로도 강아지가 여전하다면 강아지의 이가 피부에 닿는 순간 천천히 일어난다. 장난감을 치우고 손이 닿지 않는 곳에 보관하거나 주머니에 넣자. 이때 아무 말도 하지 말고 강아지를 만지지도 않는다. 팔짱을 낀 채 고개를 돌려 사회적 상호작용과 놀이 모두가 끝났음을 명확히 전달한다. 일부 조언처럼 방을 나가라는 말도 있지만 그럴 경우 강아지가 '쫓아가는 놀이'로 인식해 더 흥분하고 보호자가 다른 방에 있으면 학습 기회도 사라지게 된다. 따라서, 그러지 말고 약 1분 정도 지나 강아지가 차분해지면 다시 그의 눈높이에 맞춰 앉아 놀이를 시작한다.

이 과정을 강아지가 사람을 무는 매 순간마다 반복하면 대부분은 며칠 안에 입질이 줄어든다. 이는 사람을 물면 놀이가 끝난다는 것을 금방 배우기 때문이다. 단, 하루에 여러 차례 놀아주는 것이 중요하다. 놀이 시간이 부족하면 강아지는 놀이에 목말라 너무 흥분한 상태가 되어 학습이

생각 없이 무는 습관이 있는 더 큰 강아지들의 경우 실내용 리드줄을 사용하는 것이 도움이 된다. 줄을 조절하면서 강아지가 보호자의 손에 닿지 않도록 제어할 수 있다.

어려워질 수 있다.

일부 강아지는 놀이가 끝난 후에도 스스로를 통제하지 못하고 보호자가 일어날 때 다리나 발을 무는 행동을 보이기도 한다. 이런 경우, 강아지가 흥분하기 전에 놀이를 먼저 중단하고, 몇 분간 진정할 수 있도록 시간을 준 후 다시 놀이를 시작하자. 그래도 아직 흥분한 상태라면 하네스나 목줄에 실내용 리드를 연결하여 보호자가 물리적으로 거리 두기를 할 수 있도록 한다. 이 방법은 강아지가 차분해질 때까지 안전하게 통제하는 데 효과적이다.

실내용 리드줄 사용하기

강아지가 지속적으로 과도한 입질을 할 때, 특히 관심을 끌기 위해, 또는 어린 아이, 노인, 지나갈 때 발을 무는 경우에는 함께 있을 때 항상 하네스나 목줄에 실내용 리즈줄을 연결해 두는 것이 좋다. 입질 행동이 나타나면 이 줄을 이용해 즉시 제지하고 강아지가 진정된 후에는 장난감을 이용한 놀이로 대체해준다.

입질이 특정 시간대나 상황에서 반복적으로 나타난다면, 그 원인이 되는 상황을 미리 예측하고 그 전에 강아지를 제지하는 것이 중요하다. 예를 들어, 학교에서 돌아온 아이들을 보고 흥분해 쫓아다니며 물거나, 보호자가 책을 읽으려고 앉으면 관심을 끌기 위해 무는 경우가 있다. 이럴 땐 아이들이 돌아오기 전 강아지를 반려견 펜스에 넣어두거나 계단 안전문 또는 실내용 리드줄을 활용해 그 행동이 발생하지 않도록 예방한다. 물론, 평소에 충분한 놀이와 자극을 제공하는 것이 중요하다. 자세한 내용은 9장 118쪽을 참고하자.

옷, 발, 발목을 무는 습관 다루기

대부분의 어린 강아지는 발이 눈 앞을 지나가면 장난을 치고 싶은 충동을 느낀다. 특히 치마나 바지가 펄럭일 때, 또는 신나게 뛰어노는 아이들의 발이라면 더욱 그렇다. 이런 자극을 받은 강아지는 종종 달려들어 발목에 매달리거나 물고 늘어지려 할 것이다. 이것은 마치 형제강아지가 옆을 지나갈 때 쫓아가 몸싸움을 거는 것과 비슷하다. 하지만 이러한 입질은 사람을 다치게 하고 넘어뜨리거나 옷을 손상시킬 수 있기 때문에 조기에 중단시켜야 한다.

실내용 리드줄을 하네스나 목줄에 연결해 강아지가 이 행동을 하지 못하도록 제지하자. 강아지가 물기 전에 미리 멈추게 하여 이러한 행동이 재미있다는 것을 아예 배우지 않도록 한다. 두 사람이 함께 있을 때 한 명은 강아지를 붙잡고 있고, 다른 한 명은 천천히 지나가보며 연습한다. 강아지가 반응하지 않고 얌전히 있으면 칭찬과 함께 장난감 놀이로 보상하고, 만약 다시 입질을 시도한다면 걷는 속도를 줄이고 다시 시도하자. 여러 번 반복하다 보면 나중에는 빠르게 걸어도 강아지가 반응하지 않을 것이다.

또 다른 방법은 집 안에서 사람들이 자주 지나다니는 곳에 펜스를 설치하는 것이다. 강아지가 펜스 밖으로 나갈 수 없기 때문에 움직이는 발을 자주 보게 되고 점차 적응해 나간다. 동시에 사람들이 장난감을 꺼낼 때만 놀이가 시작된다는 점도 학습하게 된다.

강아지의 입질 욕구를 줄이기 위해서는 다양

장난감을 가지고 사람과 노는 즐거움을 배운 강아지는 대체로 사회성이 더 뛰어나며 보호자와의 유대감도 더 강하다.

한 욕구가 충분히 충족되고 있는지 확인한다. 충분한 놀이 시간과 함께, 냄새 맡기 활동과 같은 차분한 놀이가 적절히 제공되어야 한다(9장 118쪽 참고).

'아야!' 소리 지르기와 얼굴 물기에 대처하기
어린 강아지에게 '아야!' 하고 소리를 지르거나 고함을 지르는 방식은 효과적인 훈육법이 아니다. 대부분의 어린 강아지들은 이와 같은 의사소통 방식을 이해하지 못하며, 큰 소리를 낼 경우 놀람과 공포감이 커진다. 이러한 방법을 자주 사용하면 강아지가 큰 소리 자체를 무서워하거나 소리를 지른 사람에 대한 두려움을 가질 수 있어 오히려 역효과를 낳는다. 또 어떤 강아지들은 소리에 더 흥분해 입질이 더 심해지는 경우도 있다.

단, 얼굴을 무는 것만큼은 예외다. 얼굴에 난 물림 상처는 흉터가 크게 남을 수 있고 위험하기 때문에 강아지가 절대 얼굴에 이빨을 대지 않도록 확실히 가르쳐야 한다. 강아지와 놀 때는 얼굴이 가까워지지 않도록 주의하고, 긴 머리는 묶어 강아지가 입으로 잡으려다 실수로 얼굴을 무는 일이 없도록 하자. 놀이 중 실수로 얼굴을 물린 경우에는 당신이 상처받고 화가 났다는 것을 목소리의 어조로 명확히 표현하고, 자리를 피하거나 일어나선다. 이후 관계가 회복될 수 있도록 일정 시간이 지난 후 다시 친근하게 다가가 관계를 회복해 준다.

놀이 중이라 해도 강아지의 얼굴에 입김을 불거나 얼굴을 향해 물거나 덤비게 만들 수 있는 행동은 절대 삼가야 한다. 이러한 행동은 강아지가 자라면서 절대로 익혀서는 안 되는 행동을 학

강아지는 종종 '5분 간의 폭주' 시간을 보낸다. 이때 과도한 에너지를 발산하고 온몸의 근육을 사용하는 것으로 알려져 있다.

습하게 만드는 계기가 될 수 있다.

보호자와의 관계가 깊어질수록 강아지는 자신의 욕구뿐 아니라 보호자의 감정도 점점 고려하게 된다. 이 시점부터는 보호자가 상처를 입었거나 기분이 나쁘다는 감정을 표현하면 이해하기 시작한다. 보통 관계가 잘 형성된 강아지는 보호자가 속상해하는 모습을 싫어하기 때문에 이러한 감정을 이용해 행동을 교정하기도 한다. 다만 이러한 방식은 자주 사용하기보다는 강아지가 장난스럽게 보호자에게 달려들다 실수로 다치게 한 경우 등에 한해 제한적으로 사용하는 것이 좋다.

감정은 과하지 않게 실제 상처받은 만큼만 표현하고 금방 넘기는 것이 좋다. 그 다음에는 바로 강아지가 성공과 칭찬을 받을 수 있는 행동으로 전환해주는 것이 바람직하다.

사람과의 거친 놀이

모든 어린 동물에게 놀이는 기술과 전략을 배우는 중요한 과정이다. 강아지 역시 놀이를 통해 많은 것을 학습한다. 어릴 때 배운 기술은 성견이 되어 실전 상황에서 그대로 활용된다. 반려견이 사람을 무는 법을 배우지 못하게 하고 싶다면, 설령 나중에 필요하다고 느낀다 해도 어릴 때 그런 걸 가르쳐서는 안 된다. 사람을 물 필요가 없다는 점을 가르치는 것도 중요하지만(140쪽 참고), 애초에 입질 기술 자체를 학습하지 않도록 하는 것이 더 좋다.

따라서 사람과 노는 법을 가르칠 때 입질이나 몸싸움 형태의 자연스러운 놀이를 그대로 받아주는 것은 바람직하지 않다. 어린 시절에 팔이나 다리를 무는 거친 놀이를 격려 받은 강아지는 이러한 기술에 익숙해진다. 이는 스트레스나 흥분 상태일 때 반사적으로 나올 수 있고, 온순했던 개조차도 특정 상황에서 – 사고로 부상을 입고 큰 통증을 겪고 있을 때와 같이 – 사람을 물 수 있다. 개가 사람을 무는 방법을 잘 알지 못하면 그만큼 물릴 가능성도 줄어든다.

'5분 간의 폭주(Mad five minutes)'

강아지들은 간혹 꼬리를 몸 아래로 말고 마치 지옥에서 튀어나온 사냥개처럼 이리저리 미친 듯이 뛰어다닌다. 이는 일종의 스트레스를 해소하는 행동으로 지극히 정상적인 반응이다. 그렇다 해도 이 때 용납할 수 없는 것은 가족을 향해 달려들며 무는 행동이다. 그런 일이 발생한 경우, 보호자가 즉시 방을 나가거나 강아지를 다른 방으로 보내 혼자 있도록 해야 한다. 이런 대응은 그런 행동이 기대하던 관심을 얻는 수단이 아니라는 것을 가르친다.

그럼에도 불구하고, 해당 행동을 계속 하면 강아지가 신체적·정신적으로 에너지를 충분히 발산하고 있는지, 장난감 놀이가 적절히 이루어지고 있는지 다시 확인하고, 필요시 놀이 횟수를 늘려야 한다. 또한 사람과의 놀이가 물기나 으르렁거림 없이 부드럽고 바람직한 방식으로 이루어지고 있는지도 점검해야 한다.

공격성 예방하기

공격적인 행동은 한번 학습되면 교정하는 데 많은 시간과 노력이 필요하므로 강아지가 어릴 때부터 '공격적인 행동은 효과적이다'라는 경험 자체를 하지 않도록 예방하는 것이 가장 현명하다.

이를 위해서는 강아지들이 불편해하는 상황을 대비하는 것이 핵심이며, 아래 제시된 정보들을 바탕으로 그런 상황을 받아들이고 심지어 즐길 수 있도록 훈련해야 한다. 또한, 평생에 걸쳐 두려움의 신호(31쪽 참조)를 관찰하고, 몸을 웅크리거나 으르렁거리는 등 경고 신호를 무시하지 말자. 무엇보다 강아지의 불안감을 해소할 수 있는 방법을 찾아야 한다.

개가 무는 이유

강아지는 보통 생후 7개월이 될 때까지는 잘 물려고 하지 않는다. 그 이전에는 대부분 자신의 능력에 대한 확신이 부족하고 도망치거나 복종하는 행동으로 상황에 대처하려 한다. 단, 극도로 두렵거나, 혹은 유전적으로 매우 반응성이 높은 성향을 타고난 경우에는 예외적으로 진지하게 무는 행동을 보이기도 한다.

강아지가 청소년기에 접어들어 자신감과 경험이 쌓이기 시작하면, 문제 해결 수단으로 공격성을 사용할 가능성이 커진다. 많은 보호자들이 강아지가 커서 공격적 행동을 보이기 전까지는 문제의 조짐을 알아차리지 못한다. 그러나 개가 왜 무는지를 이해하고, 초기 신호를 주의 깊게 관찰하며 개가 스스로 문제를 해결할 필요가 없는 환경을 만들어준다면, 강아지가 성견이 되었을 때 공격적으로 변할 가능성을 크게 줄일 수 있다.

많은 사람들은 개가 아무 이유 없이 무는 것처럼 생각하고 개는 원래 그런 동물이라고 여긴다.

하지만, 사실 대부분의 개는 놀라울 정도로 참을성이 있고 정당한 이유 없이 심각하게 공격적인 행동을 보이지는 않는다. 대부분 개의 공격성은 스트레스 상황에서 벗어날 다른 방법이 없을 때 나오는 마지막 수단이다. 개가 스스로 벗어날 수 없는 곤란한 상황에 놓였을 때 자신의 불편함을 말로 표현할 수도, 도움을 요청하는 메시지를 보낼 수도 없다. 개가 의사 표현을 할 수 있는 유일한 수단은 몸짓 언어뿐이다. 그러나 많은 사람들이 이를 읽는 방법을 모르기 때문에 개의 신호를 무시하곤 한다. 상황이 더 악화되면, 결국 개는 문제를 해결할 마지막 수단으로 결국 공격성을 사용할 수 밖에 없다.

많은 개들이 물기 전에 으르렁거리거나 이를 드러내는 등의 경고 신호를 보낸다. 하지만 안타깝게도 보호자들은 이때 대부분 개를 혼내거나 공격적으로 대응하면서 그런 행동을 하지 못하게 하려 한다. 개가 불편하다는 신호를 보내고 있다는 사실을 깨닫기보다 그 행동 자체를 억제하려 드는 것이다. 문제는 이런 경고 행동을 하지 못하게 하면, 개는 더 이상 으르렁거리거나 이를 드러내지 않고 아무 조짐도 없이 바로 물어버린다. 위험한 상황을 초래하지 않도록 개가 으르렁거리거나 불편한 신호를 보일 때는 벌하지 말고, 그 신호에 귀를 기울여야 한다. 이를 통해 개가 느끼는 스트레스를 줄여줄 방법을 모색하는 것이 더 중요하다.

견종의 특성과 어린 시절의 경험에 따라 공격성에 반응하는 임계치가 크게 달라진다. 어떤 개는 상당한 자극을 받아야 물지만, 어떤 개는 훨씬 더 민감하게 반응한다. 하지만 어떤 종류의 개든 공격을 가볍게 사용하지는 않으며, 개에게

몸을 옆으로 틀고 낮추어 머리와 눈을 다른 방향으로 돌리는 자세는 수줍은 강아지가 다가올 수 있도록 도와주는 방법이다. 그러나 이 방법은 이미 공격성을 보이거나 나이가 많은 개에게는 하지 않는 것을 권장한다.

도 공격은 심리적으로 큰 불편함과 스트레스를 유발한다. 다만, 스트레스 상황이 반복되면 공격적인 행동을 통해 문제를 해결하는 데 점점 능숙해진다.

트리거 누적(Trigger stacking)

사람과 마찬가지로, 강아지도 다양한 스트레스 요인이 쌓일 수 있다. 예를 들어, 강아지가 몸이 좋지 않아 평소보다 짜증이 나 있는 상태라고 해보자. 여기에 아침의 동물병원 방문, 시끄러운 음악, 북적이는 집안 분위기, 그리고 낯선 아이가 다가와서 만지려는 상황까지 겹친다면, 평소에는 없었을 으르렁거림이나 물기 반응이 나타날 수 있다. 이때는 강아지가 지난 48시간 동안 어떤 일을 겪었는지 신중히 살피고, 충분한 휴식과 회복 시간을 주는 것이 중요하다.

강아지가 지나치게 과격한 놀이나 놀라거나 극도의 흥분을 유발하는 상황을 겪고 나면 심장이 빠르게 뛰고 아드레날린이 분비되면서 공격성이나 물기 행동을 보일 가능성이 높아진다. 예를 들어, 산책 중 다른 개가 대문 너머에서 갑작스럽게 짖으며 달려드는 상황이 이에 해당할 수 있다.

또한, 가족 구성원 중 누군가가 불안해하거나 흥분해 있는 것도 강아지에게 영향을 미칠 수 있다. 이러한 긴장감은 이미 긴장하거나 흥분 상태의 개를 감정의 임계치까지 몰고 가서 그 결과 공격성을 보일 수 있다.

강아지가 과도하게 흥분해 있는 상태에서는 물기 행동이 나타날 수 있다는 점을 이해하고, 감정이 진정될 때까지 위험한 상황을 피하게 해

문 앞에서 짖는 것과 같은 영역 행동은 일반적으로 강아지가 자신감을 얻고 청소년기를 지나 성숙해지기 시작하면서 나타나기 시작한다.

주는 것이 중요하다. 조용하고 안정된 환경에서 시간을 보내게 하면 마음이 진정되어 다시 평정심을 찾을 것이다.

사람을 향한 공격성

사람을 향한 공격성은 다양한 원인에서 비롯된다. 이를 예방하는 핵심은 가능한 모든 원인을 파악하고, 강아지가 일상생활에서 당황하거나 위협을 느끼지 않도록 세심하게 보살펴 주는 것이다. 그래야 강아지가 물어야 할 이유 자체가 생기지 않게 된다.

두려움에 의한 공격성

강아지와 성견이 사람을 무는 가장 흔한 이유는 바로 두려움 때문이다. 그 대상이 낯선 사람일 수도 있고, 익숙한 사람일 수도 있다. 개들은 종

종 스스로 '물 수밖에 없는 정당한 이유'가 있다고 느끼는 경우가 많지만, 실제로는 두려워하지 않아도 되는 경우가 많고, 대개는 감당할 수 있는 수준을 넘어섰을 때 그런 행동을 보인다. 반드시 사람에게 고통스럽거나 무서운 경험을 겪은 적이 없더라도 사람을 두려워하는 경우는 많다. 특히 사회화가 제대로 이루어지지 않은 개는 단지 다양한 사람을 어릴 때부터 충분히 만나지 못했다는 이유만으로도 두려움을 느낀다.

공포로 인한 공격성을 예방하기 위해서는 사회화, 불쾌한 경험에서 보호, 긍정적인 훈련과 교육 방식이 핵심이다. 강아지가 명백히 불편해하는 상황에 억지로 밀어 넣거나, 작고 가볍다는 이유로 쉽게 들어 올리거나 끌고 가는 행동은 삼가야 한다. 강아지가 스스로 용기를 내서 다가가고 탐색할 수 있도록 시간을 주고 놀이와 간식을 활용하여 그 과정이 즐겁도록 만들어줘야 한다. 리드줄에 묶인 상태이거나 구석에 몰려 있어 도망칠 수 없는 상황이라면, 두려움의 원인을 제거해 주어야 한다. 공격적인 행동으로 문제를 해결하는 방법을 배우지 않도록 해야 한다. 보호자로서의 책임은 강아지를 위험에서 보호하고 어려운 상황에서 구해주는 것이다. 때로는 강아지에게 호의적으로 다가오는 사람의 과한 관심도 정중하게 자제를 요청해야 하는 것도 보호자의 역할이다.

가정 내에서 강압적인 방식이나 체벌로 훈련하려는 사람은 강아지에게 신뢰받기 어려운 대상이다.

강아지를 괴롭히는 아이들도 마찬가지여서, 개가 자신을 방어해야 한다고 느끼는 상황에서 대응 방식으로 공격적인 행동을 선택할 수도 있다.

어린 강아지일 때는 대체로 도망가거나 보호자 뒤에 숨어서 두려운 상황을 피하려 한다. 하지만 반응성이 높은 기질을 가진 강아지는 일찍 물기 시작할 수 있다. 강아지가 성장하면서 자기 방어 능력에 대한 자신감이 생기고, 특히 스트레스 상황에서 도망칠 수 없다는 것을 학습하게 되면 으르렁거리거나 이빨을 드러내는 위협 행동을 사용하기 시작한다. 이 방법이 효과적이라는 걸 경험하면 공격성은 점점 더 강화될 것이다. 만약 이런 경고 신호가 무시되거나 상황이 급격히 악화되면 허공에 입질을 하거나 실제로 무는 행동까지 이어질 수 있다.

겁이 많은 강아지일수록 거리 유지가 매우 중요하다. 강아지가 불편한 신호를 보이기 시작하면 즉시 두려워하는 대상에서 멀어지게 해야 한다. 스스로 다가갈 수 있도록 시간과 공간을 주고 강아지를 강제로 밀어붙이지 말아야 한다. 스트레스가 많은 상황에서는 강아지를 그 자리에서 벗어나게 하고 낯선 사람이나 개들, 호의적인 사람들조차 일정 거리 이상 접근하지 않도록 전략을 세우는 것이 좋다. 강아지가 안전하고 즐거운 방식으로 교류할 기회를 갖도록 해주자. 필요하다면 조기에 전문가의 도움을 받는 것이 바람직하다.

어쩔 수 없이 겪게 되는 부정적인 경험은, 반드시 같은 상황에서 긍정적인 경험을 여러 번 제공하여 좋은 영향으로 상쇄시켜야 한다. 강아지가 모든 사람을 간식을 주고 같이 놀아 주는 즐거운 존재라고 생각하게 만들면 위협적인 행동으로 사람들을 배척하고 싶어 하지 않을 것이다. 이러한 방식으로 사회화 경험을 쌓는 방법은 6장 '사회화'(64쪽)에서 확인할 수 있다.

아이를 향한 공격성

아이를 향한 공격성도 대개 공포에 기반한다. 특히 유아기 아동은 강아지에게 성인과는 매우 다른 존재처럼 보일 수 있고, 그 자체로 위협적으로 느껴질 수 있다. 다양한 연령대와 유형의 아이들과의 풍부하고 긍정적인 사회화 경험이 문제를 예방하는 가장 좋은 방법이다.

강아지가 여러 유형의 아이들과 즐거운 만남을 충분히 경험했다면, 간혹 발생하는 불쾌한 상황도 큰 위협으로 인식하지 않고 넘길 수 있다. 사회화가 잘 이루어진 강아지는 대부분 한두 번의 나쁜 경험으로 인해 바로 공격적으로 변하지는 않는다. 만약 강아지가 아이를 두려워하는 듯한 행동을 보이거나 이미 불쾌한 경험을 한 적이 있다면, 가능한 한 이른 시기에 행동 전문가의 도움을 받는 것이 중요하다(115쪽 참고).

영역성 공격성

영역성 공격성은 두려움으로 인한 공격성의 한 형태이다. 개는 자기 영역 안에서는 다른 장소보다 잠재적인 위협을 제거하는 데 훨씬 더 자신감을 보인다. 자신의 '홈 그라운드'에 있다는 것은, 그 공간 내 자원을 방어하려는 동기 또한 더 강하게 작용한다는 뜻이다.

하지만 개가 방문자를 내쫓으려 하는 것은 어디까지나 그들을 위협적인 존재로 인식했을 때이다. 충분한 사회화가 이루어진 강아지는 방문자를 반가운 존재로 인식하고 기쁘게 맞이한다. 물론 경고하려고 짖을 수는 있다. 특히 경비견 품종의 성숙하고 자신감 있는 개는 수상한 행동

소유물에 대한 집착이 강한 개는 위협적으로 느껴질 수 있으며, 때로는 가족이나 방문객에게 심각한 부상을 입힐 수도 있다.

을 하는 사람으로부터 자신의 영역을 방어하려는 본능이 강하게 나타난다.

개의 관점에서 택배 기사나 배달원들은 '수상하게 행동하는 사람'처럼 보일 수 있다. 이들은 개가 가장 자신감을 느끼는 영역 안으로 들어올 뿐만 아니라, 소포를 들거나 우편함을 여는 등의 '이상한 행동'을 하고, 개가 짖기 시작하면 '도망치는' 것처럼 자리를 떠난다. 이런 상황은, 특히 사회화가 부족한 경비견 품종의 개, 반응성이 높을 기질의 개, 처벌 중심으로 길러졌고 최근 위협적인 경험이 누적된 개에게는 공격 행동의 계기가 될 수 있다. 택배 기사가 떠날 때 등 뒤를 보인 순간 물리는 사고는 실제로 자주 발생한다.

이러한 사고를 예방하기 위해서는 강아지가 성숙해질 때까지 자주 그들을 만나게 해주는 것이 중요하다. 시간이 허락된다면 택배 기사가 강아지에게 간식을 주거나 장난감을 던져주는 것도 좋다. 강아지를 좋아하지 않거나 그런 상호작용을 원치 않는 사람도 있으니 그들의 의사도 존중해야 한다. 하지만 많은 택배 기사들은 차라리 강아지와 친구가 되는 편이 훨씬 낫다고 느끼기 때문에 흔쾌히 도와주는 경우가 많다. 이러한 노력이 나중에 누군가 문 앞에 왔을 때 경고로써 짖는 것을 멈추게 하지는 않겠지만, 택배 기사에 대해 불안해하거나 공격적인 태도를 보이는 것은 막을 수 있다.

차 안에서의 공격성

공간이 작고 경계가 명확한 영역은 방어하기가 더 쉽다. 이것은 일부 개들이 자동차 안에서 공격적으로 변하는 이유 중 하나다. 이 행동 역시 두려움에서 비롯된 것이다. 차 내에서는 탈출한 방법이 없기 때문에 잠재적인 침입자를 위협하여 멀리 하려는 것이다. 자동차는 작고 방어가 쉬운 공간으로 개가 그렇게 행동할 자신감을 갖는다. 이 경우에도 예방 방법은 적절한 사회화에 있다. 다양한 사람을 미리 접하고 두려움을 느끼지 않도록 하면 자동차 안에서 누군가 접근하더라도 위협으로 느끼지 않을 것이다.

소유욕에 의한 공격성

음식이나 장난감, 물건에 대한 소유욕으로 인한 공격성은 이른 시기에 개입하면 빠르게 예방할 수 있다. 어릴 적, 한 마리씩 따로 먹이를 받아먹었고, 탐색하거나 가지고 놀 수 있는 물건이 충분히 주어진 상태에서 자랐다면 이러한 문제는 덜 발생한다.

반대로, 한 그릇을 서로 경쟁하듯 먹어야 했거나 장난감 등 소유물을 놓고 싸워야 했던 강아지들은 일찍부터 자기 것을 지키려는 방어 행동을 학습하게 되어 문제 해결이 좀 더 까다로워질 수 있다.

먹이에 대한 공격성은 중요한 자원을 보호하

> **주의하세요!**
>
> - 강아지가 이미 공격적인 행동을 보이고 있다면, 물림 사고를 방지하기 위해 숙련된 행동 전문가의 도움을 받아야 한다(115쪽 참고).

다른 강아지들과의 놀이 시간은 짧고, 친근하며 너무 거칠지 않아야 한다.

려는 본능에서 비롯된다. 이는 자연스러운 행동이지만, 사람과 함께 살아가는 반려견에게는 용납될 수 없는 행동이다. 이것은 무리 내 서열과 관련된 문제는 아니다. 실제로 사람 없이 사는 개 무리 안에서도 서열이 낮거나 나이가 어린 개가 서열이 높은 개에게서 음식을 지키려는 행동은 흔히 나타난다. '한번 가지고 있으면 그건 내 것이다'라는 소유의 법칙이 작용하는 것이다.

과거에 배고픈 경험이 있는 개일수록 음식에 대한 소유욕과 공격성이 더 강하게 나타나는 경향이 있다. 이들은 생존을 위해 먹이를 확보하고 방어하는 방식을 학습해왔다. 강아지가 자신이 얻은 것을 지키기 위해 으르렁거리거나 물려고 하는 행동에 보호자가 벌을 주는 방식으로 대응하면 먹이나 물건에 대한 공격성은 빠르게 악화될 수 있다.

먹이에 대한 공격성을 예방하기 위해서는 사람이 강아지에게 다가오는 것은 먹이를 뺏으려는 것이 아니라 더 맛있는 것을 주려는 점을 강아지에게 가르쳐야 한다(154~155쪽 참고). 강아지가 이렇게 학습하면, 보호자의 접근을 경계하거나 방어하려 하지 않고 오히려 반가워하게 된다.

뼈와 씹는 간식

뼈나 씹는 간식과 관련해서도 같은 방식의 교육이 필요하다(156~157쪽 참고). 이 훈련을 할 때에는 뼈나 간식을 가져간 뒤, 반드시 다시 곧바로 돌려주는 방식으로 진행해야 한다. 이 과정을 통해 강아지는 보호자를 신뢰하게 되고, 보호자로부터 그것을 지킬 필요가 없다는 것을 배운다. 가족 누구든 강아지가 뼈나 간식을 씹고 있을 때 다가가도 저항이나 불신의 신호 없이 편안하게 받아들일 수 있도록 훈련해야 한다. 특히 어린 자녀가 있는 경우, 반드시 보호자가 옆에서 상황을 잘 감독해야 한다. 강아지에게 줄 재미있고 맛있는 간식이 있는지, 그리고 강아지가 이 경험을 즐기고 있는지를 확인한다. 또 아이들에게는 다른 개가 씹고 있는 뼈나 간식에 가까이 가지 말아야 한다는 점을 반드시 교육해야 한다.

장난감과 그 외 물건들

비슷한 방식으로 강아지가 가지고 노는 장난감을 보호자가 가져가도 불안해하거나 화내지 않도록 훈련할 수 있다. 처음에는 항상 더 나은 것을 제시하여 교환하자. 예를 들어, 더 맛있는 간식이나 더 재미있는 장난감으로 하는 놀이 등이

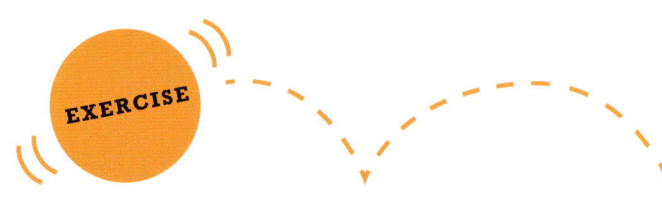

먹이에 대한 공격성 예방 훈련

1 강아지의 사료를 큰 그릇에 담고, 이름을 부른 다음 그릇을 내려놓고 한 걸음 물러서서 강아지가 먹게 한다.

2 강아지가 마지막 한 입을 먹을 즈음, 앞으로 다가가 사료를 조금 더 담고 다시 뒤로 물러난다. 강아지가 먹는 동안, 앞으로 나아가 닭고기, 간, 기름기 있는 고기 조각 등 맛있는 간식을 그릇에 몇 개 떨어뜨리고 다시 뒤로 물러선다.

3 이 과정을 여러 번 반복한다. 그러면 강아지가 사료를 먹는 동안에도 보호자가 다가오면 더 맛있는 것을 기대하며 고개를 들어 쳐다보게 된다.

4 강아지가 보호자가 다가가는 것에 완전히 편안해 할 때 강아지는 보호자가 음식을 넣을 수 있도록 한 걸음 물러설 것이다. 이번에는 간식을 손바닥에 숨기고, 손을 그릇 안으로 천천히 넣어 손을 펴서 강아지가 그것을 먹을 수 있도록 한다. 단, 강아지가 물러났을 때에만 이 행동을 수행한다. 이 과정을 여러 번 반복한 후에는 강아지가 나머지 식사를 마칠 수 있도록 그냥 둔다.

5 충분히 반복한 끝에 강아지는 보호자가 다가오는 것을 보면 고개를 들고, 한 걸음 물러서서 꼬리를 흔들 것이다. 이러한 반응이 나타나면 가끔은 그릇을 들어서 맛있는 간식을 몇 개 넣은 뒤 다시 내려놓는다.

6 강아지가 1~5단계까지의 과정을 통해 가족 모두가 밥그릇에 다가오는 것을 편안하게 받아들이게 되면, 강아지가 아직 어릴 때 다른 사람들도 이 과정을 해보도록 한다. 누군가 그릇에 다가오면 고개를 들어 꼬리를 흔들며 기대하는 반응을 보일 때까지 매일 연습한다. 그런 다음, 일주일에 몇 차례 정도로만 횟수를 줄인다.

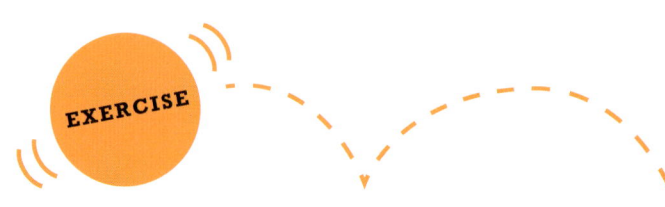

뼈와 씹는 간식 훈련법

1 강아지에게 흥미가 낮은 씹는 간식을 주고 조금 지루해질 때까지 혼자 있게 둔다. 그 후, 맛있고 냄새가 강한 간식 조각을 손에 들고 차분하고 자신감 있게 다가간다. 만약 강아지가 이미 씹는 간식이나 소유물에 대해 공격성을 보인다면, 이 방법을 시도하기 전에 전문가의 도움을 받는 것이 좋다.

2 강아지가 손에 든 간식 냄새를 맡고 흥미를 보이면, 씹는 간식에서 눈을 떼고 간식 조각 쪽으로 시선을 유도한다. 강아지가 간식을 핥는 데 집중하고 씹는 간식을 보지 않게 되었을 때 다른 손으로 씹는 간식을 들어올린다.

3 간식을 강아지에게 먹인 뒤, 바로 씹는 간식을 다시 돌려준다.

4 1~3단계를 여러 번 반복하면, 강아지는 보호자가 다가올 때 간식을 기대하며 시선을 들게 된다. 이 과정은 씹는 간식을 지키려는 행동이 아니라, 더 좋은 것을 받을 수 있다는 기대감으로 연결된다. 성숙할 때까지 항상 더 나은 보상으로 교체해주는 습관을 들이면 강아지는 씹는 간식이나 뼈에 대해 공격성을 보이지 않게 된다. 이 모든 단계는 장난감이나 뼈를 가지고도 반복해야 한다.

있다. 강아지가 성장함에 따라 보상의 빈도나 강도는 점차 줄이되, 항상 뭔가 좋은 것을 줄 수도 있다는 기대감은 유지해주는 것이 중요하다. 이러한 과정을 통해 강아지는 보호자가 뭔가를 가져가더라도 기꺼이 받아들이는 태도를 배우게 되며 피하거나 도망쳐서 물건을 못 가져가게 하는 행동을 하지 않게 된다.

사람에게 향하는 통증 유발성 공격성

개는 통증을 느끼고 있을 때 사람이 다가오면 물 수 있다.

사람은 개를 도우려는 의도로 접근하겠지만 그 과정에서 일시적으로 통증을 줄 수 있고 그 고통을 멈추게 하기 위해 공격적인 반응을 보이기도 한다. 이를 예방할 수 있는 방법은 강아지가 아프거나 다치지 않도록 예방에 힘쓰고, 정기적으로 진료를 받게 하는 것이다. 물론 좋은 보호자라면 누구나 이를 실천하려고 할 것이다. 또한 일상적인 접촉 훈련과 그루밍 습관을 통해 사람에 대한 신뢰를 쌓는 것도 매우 중요하다. 서로 간 신뢰가 있으면 예기치 않은 사고나 응급 상황에서도 강아지가 보호자의 도움을 더 쉽게 받아들이게 된다. 응급 상황 시 입마개를 착용해야 할 수도 있기 때문에 입마개에 익숙해지도록 미리 훈련해 두는 것도 도움이 된다(177쪽 참고).

추격 공격성

어린 강아지에게서 자동차나 큰 소리가 나는 물체, 또는 뒤에서 갑자기 나타나거나 튀어나오는 대상에 대해 보이는 추격 공격성은 종종 두려움에서 비롯된다.

리드줄을 착용한 성견들 사이에서 발생하는 공격성은 흔한 문제로, 주로 두려움이나 초기 사회화 부족에서 비롯된다. 이를 예방하려면 리드줄을 맨 상태에서 마주보게 하지 말고 친화적인 개들과 긍정적인 만남을 자주 경험할 수 있도록 기회를 제공해야 한다.

쉽게 흥분하고 반응이 빠른 강아지들은 그런 무서운 대상이 다가왔을 때 짖거나 달려들며 쫓아내려는 행동을 보이게 되며, 특히 리드줄에 묶여 있어 스스로 그 상황에서 벗어날 수 없는 경우 이런 행동이 두드러지게 나타난다.

강아지가 빠르게 움직이는 물체에 대해 불안을 보인다면, 더 멀리 떨어져 그 물체를 편안한 거리에서 관찰할 수 있는 장소를 찾아야 한다. 장난감이나 간식으로 긍정적인 연관을 형성해 주면서 강아지가 받아들일 수 있는 속도에 맞춰 천천히 거리감을 줄여 나가자. 행동이 개선되지 않는다면 전문가의 도움을 받는 것이 좋다(115쪽 참조).

또 다른 형태로, 추격 공격성은 강아지가 자신의 '쫓고자 하는 본능'을 해소할 수 있는 대상인 조깅하는 사람, 자동차, 자전거를 탄 사람 등을 찾았을 때 발생하기도 한다. 이 경우에는 추격하는 행위 자체가 강아지에게 보상이 되기 때문에 그저 대상을 따라 달리는 것만으로도 흥분이 유발되고 행동이 강화된다. 대부분은 움직임이 멈추면 강아지도 멈추지만, 때로는 대상의 움직임을 멈추게 하기 위해 덮치거나 물려고 하는 경우도 있다. 일단 쫓기거나 붙잡히면 겁먹은 강아지는 공격적으로 변할 수 있고, 어떤 경우에는 조깅하는 사람이나 자전거 탄 사람이 강아지를 밀치거나 발로 차기도 한다. 이러한 일이 몇 번만 반복되어도, 강아지는 먼저 물어야 안전하다고 학습하게 되어 추격 대상에게 다가가자마자 먼저 무는 행동을 학습한다.

이러한 부적절한 추격 놀이에 재미가 생기지 않도록 예방하려면 강아지에게 농장이나 야생의 '사냥감'이 될 수 있는 동물에게 그냥 접근하게 해서는 안되며 산책 중에도 보호자에게서 너무 멀리 떨어져 돌아다니지 않도록 지도해야 한다.

강아지의 추격 욕구를 장난감 쪽으로 유도하고, 놀이를 이용해 '추격 후 돌아오기' 훈련을 가르친다. 이 훈련은 숙련된 훈련사의 도움을 받는 것이 좋다(223쪽 참고).

이렇게 하면, 강아지가 예기치 않게 무언가를 쫓아가기 시작할 때도 보호자가 부르면 다시 돌아오게 할 수 있다.

다른 개에 대한 공격성

강아지가 다른 개에게 공격성을 보이지 않도록 하기 위해서는 그 원인을 이해하고 예방하는 것이 중요하다.

두려움에 의한 공격성

다른 개에 대한 공격 행동은 대부분 두려움에서 비롯된다. 충분한 사회화가 이루어지지 않아 다른 개를 접할 기회가 부족하거나, 놀라거나 또는 고통을 유발하는 부정적인 경험이 있었던 경우 강아지는 다른 개와 접촉하는 것을 매우 두려워한다. 겁이 많은 강아지는 성장하면서 다른 개들을 멀리하기 위해 공격적인 행동을 사용하기 시작한다.

특히 리드줄에 묶인 상태에서는 도망갈 수 없다는 것을 배우기 때문에 공격성은 더욱 쉽게 나타난다. 이러한 상황에서 많은 보호자들이 다른 개가 다가오면 리드줄을 팽팽히 잡아당기고 긴장하는데 이러한 행동은 강아지의 불안과 공격

일부 개들은 주름진 얼굴, 꼿꼿한 자세, 높이 든 꼬리를 가지고 있어 사회화가 충분히 이루어지지 않은 개들에게는 공격적으로 보일 수 있다.

성을 더 악화시키는 원인이 된다.

리드줄이 없는 상태에서는 두려움을 가진 강아지들이 대개 다른 개들과 거리를 두려는 경향을 보이지만, 일부는 친근하게 다가가려 할 수도 있다. 이들은 다른 개에게 다가갔다가 자신의 능력을 넘어선 상황이라는 것을 깨닫고, 결국 그 상황을 해결하기 위해 공격적인 행동을 하고는 한다.

상황을 더욱 악화시키는 것은, 사회화가 부족한 강아지들이 보디랭귀지를 제대로 배우지 못했기 때문에 자신도 모르게 잘못된 신호를 보내는 경우가 많다는 점이다. 이로 인해 일부 개들은 공격적으로 반응하게 되고, 그 결과 상황이 더 심각해질 수 있다.

다른 개에 대한 두려움에서 비롯된 공격성을 예방하기 위해서는 사회화 교육과 나쁜 경험으로부터의 보호가 핵심이다. 어릴 때는 불안감을 드러낼 자신이 없다가 청소년기에 접어들면 자신감이 생기면서 자신을 방어하기 위해 공격적으로 변할 수 있다.

만약 강아지가 다른 개에게 두려움이나 공격성을 보이는 조짐이 있다면, 가능한 한 빠르게 자격을 갖춘 전문가에게 도움을 요청하는 것이 좋다(115쪽 참조). 전문가의 지도 하에 적당한 거리를 유지하는 법을 배우고, 강아지가 다른 개에 대한 인식을 점진적으로 바꿔 나가도록 도와준다. 또한 반응견을 위한 수업에 참여하여 다른 개들과 함께 있을 때 안정감을 느끼고 보호자를 신뢰하는 법을 배울 수 있다.

거친 놀이

일부 개들은 어릴 적부터 거칠게 놀았던 것을 학습한 결과, 다른 개들과 싸우기도 한다. 이는 특히 관대한 노견과 함께 자라면서 거친 놀이를 제지 받지 않았거나 관리가 제대로 되지 않는 강아지 교실이나 강아지 파티에서 거친 놀이를 배운 경우에 나타난다.

이처럼 거친 놀이를 배운 강아지는 성견이 되어서도 그런 방식으로 놀이를 이어간다. 어떤 개들은 기가 죽어 겁을 먹거나 반대로, 자신을 덮치지 못하게 하려고 공격적으로 반응하게 된다. 이러한 일이 반복되면 거친 놀이를 즐기는 개는 상황을 판단해서, 상대 개가 자신에게 공격적일 것 같으면 선제적으로 방어 공격을 하는 습관을 들이게 된다.

강아지가 거친 놀이를 즐기는 개로 자라는 것

을 막기 위해서는 다른 개들과의 놀이가 과격해지기 시작할 때 바로 중단시켜야 한다. 익숙한 개에게 하는 행동이라 하더라도, 그것이 낯선 개에게는 용납되지 않기 때문에 절대 하지 못하게 해야 한다. 강하게 무는 것, 앞발로 등을 누르는 것, 상대를 넘어뜨린 뒤 그 위에 올라서는 행동, 다른 개가 '놀기 싫다'는 신호를 보내도 무시하는 행동 등이 여기에 속한다. 이런 행동을 보이면 즉시 개입해 강아지의 주의를 끌고 잠시 진정시킨 뒤 다시 놀 수 있도록 한다. 그러나 같은 행동을 반복하면 놀이 자체를 완전히 중단해야 한다.

또한, 강아지나 어린 개들끼리의 놀이가 너무 길어지지 않도록 하는 것도 중요하다. 예를 들어 놀이 약속을 했을 때나 다른 개나 강아지를 키우는 친구 집을 방문했을 때 그렇다. 이런 상황에서는 더 힘이 센 개가 거칠게 노는 법을 배우기 쉬운데, 이는 상대 개가 도망칠 수 없기 때문이다. 그리고 이런 만남은 앞으로의 다른 만남에서도 두 개 모두에게 부정적인 영향을 줄 수 있다.

항상 보호자와 노는 시간이 다른 개들과 노는 시간보다 최소 세 배는 많도록 유지하라. 다른 개들과 노는 시간이 많다면 줄이고, 보호자와의 놀이 시간을 늘려야 한다.

추가적인 도움이 필요할 때

강아지가 으르렁거리거나, 윗입술을 올리거나, 무는 등 공격적인 행동을 보이기 시작하면 즉시 문제를 해결할 수 있도록 조치해야 하며 상황이 악화되지 않도록 막아야 한다. 어떻게 해야 할지 확신이 없다면 빨리 숙련된 전문가의 도움을 받는 것이 좋다(115쪽 참조).

강아지들끼리의 추격 놀이는 보통 무해하지만, 양쪽 강아지 모두가 그 놀이를 즐기고 있는지, 그리고 서로 번갈아 가며 쫓고 쫓기는 역할을 하고 있는지 주의 깊게 살핀다.

CHAPTER ELEVEN
강아지의 씹기 행동

강아지가 물고 씹는 행동을 하는 이유는 이갈이 중이거나 세상을 탐색하고 있거나 턱 근육을 발달시키거나 혹은 단순히 재미로 그럴 수 있다. 강아지 시기 내내 씹을 거리를 충분히 제공하고, 집 안의 물건 대신 그것을 씹도록 가르치는 것은 비싼 물건이 망가지는 일을 막아줄 것이다.

이갈이

강아지는 생후 3개월에서 6개월 사이에 이갈이를 한다. 이 시기에는 대부분의 강아지가 입 안에 불편감을 느끼기 때문에 이를 완화하기 위해 씹는 행동을 하게 된다. 씹는 행동은 날카로운 유치를 빼내고, 더 크고 무딘 영구치가 돋는데 도움을 준다. 이 시기에는 단단해서 물어뜯기에 좋은 씹을 거리를 주어야 하고 차갑거나 얼린 씹을 거리는 치통을 완화하는 데 도움이 되어 강아지가 좋아한다. 이 시기는 비교적 짧으며 장난감에서 혈흔이나 빠진 작은 유치를 발견할 수도 있다. 하지만 대부분은 강아지가 그냥 삼켜버려 잘 보이지 않는다. 이갈이 시기의 강아지와 놀 때는 장난감을 세게 당기지 말고 강아지가 스스로 당길 수 있도록 약간의 저항감만 주면서 부드럽게 잡아주는 정도로만 놀아준다.

어린 강아지들은 새로운 세상을 탐색하고 싶어 하며, 아이들이 손으로 탐색하듯 입을 사용해 새로운 것을 알아간다. 이 때문에 눈에 띄는 모든 것을 입에 넣고 씹어보려고 할 수 있다. 따라서 강아지들이 씹는 것에 흥미를 느끼고 주인의 소유물에 관심을 두지 않도록 씹을 거리를 주기적으로 바꿔줘야 한다.

강아지가 매일 씹을 수 있는 최소 2~3 가지의 다른 제품을 준비하고 번갈아 사용해야 한다. 처

간식을 채운 튼튼한 고무 장난감은 씹어도 안전하며 강아지를 오랫동안 집중하게 만들어 줄 것이다.

무엇을 씹어야 할까?

씹을 거리는 단단하고 안전해야 하며 삼킬 수 없을 만큼 충분히 커야 한다. 이미 많이 씹혀서 삼킬 수 있는 크기가 되면 꼭 교체해주자. 씹을 거리로 적당한 것은 다음과 같다.

- **건조 방식으로 만든 자연산 동물 부위 간식** – 피부, 힘줄, 귀, 코, 발, 발굽, 내장, 사슴 뿔, 기관지, 꼬리 등 다양한 종류가 시중에 나와 있다. 스킨 스트립을 담은 대용량 제품은 가격이 저렴하고 오래 사용할 수 있어 자주 구매할 필요가 없다는 장점이 있다. 단, 튀긴 제품은 불필요한 지방이 추가되어 강아지의 식단에 좋지 않고 오래되면 상하기 쉬우며 먹을 때 지저분해질 수 있으므로 피해야 한다.

- **신선한 생 뼈** – 반드시 소의 다리뼈처럼 큰 뼈를 사용해야 한다. 기준은 강아지가 입을 벌렸을 때보다 훨씬 커야 한다. 이런 뼈는 삼키기 위한 것이 아니라 갉는 용도의 '놀이용 뼈'여야 한다. 따뜻한 날에는 골수에 파리가 알을 낳을 수 있기 때문에 주의하고, 강아지가 씹기를 마치면 바로 냉장 보관한다. 턱 힘이 강해져 뼈를 부수거나 조각을 씹어 삼키려는 경우에는 즉시 뼈를 회수한다. 살이 조금 붙어 있는 단단한 뼈가 좋은 이유는 강아지가 뼈보다는 고기를 집중적으로 씹게 되어 더 안전하기 때문이다.

- **음식물을 채운 장난감** – 단단한 고무 재질의 장난감이나 살균 처리된 골수뼈에 사료, 크림치즈, 땅콩버터(강아지에게 독성이 있는 감미료인 '자일리톨'이 들어 있지 않은 것) 또는 다른 맛있는 간식을 채워 활용할 수 있다. 토플과 같은 일부 장난감이 이러한 용도로 판매되고 있다. 턱 힘이 센 강아지에게는 더 튼튼하게 만들어진 제품을 선택해야 하며 장난감의 구멍이 강아지의 턱이 끼일 수 있는 크기나 형태인지 반드시 확인해야 한다.

- **채소로 만든 단단한 씹을 거리** – 오래 보관하기는 어렵지만 많이 먹어도 괜찮다.

- **통나무나 뿌리로 만든 씹을거리** – 가루나 조각이 나지 않는 특수 나무로 만든 제품이 시중에 나와 있다.

피해야 할 씹을 거리:

- **익힌 뼈** – 종류와 크기에 상관없이 익힌 뼈는 씹을 때 잘게 부서져 날카로운 조각이 생기며 이를 삼킬 경우 장기를 손상시킬 수 있다.

- **생가죽 개껌** – 보기에는 위생적으로 보이지만 강한 화학 처리를 거친 가공품이다. 씹다 보면 말랑해지고 삼켰을 때 질식 위험이 있다.

이갈이 중인 강아지에게 자연건조 방식의 동물 가죽이나 부위, 말린 생선, 채소껌, 상호작용형 장난감 등 적절한 씹을 거리를 제공하면 집안의 물건이 손상되는 것을 예방할 수 있다.

음에는 비용이 다소 들 수 있지만, 장기적으로는 집안 물건이 망가져 교체하는 비용보다 훨씬 저렴하다. 하루 동안 강아지에게 다양한 장난감을 제공한 뒤 다음 날에는 다른 장난감으로 바꿔 주는 식이다. 이렇게 하면 처음 본 장난감을 다시 접하기까지 일주일이 걸리므로 강아지는 장난감에 더욱 흥미를 느끼고, 다른 물건이 아닌 장난감에 집중한다. 첫 1년 동안은 최대한 다양한 종류의 씹을 거리를 제공해 흥미가 지속되도록 해주는 것이 좋다.

주의: 경험이 부족한 강아지는 씹을 거리가 입 안이나 목구멍에 걸릴 위험이 항상 있다. 강아지가 뭔가를 씹고 놀 때는 반드시 옆에서 지켜봐야 한다. 다른 개가 함께 있는 경우에는 서로 떨어뜨려 놓고 씹게 해야 다툼을 피할 수 있다. 강아지는 상대에게 뺏기지 않으려고 큰 조각을 억지로 삼켜버릴 수 있기 때문이다.

씹기 훈련

씹는 과정에서 주변이 지저분해질 수 있기 때문에 어릴 때부터 낡은 수건 위에서 씹도록 가르치는 것이 좋다. 익숙해지면 수건만 깔아줘도 스스로 그 위에 누워 씹는 습관이 자리잡게 된다. 훈련 방법은 먼저 크고 낡은 수건을 펼치고 중앙에 맛있는 씹기용 간식을 놓는다. 강아지가 다가와 씹으려고 하면 당장 주지 말고 살짝 붙들어 씹기 시작할 때까지 도와준다. 강아지가 자리를 잡으면 그대로 두고, 만약 수건 밖으로 나가면 조용히 다시 유도한다. 다시 수건 위에 올라오면 칭찬해주고 자리를 잡으면 조용히 혼자 씹도록 두면 된다.

강아지를 실내에 자유롭게 풀어놓기 전에는 강아지가 흥미를 가질 만한 작은 물건들을 치우고, 한동안 보지 않았던 씹는 장난감 1~2개를 꺼내어 놓는다. 강아지가 방에 있을 때는 바닥에 놓는다. 지저분해질 수 있는 장난감이면 수건 위에 놓는다. 강아지가 자리를 잡고 장난감을 씹기 시작하면 충분히 칭찬한 뒤 방해하지 말고 그대로 둔다.

강아지가 씹는 장난감에는 관심을 보이지 않고 다른 것을 씹으려 간다면 조용히 중단시키고 장난감 쪽으로 다시 유도해야 한다. 이때 중요한 것은 흥분하거나 소리를 지르지 않는 것이다. 강아지가 값비싸거나 위험한 물건을 물고 있다고 해도 과하게 흥분하거나 소란 피우지 말고 차분하게 대응해야 한다. 여기에 심하게 반응하면 강아지는 그 물건이 보호자의 관심을 끌 수 있는 특별한 것이라고 인식할 수 있다. 더 나쁜 경우, 종이 클립이나 돌멩이처럼 작은 물건을 삼켜 숨기려고 할 수도 있으므로 주의해야 한다. 그 대신 맛있는 간식이나 씹을거리로 관심을 돌려 입에 문 것을 자연스럽게 떨어뜨리도록 유도하고 아무 일도 아닌 것처럼 치운다. 강아지가 자주 집 안 물건 씹기에 집착한다면 장난감이 충분히 흥미롭지 않거나 놀이와 운동, 탐색 활동이 부족한 것일 수 있다.

이갈이 시기에 사고를 줄이기 위해서는 사람이 지켜보지 못하는 상황에서 강아지가 값비싸거나 전선과 같은 위험한 물건이 있는 공간에 접근할 수 없도록 해야 한다. 가장 쉽고 비용도 절약하는 방법은 반려견 펜스(53쪽 참고)를 사용하는 것이다. 그 안에 강아지가 마음껏 탐색하고 턱을 사용할 수 있도록 안전한 물건들을 넣어준다.

강아지가 믿을 수 있는 행동을 보일 때까지는 집 안을 자유롭게 돌아다니게 하지 말아야 한다. 만약 강아지가 씹으면 안 되는 물건을 물었다면, 그것은 너무 이른 시점에 강아지를 믿은 보호자의 실수이다.

배변 훈련과 마찬가지로, 잠깐의 부주의로 사고는 언제든 일어날 수 있다. 아무리 귀중한 물건을 훼손했더라도 화를 내거나 혼내지 않도록 한다. 그런 반응은 강아지가 보호자를 신뢰하지 않게 만든다. 그저 다음부터 더 주의하자.

단순 씹기일까? 장난 삼아 무는 걸까?

어린 강아지와 상호작용할 때 종종 손가락을 깨무는 경우가 있다. 이것이 장난을 걸기 위한 행동이라면 장난감을 이용해 놀아주는 것이 좋다(122쪽 참고). 부드럽게 물려는 행동은 새로운 것을 탐색하는 방식일 수도 있다. 하지만 이 행동이 불편해지면 대신 씹을 수 있는 장난감이나 간식을 준다.

또한 강아지가 안겨 있는 상태에서 몸을 움직이지 못해 답답함을 느끼면 이를 해소하려 손을 물 수도 있다. 이런 경우에는 부드러운 터치와

속이 빈 튼튼한 장난감에 부드러운 음식이나 강아지의 사료를 조금 채워주면 오랫동안 즐겁게 놀 수 있다. 그 결과 강아지는 보다 차분하고 만족스러운 상태를 유지할 수 있다.

제한을 점차 받아들이도록 훈련시켜야 한다(12장, 168쪽 참고).

청소년기 씹기 행동

이갈이 시기가 지날 무렵, 또 한 번 강한 씹기 욕구가 시작된다. 이 시기는 보통 생후 7개월에서 10개월 사이에 시작되며 약 6개월 정도 지속된다. 특히 입으로 물건을 물어 이동하도록 개량된 래브라도 같은 견종에서는 이 행동이 더욱 두드러지게 나타난다.

이 시기의 씹기 행동은 강아지의 관심이 본능적으로 바깥세상으로 향하는 시점과 일치한다. 만약 자유롭게 다닐 수 있다면, 강아지는 주변 환경과 사람들을 탐색하는 데 많은 시간을 보냈을 것이다.

하지만 이 시기에 집 안에만 있다 보면 그 에너지가 씹기 행동으로 표출된다. 강아지는 물건의 가치 개념이 없고, 이미 이갈이 시기보다 몸집도 크고 턱 힘도 강해졌기 때문에 짧은 시간 내에도 상당한 피해를 낼 수 있다.

이 시기를 잘 넘기기 위해서는 단순히 씹을거리를 충분히 제공하는 것뿐만 아니라, 정신적·신체적인 활동을 풍부하게 시켜주고 다양한 환경을 탐색할 기회를 주는 것이 중요하다. 지루하고 한정된 공간에만 머무르는 강아지는 에너지를 씹기 행동으로 표출하는 경우가 많다.

강아지의 탐색 욕구를 만족시켜 줄 수 있는 물건들도 제공해보자. 예를 들어 종이 상자나

강아지가 혼자 있을 때 지루하지 않도록 낡은 종이상자 안에 장난감, 간식, 재미있는 물건들을 숨겨두자.

사용하지 않는 골판지 상자로 퍼즐 박스를 만들어 안에 간식이나 씹어도 안전한 물건을 숨겨 놓으면 강아지의 흥미를 끌고 한동안 집중하며 놀게 할 수 있다.

빈 시리얼 상자, 우유병, 낡은 나무 상자, 나무토막 등이 있다. 이 물건들은 강아지가 기어오르고, 물어뜯고, 탐색하기에 좋은 도구다. 흥미를 유지하려면 이 안에 간식을 숨겨 찾게 하자. 이러한 물건들은 자주 교체한다. 강아지가 가지고 노는 동안에는 반드시 지켜보고 파손되어 위험한 것은 즉시 치워야 한다. 약간의 뒷정리는 감수해야 하지만 이 시기는 곧 지나간다.

이 시기는 얼마나 지속될까?

이 시기가 얼마나 오래 걸릴지는 강아지의 활동성과 보호자의 관리 정도에 따라 달라진다. 어떤 강아지는 씹고자 하는 욕구가 더 강하고 습관을 들이는 데 시간이 더 걸릴 수도 있다. 하지만 어떤 강아지라도 두 번의 씹기 단계를 모두 지나기 전까지는 완전히 믿고 방치해서는 안 된다. 보통 생후 1년이 될 때까지는 주의가 필요하다.

그때까지는 매일 충분한 씹는 장난감이나 간식을 제공하고 다음 날에는 새로운 장난감을 꺼내어 흥미를 유지해 주는 것이 좋다. 강아지가 성견이 되면 씹고자 하는 욕구는 줄어들지만 턱을 운동시키고 치아를 청결하게 유지하기 위해 평생에 걸쳐 뼈나 씹을 수 있는 물건을 꾸준히 제공해야 한다.

차 안에 혼자 있을 때

강아지가 차 안에서 물어뜯어 놓는 피해는 아주 작아 보여도 수리비가 많이 들 수 있다. 따라서 신뢰할 수 있을 때까지는 오랜 시간 혼자 두지 않아야 한다. 처음에는 짧은 시간부터 시작해 점차 차 안에 혼자 있는 것에 익숙해지도록 훈련시켜야 불안해하지 않는다(181쪽 참고).

그리고 햇볕이 강하거나 더운 날, 도난 위험이 있는 상황에서는 강아지나 성견 모두 차 안에 혼자 두면 안 된다.

CHAPTER TWELVE
핸들링과 그루밍

인간은 영장류이기에 애정을 표현하기 위해 만지고, 안고, 포옹하는 것을 좋아한다. 하지만 개는 싸우거나 교미할 때를 제외하고는 서로에게 이런 행동을 거의 하지 않는다. 따라서 사람이 이런 행동을 했을 때 참아내고 즐길 수 있도록 가르쳐야 한다.

설령 당신이나 가족이 평소 강아지를 자주 만지지 않더라도 강아지가 아파서 동물병원에 가야 하거나 혹은 아이가 갑자기 달려와 껴안거나 누군가가 머리를 툭툭 두드릴 경우 등에 대비해 미리 준비시켜야 한다.

강아지는 어릴 때부터 안기고, 만져지고, 제지되는 경험에 익숙해질수록 그런 상황을 위협적으로 느끼지 않게 되며, 특히 동물병원에서 진료를 받는 것과 같은 스트레스 상황에서 누군가 자신을 만졌을 때 물 확률이 훨씬 낮아진다.

강아지를 기분 좋게 쓰다듬고, 안고, 가볍게 제지하며 껴안는 방식을 반복적으로 경험시키면 사람에 대한 수용성과 신뢰가 형성된다. 이는 가족 외의 사람들에게도 자연스럽게 확장된다.

선택권과 통제권 주기

강아지를 돌보는 과정에서 언제, 어떻게 만질지를 어느 정도 선택하게 해주는 것이 좋다. 하지만 이는 많은 개들이 실제로 경험하는 방식과는 완전히 다르다. 물론 동물병원 치료처럼 강제로 사람의 손길을 받아들여야 하는 상황도 있기 때문에 그런 경우를 대비해 제지나 접촉에 익숙해지도록 가르쳐야 한다. 그 외의 일반적인 상황에서는 강아지가 접촉에 응할지 말지를 스스로 선택할 기회를 주는 것이 더 바람직하다.

자신보다 훨씬 큰 생명체와 함께 살면서 말로 의사소통을 할 수 없고, 자꾸 자신을 붙잡아 이상한 일을 하려는 존재와 지낸다고 상상해 보자. 털을 깎고 이를 닦거나 발톱을 자르고 목욕을 시키는 것과 같은 일은 우리 입장에서는 모두 필요하고 정당한 행동이지만 강아지에게는 불필요하고 무섭게 느껴질 수 있다. 이런 행동은 강아지의 입장에서는 매우 혼란스러울 수밖에 없다.

평소에는 보호자가 친절하고 함께 있으면 좋

아이들은 강아지 껴안는 것을 좋아한다. 강아지가 어릴 때부터 사람 손에 다뤄지는 데 익숙해지도록 훈련해 나중에 이런 상황에 준비시켜야 한다.

은 존재이지만, 때로는 강아지가 불쾌하게 느낄 만한 행동을 멈추지 않고 보호자 스스로 충분하다고 여길 때까지 계속하기 때문이다.

강아지의 입장에서 보면 이런 식의 갑작스럽고 일방적인 접촉은 공격처럼 느껴질 수 있고, 그로 인해 보호자에 대한 신뢰가 무너지고, 그동안 쌓아온 긍정적인 관계가 손상될 수 있다. 그 예로 강아지가 목욕 용품 같은 '불쾌한 경험을 예고하는 물건'을 보자마자 도망가거나 특정 상황에서 보호자를 피하게 되는 이유가 여기에 있다. 따라서 강아지가 사람의 손길을 긍정적으로 받아들일 수 있도록 훈련하고, 강아지의 의사와 신호에 잘 반응해 주는 것이 중요하다.

지금까지 순응을 유도하기 위해 아무리 부드러운 방식이라도 일방적으로 강요해 왔다면 강아지에게 핸들링의 주도권을 일부 넘기는 것은 다소 생소하고 어려운 일일 수 있다. 하지만 강아지는 보호자가 자신의 반응을 관찰하고 그에 맞게 행동을 조절해준다는 사실을 이해하게 되면 훨씬 더 빨리 편안해할 것이다.

그리고 새로운 절차를 시도할 때마다 보호자와 강아지 사이의 신뢰가 점점 더 깊어질 것이다. 강아지가 어떤 것은 받아들이고, 어떤 것은 어려워하는지를 파악하는 보호자의 감각도 함께 자라나며, 행동 하나하나에 더 신중하고 조심스럽게 접근하게 될 것이다. 이러한 과정이 자

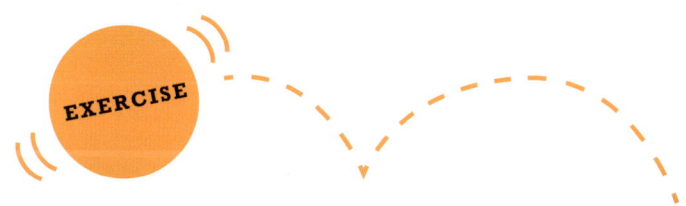

손길에 익숙해지도록 가르치기

1

처음에는 강아지가 차분하고 편안하며 약간 졸릴 때를 선택하자. 강아지와 함께 앉아 조용하고 침착하게 기다리면서 편안해지도록 한다. 강아지가 충분히 긴장을 풀면, 등과 가슴을 부드럽게 쓰다듬는 것부터 시작한다. 이때 즐겁고 다정한 말투나 소리를 내어 그 의도가 긍정적이고 안전하다는 신호를 준다. 손이 닿는 거리에 간식 통을 두고 몇 번 쓰다듬은 후 간식을 주어 이 경험을 즐거운 기억으로 연결시켜 준다.

손길에 익숙해지도록 가르치기

2 강아지를 3초 동안 만져 본다. 그 후, 강아지가 원하면 스스로 물러날 수 있도록 해주고 간식을 주며 잠시 멈춰서 관찰하자. 간식을 주는 동안, 강아지가 그 접촉에 어떻게 반응했는지 생각해보자. 강아지가 완전히 편안해 보였는가, 아니면 불편함을 보였는가? 몸이 굳거나, 몸을 뒤로 젖히거나, 입술을 핥거나, 불안한 표정을 짓거나, 손을 깨물거나, 멀어지려고 하는 등의 신호를 보였는가? 꼬리를 말았는가, 몸이 긴장되어 있었는가? 귀를 뒤로 젖혔는가? 이런 모습 중 하나라도 보였다면, 손의 움직임을 더 천천히 하거나 접촉 범위를 줄여서 편안함을 느낄 때까지 다시 시도하자. 그리고 만지기를 멈추었을 때 강아지가 물러서는지, 아니면 더 해주길 바라며 가까이 다가오는지 관찰한다. 편안하게 받아들이는 모습을 보였다면 조금 더 오래, 만지는 부위를 넓혀본다.

3 강아지가 부드러운 접촉을 받아들이기 시작하면, 여러 번에 걸쳐 얼굴 주변, 발, 배 아래쪽처럼 더 민감한 부위로 점차 확대해 나가자. 손의 움직임은 계속 천천히 유지하고, 강아지가 편안하게 느낄 수 있는 속도로 새로운 부위로 옮겨가야 한다. 계속해서 '3초 테스트'를 하며 강아지가 편안해질 때까지 천천히 부드럽게 만지고 긴장하면 다시 익숙한 '안전한' 부위로 돌아가자. 쓰다듬는 게 끝날 때마다 간식을 계속 제공해서 강아지가 단순히 받아들이는 것을 넘어 즐기게 만들자.

4 며칠 또는 몇 주에 걸쳐 앞의 과정을 진행한 끝에 강아지가 온몸을 만지고 쓰다듬는 것을 편안하게 받아들이게 되면, 이제는 수의사의 진료를 쉽게 받을 수 있는 접촉 훈련을 시작하자. 양쪽 귀를 들여다보고, 입술을 살짝 들어 올려 치아를 확인해 보자. 입을 조심스럽게 벌려 보고, 예방접종에 대비해 목 뒤쪽 피부를 살짝 집어본다. 몸을 돌려 꼬리를 들어 올리고, 가볍게 안아보는 동작도 해본다. 탁자 위에 올려놓고 같은 동작들을 반복해 보자. 이러한 절차들이 즐거운 경험이 될 수 있도록 보상이 큰 간식을 준비해 사용한다. 여전히 '3초 테스트'를 꾸준히 해주면서 강아지가 불편함을 보일 경우에는 즉시 속도를 늦추고 부드럽게 다시 접근하는 것이 중요하다.

5 매일 몇 분씩, 가능하다면 하루에 여러 번 짧게 나누어 이 훈련을 반복한다. 강아지는 곧 온몸을 만지는 스킨십에 익숙해지고 편안해질 것이다. 이 시간을 활용해 강아지에게 애정을 표현하고 온전히 집중해주면, 강아지도 이 시간을 기다리게 되고 만져지고 안기는 것을 진심으로 즐기게 될 것이다.

강아지가 가족 모두의 손길에 완전히 익숙해지면, 이제는 친구들에게도 이 방법을 가르쳐보자. 강아지가 잘 알고 친숙하게 여기는 사람부터 시작해서, 점차 완전히 모르는 낯선 사람들까지 확장해 나가면 된다. 이 과정은 항상 보호자가 감독해야 하며, 강아지가 불안한 기색을 보일 경우 즉시 도와주어야 한다. 이 연습에서 간식을 넉넉하게 사용하는 것은 강아지가 단순히 참는 것이 아니라, 만져지는 경험 자체를 즐기도록 만드는 데 큰 도움이 된다. 또한 아이들과의 스킨십에도 익숙해지는 것이 중요하므로 아이들도 이 과정에 꼭 참여시켜 주자.

핸들링과 그루밍

연스럽고 일상적인 일이 되면 강아지의 몸을 돌보는 데 필요한 절차들은 스트레스나 부담으로 견뎌내야 할 일이 아니라, 서로가 즐길 수 있는 기분 좋은 경험이 된다. 이런 교육은 강아지의 일상적인 정신 자극 활동 중 하나가 되어 서로 협력하여 느끼는 만족감을 모두에게 선사하게 될 것이다.

부드러운 제지 훈련

강아지가 평생 단 한 번도 강제적인 제지나 핸들링 없이 살아가는 일은 매우 드문 일이다.

강아지가 자기 의사와 무관하게 사람의 손에 의해 움직이거나 고정되는 상황은 반드시 찾아오게 된다. 수의사, 미용사, 반려견 호텔, 산책 도우미들은 제한된 시간 안에 해야 할 일을 마쳐야 하기 때문에 기다릴 여유가 없는 경우가 많다.

그렇다고 해서 이들이 냉정하거나 공감 능력이 부족하다는 뜻은 아니다. 대부분은 동물을 다루는 데 있어 경험이 풍부하고 효율적인 방식으로 대처하는 경우가 많다. 다만, 강아지 입장에서는 그것이 불편하고 당황스럽게 느껴질 수도 있다.

이러한 이유로, 외부 환경에서 스트레스를 받기 전에 보호자와 익숙하고 안전한 환경에서 제지되고 다뤄지는 경험에 익숙해지는 것이 중요하다. 즉, 다른 사람이 자신을 다뤄도 해가 없다는 것, 그리고 잠시 통제권이 없고 도망칠 수 없는 상황도 견딜 수 있다는 것을 강아지는 안전한 환경에서 미리 배우고 익힐 수 있게 되는 것이다.

이 훈련은 반드시 터치 수용 훈련(169쪽 참고)을 충분히 마친 후, 보호자에 대한 신뢰가 충분히 쌓인 후에 시작해야 한다. 아무런 준비 없

강아지가 부드러운 제지를 자연스럽게 받아들이도록 가르치는 것은, 향후 건강 검진이나 처치가 필요할 때를 대비한 매우 중요한 학습이다.

이 이 훈련을 시도하면 특히 낯을 가리는 강아지일 경우, 두려움과 공포 반응을 유발할 수 있으며, 한 번 무너진 신뢰는 회복하기 매우 어렵다.

가장 처음에는 강아지가 견딜 수 있는 간단한 제지 자세부터 시작하자. 예를 들어, 한 팔로 가슴을 감싸 안고 다른 팔로 몸을 보호자의 쪽에 가볍게 밀착시키는 자세를 취한다. 이때 강아지의 발은 바닥에 닿아 편안하게 서 있도록 도와준다. 몇 초 정도 짧게 안아주고, 곧바로 놓아주며 간식으로 보상한다.

강아지를 들어 올리거나 움직일 때는 손바닥 전체를 사용한다. 손을 펴지 않고 움켜쥐는 형태가 되면 손가락이 강아지의 몸에 눌려 불편함을 유발하고 강아지는 몸부림을 치며 빠져나가려 할 수 있다. 손바닥을 평평하게 유지하면 압력이 고르게 분산되어 강아지에게 보다 편안함을 줄 것이다.

짧은 시간 동안 부드럽고 안정감 있게 안는 연습을 한다. 너무 세게 잡거나 손가락으로 몸을 누르지 않도록 주의하고 강아지가 손을 깨물거나 핥으며 벗어나려고 할 경우, 이를 억지로 제지하기보다는 물지 못하도록 손 위치를 조절하고, 가만히 잡고 기다린다. 강아지가 진정되고 긴장이 풀리는 느낌이 들면 바로 놓아준다. 이 과정을 반복하다 보면 강아지는 가만히 있으면 놓아준다는 사실을 배우게 되고 점차 더 오랜 시간 동안 제지되는 상황도 편안하게 받아들이게 된다.

강아지가 이러한 제지에 완전히 익숙해졌다면 점차 시간을 늘려서 몇 분간 얌전히 안겨 있을 수 있도록 훈련하자. 강아지가 감당할 수 있

머리는 피해주세요!

강아지가 아주 어릴 때는 인사하거나 칭찬할 때 머리를 만지지 않도록 주의하자. 많은 보호자들이 애정을 표현하는 방식으로 이 행동을 하지만, 대부분의 개들은 이를 불편하게 여긴다. 개의 머리에는 눈, 코, 귀, 수염 등 민감한 부위가 집중되어 있기 때문에 손으로 누르거나 문지르면 좋아하지 않는다. 그래서 많은 개가 머리 쪽으로 다가오는 손을 피하거나 머리를 숙이고 피하려는 행동을 보인다.

이러한 방식으로 인사를 하고 있다면, 강아지의 등이나 가슴처럼 덜 민감한 부위를 만지는 것으로 습관을 바꾸는 것이 좋다. 꼭 머리를 만져야 할 경우에는 매우 부드럽게 접근하고, 문지르거나 두드리는 동작은 피해야 한다.

사람은 신체 접촉으로 애정을 표현하는데, 특히 개의 머리를 쓰다듬는 것을 좋아한다. 따라서 강아지가 이러한 스킨십에 서서히 익숙해지도록 부드럽고 점진적으로 적응시키는 것이 바람직하다. 이 과정을 통해 사람의 애정 표현을 긍정적으로 받아들이고 즐기게 된다.

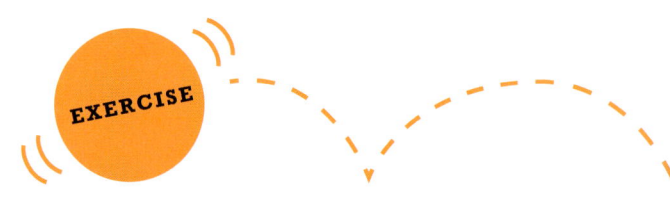

핸들링 훈련

핸들링 훈련을 하면 반려견이 두려움을 덜 느끼고, 수의사가 진료할 때 다루기가 더 쉬워진다.

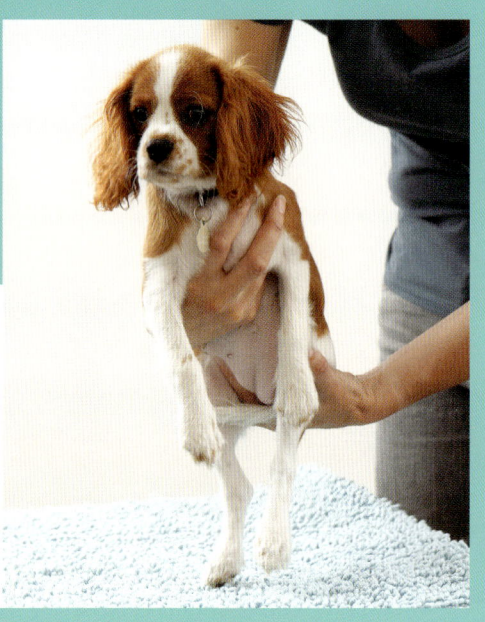

들어 올리기

강아지가 탁자 위로 들어올려지는 것에 익숙해지도록 한다. 한 손으로 엉덩이를, 다른 손으로 가슴을 받쳐 체중을 지탱해 준다. 꽉 쥐지 않도록 하되 단단히 안아주고, 공중에 매달린 느낌보다는 몸을 보호자 쪽에 가까이 붙여 안정감을 준다.

발

다리 하나하나를 부드럽게 쓸어내리고, 발을 천천히 들어올려 발가락 사이를 살짝 벌려준다. 이때 조용히 말도 걸어준다. 강아지가 발을 빼려 해도 가볍게 잡고 있는다. 강아지들은 본능적으로 발을 잡히면 빼내려는 행동을 보인다. 싫어하는 반응을 보이면 속도를 늦추고 더 부드럽게 반복한다.

눈

눈가에 이물질이 끼었을 때처럼 눈 주위를 부드럽게 닦아주는 연습을 해보자.

귀

귀를 들어올려 안쪽을 보는 것에 익숙해지도록 한다. 가끔 젖은 솜으로 귀 안을 부드럽게 닦아주는 연습도 해 보자. 단, 귀 안에 무언가를 깊숙이 넣거나 찔러서는 안 된다.

입

입술을 들어올려 이빨 옆면을 확인하는 것부터 시작한다. 가끔 입을 살짝 열어 안을 들여다보도록 한다. 이때 턱 관절을 부드럽게 지지하면서 살짝만, 짧은 시간 열어본다. 이후 잘했다는 칭찬을 해준다. 점차 익숙해지면 더 쉽게, 더 오래 벌리는 것도 가능해진다.

는 속도로 천천히 진행하면서, 제지에 점점 둔감해지고 스스로 진정할 수 있도록 유도하는 것이 중요하다. 중간에 강한 저항이 느껴지면 강아지가 몸의 힘을 빼고 이완되는 순간까지 가볍게 안고 있다가 놓아준다. 그 다음에는 그보다 짧은 시간 동안 제지하거나 다른 방식으로 진행해서 불안이나 거부감 없이 순조롭게 단계를 밟아갈 수 있도록 한다.

수의사, 미용사, 반려견 호텔 직원, 보호소 관계자 등이 강아지를 어떤 방식으로 다룰 수 있는지 생각해보고, 그에 맞는 다양한 제지 자세와 핸들링에 천천히 익숙해지도록 훈련하자.

이렇게 다양한 상황을 떠올리며 강아지가 받아들일 수 있는 핸들링 동작을 최소 10가지 이상 익히게 되면 낯선 사람에 의해 불가피하게 제지되거나 다뤄지는 상황에서도 훨씬 더 잘 대처할 수 있게 된다.

이러한 훈련에 많은 노력을 들이는 만큼, 친절하고 신중한 태도를 갖춘 전문가를 찾는 것도 중요하다. 안타깝게도 미용사, 동물병원이나 반려견 호텔 직원, 산책 도우미들이 모두 훌륭한 기술과 태도를 갖추고 있는 것은 아니다. 강아지를 잘 다루는 사람과 그렇지 못한 사람 사이에는 분명한 차이가 있다.

전문적이고 섬세하며 강아지의 복지를 최우선으로 생각하는 사람들을 찾는 데는 시간이 걸릴 수 있다. 주변에 물어보고, 해당 서비스를 이용한 사람들의 후기를 확인하고 추천을 받자. 마음에 들지 않거나 신뢰가 가지 않는 전문가가 있다면 조심스럽게 다른 곳으로 옮기는 것도 전

> 강아지가 사람이 자신을 잡는 상황이 즐거운 경험이 되도록 연습해둔다. 이렇게 하면 강아지는 이것이 사람의 정상적인 행동임을 이해하게 되고 두려움을 느끼지 않게 된다.
> 처음에는 목 주변을 가볍고 부드럽게 잡는 것부터 시작하고 점차 강도를 높여 조금 더 확실하게 잡는 동작으로 진행해 나간다.

혀 부끄러워할 일이 아니다. 특히 민감하고 쉽게 불안해하는 강아지라면, 신중한 선택이 장기적으로 큰 차이를 만든다. 강아지는 누구에게 갈지 선택할 수 없지만 보호자는 그 선택권을 가지고 있다.

갑자기 붙잡을 때 대비 훈련
위급 상황에서는 개를 급히 붙잡아야 하는 경우가 종종 있으며 이때는 보통 목 주변을 잡게 된다. 이 동작이 익숙하지 않은 강아지는 방어적으로 돌아서 붙잡은 손을 무는 경우도 있다. 강아지가 아직 어릴 때부터 이런 상황에 익숙해지도록 연습하자. 예를 들어, 가볍게 목덜미를 붙잡은 뒤 강아지가 돌아보면 바로 간식을 주는 식으로 훈련한다. 이후에는 조금 더 빠르고 강하게 잡는 동작으로 발전시키되, 절대 강아지에게 통증을 주지 않아야 한다. 항상 간식을 준비해 두고, 훈련이 끝난 후 칭찬과 놀이로 마무리하면 이 연습은 강아지에게 놀이처럼 즐거운 경험이 될 수 있다. 목 부위는 개들끼리 싸울 때 물리는 부위이기도 해서 특히 민감하다. 그러나 실제로 사람들이 개를 잡을 때 가장 흔히 접촉하는 부위이므로 이 부위를 중심으로 충분한 둔감화 훈련이 필요하다.

많은 보호자들이 개에게 올바르게 다가가는 법을 알고 있지만, 어떤 사람들은 자신도 모르게 강아지를 놀라게 하는 방식으로 다가가기도 한다. 예를 들어, 강아지를 향해 몸을 숙이고 위에서 응시하다가 갑자기 손으로 머리를 쓰다듬는 행동이 그렇다. 이러한 상황에 사회화 과정의 일부로 자연스럽게 익숙해지는 경우도 있지만, 혹시 모를 상황에 대비해 별도로 훈련해 두는 것이 좋다.

이 연습도 일상 속에서 재미있고 자연스럽게 반복해주자. 가끔 강아지 위로 몸을 숙이며 손을 내밀어 머리를 쓰다듬은 후 간식을 주고, 이어서 놀아주는 식이다. 이 과정을 반복하면 강아지는 곧 이러한 행동이 사람에게는 자연스러운 인사 방식이라는 것을 배우고 더 이상 불안해하지 않는다.

입마개 훈련
균형 잡히고 잘 자란 강아지는 사람을 거의 물지 않는다. 하지만 아무리 온순한 성격의 개라도 극심한 통증을 겪을 때는 물 수 있기 때문에 강아지에게 어릴 때부터 입마개를 착용하는 훈련을 해두는 것이 좋다. '바구니형 입마개'는 개가 편안하게 숨을 쉬고 물도 마실 수 있어서 가장 적합하다.

훈련 초기에는 입마개 안에 간식을 넣어 먹게 하면서 자연스럽게 접근하도록 하고, 처음에는 끈을 채우지 않고 얼굴을 들이미는 것부터 시작해서 강아지가 스스로 얼굴을 넣고 간식을 꺼내 먹는 데 익숙해질 때까지 기다린다. 그 다음에는 가족이 집에 들어오는 순간, 산책 나가기 전, 밥 먹기 직전 등 좋은 일이 일어나기 직전에 잠깐 입마개를 착용시킨다. 그리고 곧바로 벗겨준다. 이렇게 하면 입마개를 좋은 일의 신호로 받아들인다.

강아지가 다 자란 후에는 잘 맞는 입마개를 두 개 준비해서 하나는 차에, 하나는 집에 두고 사고나 응급 상황에 대비하는 것이 좋다.

CHAPTER THIRTEEN
혼자 있는 법 배우기

개는 사회적인 동물이기 때문에 혼자 고립되어 지내는 것에 본능적으로 익숙하지 않다. 혼자 있는 데 적응하지 못한 개는 문을 긁고, 카펫을 파헤치고, 끊임없이 돌아다니거나 선반이나 창틀의 물건을 떨어뜨리고, 짖거나 울부짖으며 배변 실수를 한다. 또는 단순히 외롭고 무서워서 불안한 감정에 빠지게 된다. 어린 강아지를 혼자 두면 스트레스를 크게 받고 평생 불안을 겪게 될 수 있다. 강아지가 평생 혼자 있는 시간을 편안하게 받아들이려면, 분리 적응을 천천히 그리고 체계적으로 배워야 한다. 이 과정은 어렵지 않으며 사회화 훈련과 마찬가지로 시간과 노력을 들이면 누구나 할 수 있다.

어리고 무력한 존재
모든 어린 동물이 그렇듯, 강아지 역시 혼자 남겨지면 심하게 불안해하고 괴로움을 호소하면서 울거나 몸부림친다. 이런 행동은 스스로를 돌볼 수 있을 만큼 성장할 때까지 계속된다.

다른 강아지와 함께 지내더라도, 언젠가는 그 개가 곁에 없을 수도 있으므로 혼자 있는 법도 따로 가르쳐야 한다.

강아지를 입양한 순간부터 보호자와 가족은 강아지의 사회적 지지자가 된다. 따라서 처음 몇 달은 보호자나 가족이 항상 곁에 있어야 한다. 강아지와 함께 보내는 초기 며칠과 몇 주 동안 점진적으로 혼자 있는 연습을 시켜주는 것이 중요하다. 이 과정을 조심스럽게 잘 진행하면 평생 혼자 있는 시간을 편안하게 받아들이는 독립성과 안정감을 키울 수 있다.

분리 상황에 적응하기
강아지가 피곤해져서 곧 잠들 것 같은 시점을 골라 시작하자. 생후 10주 정도 된 어린 강아지는 2시간 간격으로 자야 하기 때문에 이 타이밍을 활용하기 좋다. 우선 가볍게 놀면서 에너지를 소모시키고 배변을 위해 잠시 밖으로 데리고 나간다. 다시 집으로 돌아와 펜스 안의 잠자리에 눕히고 문을 닫는다. 펜스가 없다면 테이블 아래나 벽면의 오목한 공간에 침대를 놓거나 담요를 덮은 실내용 켄넬을 활용해 아늑한 굴 같은 공간을 만들어 줄 수 있다. 이런 공간에서 강아지가 쉽게 안정감을 느낄 수 있다. 그런 후 곁에 머무르되, 강아지에게는 아무런 반응도 보이지 말고 지켜만 보자. 그러면 곧 잠들 것이다.

강아지가 피곤해서 칭얼댈 수 있는데, 이때 보호자가 바로 달래거나 꺼내 주는 것은 좋지 않다. 가까이 있으면서도 아무런 행동을 하지 않음으로써 강아지가 스스로 진정하고 잠드는 법을 배울 수 있도록 도와야 한다. 강아지가 깊이 잠든 후에는 펜스 문을 조용히 열어두자. 그러면 깨어났을 때 보호자를 찾아 나올 수 있고, 이때 배변하러 데리고 나가면 된다.

강아지가 졸릴 때 펜스나 '보금자리'로 유도하기만 해도 스스로 가서 눕고 편안히 쉬는 것을 목표로 이 연습을 여러 번 반복한다. 이 훈련이 잘 되면 강아지는 피곤할 때마다 스스로 그곳으로 가서 잠들게 된다. 그런 다음, 강아지가 잠들기 시작할 때 보호자가 방을 나가 문을 닫고 몇 초 정도만 자리를 비웠다가 돌아오는 연습을 시작하자. 강아지가 익숙해질수록 점차 자리를 비우는 시간을 늘려 나간다.

강아지가 견딜 수 있는 시간보다 더 오래 자리를 비우지 않도록 주의하고, 가능하다면 카메라를 설치해 강아지의 상태를 실시간으로 관찰하자. 만약 강아지가 펜스를 뛰어오르려 하고, 짖거나 낑낑대고 헐떡이며 초조해 보인다면 즉시 방으로 돌아가야 한다. 그리고 다음 번에는 더 짧은 시간만 자리를 비워야 한다. 불안하거나 걱정되어 보인다면 속도를 늦추고, 반대로 편안해 보인다면 점차 시간을 늘려도 괜찮다.

이런 방식으로 강아지가 감당할 수 있는 속도로 조금씩 시간을 늘려가자. 수줍음이 많거나 예민한 강아지는 독립적인 성향을 가진 강아지보다 훨씬 더 신중하고 체계적인 접근이 요구된다. 단독 적응 훈련 외에도, 평소 방을 옮길 때마다 문을 닫아 보호자를 쫓아다니지 않도록 하는 것도 좋다. 특히 보호자가 금방 다시 돌아올 상황일 때 이 연습을 반복하면 강아지에게 '보호자는 곧 돌아온다'는 확신을 심어준다.

보호자가 집 안의 다른 공간에 있을 때 30분 정도 혼자 있는 것을 기꺼이 받아들일 때까지 점진적으로 이 과정을 계속한다.

매일 조금씩 꾸준히 연습하고, 이 과정이 몇 달 걸릴 수도 있음을 이해하자. 때때로 특히 불안을 유발한 경험 이후에 훈련이 잠시 퇴보하는 순간이 있을 수 있다. 이럴 때는 강아지를 다시 더 짧은 시간 동안 혼자 두는 단계로 돌아가야 한다. 하지만 전체적인 목표는 강아지가 보호자 없이도 30분 간 편안하게 혼자 있는 것이다. 강아지가 그 지점에 도달하면, 그 이후에는 시간을 더 늘려도 문제가 되지 않는다. 단, 항상 강아지의 기본적인 욕구가 모두 충족된 상태에서 분리 훈련을 진행해야 한다. 그리고 어떤 경우에도 4시간 이상 혼자 두지 말아야 한다.

혼자 집에 남는 연습

기초 훈련이 잘 되어 있고, 보호자가 집 안의 다른 방에 있어도 강아지가 30분 동안 편안하게 있는 상태라면, 이제는 집을 비우는 연습도 어렵지 않게 시작할 수 있다. 처음 외출할 때는 아주 짧은 시간만 집을 비웠다가 다시 돌아오자. 카메라를 통해 강아지를 관찰하고, 불안한 모습이 보이면 즉시 돌아간다. 앞서 했던 훈련처럼 점차 외출 시간을 늘려간다.

외출 전에 주변 환경에 방해 요소가 없는지 확인하자. 예를 들어, 초인종을 누르며 찾아오는 방문자나 택배기사, 쓰레기 수거 차량의 소음 등이 없는 시간대를 선택하자. 강아지가 혼자 있는 첫 경험은 조용하고 평온해야 하며 강아지를 불안하게 하는 일이 생기지 않는 것이 좋다.

절대 혼내지 말 것

외출 후 돌아왔을 때 어떤 일이 벌어졌든 절대 강아지를 혼내지 말자. 보호자가 화를 내면 강아지는 움츠려들고, '죄책감 있어 보이는' 표정을 지을 수 있지만, 그것은 보호자가 화내는 것을 눈치 채고 상황을 달래려는 모습일 뿐이다. 강아지는 오랜 시간 전에 저지른 행동과 보호자의 반응을 연결하지 못하므로 지금 혼낸다고 해서 강아지의 행동 교정에는 아무 도움이 안 된다. 오히려 보호자가 돌아오면 혼난다는 인식을 갖게 되어, 다음 번에 혼자 남겨질 때 더 불안해지고 다음 번 보호자의 외출 자체에 불안을 느끼게 된다. 이는 강아지의 분리불안을 악화시킬 수 있다.

밤에 해야 할 일

해질 무렵과 밤이 되면 대부분의 개와 사람은 불안감을 더 느끼는 것이 일반적이다. 따라서 강아지가 낮 동안 혼자 있는 것에 익숙해지기 전까지는 밤에 혼자 두지 말아야 한다. 강아지를 데려온 순간부터 낮에 혼자 있는 훈련을 시작한다.

강아지를 처음 데려온 날 밤에 할 일에 대해서는 5장(52쪽)의 내용을 참고하자.

일부 보호자들은 밤에 강아지를 그냥 '울도록 놔두는' 방식을 택한다. 애써 마음을 단단히 먹고 아기 강아지의 애처로운 울음소리를 외면한다. 실제로 강아지는 며칠 밤이 지나면 '아무도 오지 않는다'는 것을 배우고 울음을 그치기도 한다. 그러나 그렇게 배운 강아지는 울지 않을 뿐이지, 여전히 혼자라고 느끼며 버려졌다는 감정이 사라진 것은 아니다.

이런 방식은 강아지가 평생 혼자 있을 때 불안해하는 성향을 갖게 만들 수 있다. 반려견은 보호자가 외출할 때 종종 집에 혼자 남겨지는 일이 있기 때문에 처음부터 시간을 들여 천천히 격리 훈련을 해주는 것이 훨씬 더 바람직하다. 낮부터 혼자 있는 것에 익숙해지도록 차근차근 훈련을 시작하고, 이후 밤 시간으로 점차 확장해 나가는 것이 가장 효과적이다.

보호자가 외출할 때 해야 할 일

강아지가 30분 동안 혼자 있는 것에 편안해지기 전까지는 가족 중 누군가가 곁에 머물러 주는 것이 가장 좋다. 그렇지 않고 강아지가 감당할 수 있는 시간을 초과해서 혼자 두게 되면 지금까지의 격리 훈련이 무의미해질 수 있고, 심지어는 이후 훈련이 꽤 오랫동안 진전되지 않을 정도로 큰 충격을 받을 수도 있다.

다른 방법으로는, 신뢰할 수 있는 사람이 집에

> 강아지를 데려오자마자 혼자 있는 훈련을 시작해야 한다.

와서 강아지를 돌보게 하거나 신뢰할 수 있는 친구나 이웃에게 맡길 수 있다.

강아지를 위해 휴가를 냈을 때

많은 사람들이 새로 데려온 강아지를 돌보기 위해 휴가를 낸 뒤 몇 주 후에 직장에 복귀한다. 이때, 격리 훈련을 충분히 마치지 못한 채 복귀하게 되면 강아지는 늘 누군가와 함께 있다가 갑자기 몇 시간씩 완전히 혼자 남겨지게 된다. 이러한 변화로 강아지는 큰 충격을 받게 되고, 짖거나 과하게 물어뜯고 실내에 배변을 하는 등의 문제행동을 보인다. 겉으로 드러나는 증상이 없더라도 보호자가 없는 시간 동안 강아지는 내내 외로움과 불안을 느낄 수 있다.

재택근무를 할 수 없거나 강아지를 직장에 데려갈 수 없다면, 적어도 생후 첫 1년 간은 신뢰할 수 있는 사람이 강아지를 돌볼 수 있도록 계획을 세우는 것이 좋다. 이 사람은 강아지 교육과 훈련의 많은 부분을 담당하게 될 것이며 주중에는 보호자보다 더 많은 시간을 함께 보내게 될 수도 있으니 신중하게 선택하자.

또는 강아지 유치원을 고려해볼 수도 있다. 직원들이 개별적인 관심을 기울이고 자주 상호작용하려는 노력을 기울이는 곳인지 확인하자. 여러 마리의 강아지를 한데 모아두고 방치하는 곳이라면 피하는 것이 좋다.

강아지를 차나 다른 장소에 혼자 두기

강아지가 익숙한 환경에서 혼자서 30분 정도 편안하게 있을 수 있게 된 후에 차나 새로운 장소에 혼자 두는 훈련을 시작하는 것이 좋다. 그 시

강아지는 문이 닫히는 순간 느끼게 되는 강한 외로움을 스스로 이겨내는 법을 배워야 한다.

점이 되면 아주 짧은 시간 동안 자동차에 혼자 두는 연습을 시작한다. 가능하면 카메라로 강아지의 반응을 살펴보면서 점차 혼자 있는 시간을 늘려가자.

강아지가 차에 혼자 있는 것에 익숙해지는 것은 여러모로 유용하지만 몇 시간 이상 차에 두는 것은 피해야 한다. 특히 어리고 체구가 작은 강아지일수록 체온 조절이 어렵기 때문에 더위나 추위에 취약하다.

또한, 도난의 위험도 반드시 고려해야 한다. 마트나 상점에서 쇼핑하는 동안 공용 주차장이나 길가에 주차한 차 안에 강아지를 혼자 두는 일은 매우 위험하다. 누군가가 차를 부수고 침입할 수도 있기 때문이다.

마찬가지로, 단 몇 분이라도 강아지를 밖에 묶어 두고 잠시 자리를 비우는 행동도 금물이다. 잠시 시야를 벗어나는 것만으로도 사고로 이어질 수 있다.

차량 이동에 대한 자세한 내용은 6장(82쪽)을 참고하자.

CHAPTER FOURTEEN
강아지 훈련하기

개가 보호자의 명령에 기꺼이 따르고 신호나 음성 지시에 반응할 수 있다면 함께 사는 것이 훨씬 수월해질 수 있다. 이러한 개는 일반적으로 삶의 질도 높고, 주인의 요청을 무시하거나 이해하지 못해 물리적으로 제지해야 하는 개보다 밖에 나갈 기회도 더 많다. 훈련의 목적은 개가 이해할 수 있는 일련의 음성 신호를 익히게 하고, 그 지시에 따르고자 하는 동기를 갖도록 하는 데 있다. 이렇게 하면 일상이 훨씬 편안해진다. 훈련을 통해 얻게 되는 또 다른 효과는 반려견이 보호자와 더 깊은 교감하고, 보호자가 원하는 바를 미리 예측하여 그에 맞춰 행동하려고 하는 것이다. 이렇게 하면 보상을 받기 위한 긍정적인 순환이 자연스럽게 형성된다.

보상을 주는 방식의 훈련법은 실수에 대한 체벌에 의존하는 방식보다 강아지를 더 빠르게 가르칠 수 있다. 이는 강아지의 나이와 상관없이 새로운 환경에 적응한 이후 언제든지 적용할 수 있다.

1부: 강아지에게 무엇이든 쉽게 가르치는 방법

시행착오를 통한 학습

강아지도 인간과 마찬가지로 성공과 실패를 통해 배운다. 예를 들어, 불 가까이 다가갔다가 코를 데인 개는 다시는 그런 행동을 하지 않는다. 짖어서 주의를 끌려 했지만 아무도 반응하지 않으면, 결국 그 행동을 멈추게 된다. 반면에 쓰레기를 뒤졌더니 음식이 나왔다면 그것은 보상을 받은 행동으로 반복될 가능성이 높다.

보상을 받는 행동을 반복하거나, 보상이 없는 행동을 중단하는 것은 모든 학습의 기본 원리이다. 이는 개에게도 똑같이 적용된다. 강아지를

먹이, 놀이, 칭찬을 활용한 긍정적인 방식으로 강아지를 훈련하면 보호자와의 유대감이 더욱 깊어진다.

훈련의 기본 원칙

1. 원하는 행동을 유도할 방법을 찾는다. 예를 들어 간식을 이용해 앉기를 유도하거나 반가운 인사와 간식 약속을 활용해 부르면 오게 하는 방식 등이 있다.
2. 행동을 충분히 보상한다.
3. 1단계와 2단계를 여러 차례 반복하여 행동이 잘 학습되도록 한다.
4. 과장된 수신호를 추가한다. 예를 들어 강아지를 엎드리게 하려면 어깨에서부터 강아지의 코 쪽으로 손을 크게 쓸어내리는 동작처럼 제스처를 좀 더 눈에 띄게 하여 과장하여 먼저 보여주는 것이다.
5. 4단계를 여러 차례 반복하고, 강아지가 수신호만 보고도 행동을 하게 되면 점차 수신호의 크기를 줄여 더 미묘한 신호로 전환해간다.
6. 강아지가 미묘한 수신호에 반응하기 시작하면 손짓보다 살짝 앞서 음성 신호를 추가한다.
7. 6단계를 약 100회 정도 반복하여 진행한다. 그러면 강아지는 음성 신호만으로도 반응하게 된다.
8. 5단계 또는 7단계를 마쳤다면, 여러 장소에서 훈련을 반복한다. 새로운 장소에서는 1단계부터 시작해 강아지가 어디서든 음성과 손 신호에 반응하도록 훈련한다.
9. 점점 더 산만하고 흥미로운 환경에서도 훈련한다.
10. 특정 자세를 유지해야 하는 행동은 시간을 늘려간다.
11. 예를 들어 개를 다시 부르는 훈련을 할 때는 거리를 점차 늘려가며 훈련한다.

훈련시키기 위해서는 이 과정을 활용해 상황을 조정하여 강아지가 보호자가 원하는 행동을 스스로 배우도록 만들기만 하면 된다.

훈련에 더 많은 노력을 들일수록 강아지는 더 잘 훈련될 것이다. 많은 사람들이 훈련의 7단계까지는 도달한 후 멈추는데, 이 경우 강아지는 집 안처럼 특별한 자극이 없는 환경에서는 잘 반응하지만 외부나 혹은

주변에 방해 요소가 있을 때는 전혀 반응하지 않는다. 정말 잘 훈련된 강아지를 만들기 위해서는 끈기가 필요하며, 긍정적이고 즐거운 방식을 적용하는 훈련사와 함께하면 훈련이 훨씬 쉬워진다. 이런 경우, 훈련 동기를 유지하며 더욱 발전시키고자 하는 의욕을 북돋울 수 있다.

건강한 관계 형성

보상 중심 훈련을 최적으로 진행하기 위해서는 강아지와의 좋은 관계 형성이 중요하다. 강아지는 보호자를 훌륭한 선생님이자 친구로 인식해야 한다.

음성 신호에 반응하도록 가르치는 데 있어, 주의를 기울이도록 유도하는 것은 중요하다.

싶어 하고 더 기쁘게 하려고 노력한다. 이러한 관계는 일상적인 상호작용을 통해 자연스럽게 형성되며(66쪽 참고), 훈련 과정을 통해 더욱 강화되어야 한다.

보상 중심 훈련에서 또 하나의 필수 요소는 강아지가 보호자를 위협적이지 않은 존재로 인식하는 것이다. 그래야만 강아지는 보호자와 함께 있을 때 편안함을 느끼고, 학습을 방해하는 불안감 없이 훈련에 집중할 수 있다. 모든 동물은 두려움이 없을 때 더 빠르게 배우고 잘 기억한다. 따라서 보상 중심의 훈련이 훨씬 더 효과적이며 강아지가 현재 주어진 과제에 전력을 다할 수 있도록 해준다. 강아지와 보호자 간의 신뢰 분위기는 창의성을 높이고, 강아지가 실수에 대한 두려움 없이 보상을 얻기 위한 새로운 시도를 하게 만든다.

과거의 훈련 방식은 상당한 수준의 체벌을 수반했다. 이 방식은 개에게 매우 불쾌한 경험이었기 때문에 한때 강아지들은 생후 6개월이 될 때까지 훈련을 받지 않은 채 방치되곤 했다. 만약 전문 훈련사가 아무리 경미하더라도 힘이나 처벌을 사용하는 훈련법을 권장한다면, 이는 시대에 뒤떨어진 방식이므로 다른 대안을 찾는 것이 바람직하다.

실수는 넘어가자!

훈련 중에는 강아지를 꾸짖거나 교정하려 하지 말아야 한다. 부정적인 경험은 강아지가 학습에 흥미를 잃게 만들기 쉽다. 강아지가 훈련 도중 실수를 하더라도 무시하고, 대신 보호자가 원했던 행동에 집중하여 보상해주는 것이 효과적이다.

동기 부여와 보상

보상은 강아지가 원하는 것이라면 무엇이든 될 수 있다. 가장 일반적이고 사용하기 쉬운 보상은 음식, 사람과의 즐거운 사회적 접촉, 장난감으로 하는 놀이 등이 있다.

보호자에 대한 존경심이 클수록 강아지는 기쁘게 하려고 더 열심히 노력하게 된다. 훈련에 재미와 유쾌함을 더하면 강아지는 훈련을 더 즐기고 더 빠르게 학습할 수 있다. 보호자가 좋은 친구가 되어주면 강아지는 보호자와 함께하고

강아지마다 동기를 부여하는 요소가 다르기

훈련에 사용할 수 있는 간식의 종류는 매우 다양하지만, 부드럽고 향이 강하며 육류 함량이 높고 손으로 쉽게 다룰 수 있는 간식이 가장 효과적이다.

> **꼭 기억하자!**
>
> 훈련에 성공하려면 친절하고 숙련된 훈련사, 실수에 대한 두려움이 없는 환경, 강한 동기부여, 충분한 반복 학습이 필요하다.

때문에 자신의 강아지에게 가장 큰 보상이 무엇인지 파악해야 한다.

보상 중심 훈련은 강아지가 원하는 보상을 얻기 위해 노력할 만큼 충분히 원활할 때 이루어진다. 학습은 강아지에게도 힘든 일이므로 강아지가 훈련을 위해 노력할 수 있도록 충분히 가치 있는 보상을 해야 한다.

훈련을 시작하기 전에, 강아지가 가장 원하는 것이 무엇일지 먼저 생각해보자. 식사 전이라면 배가 고프기 때문에 음식이 효과적인 보상이 될 수 있다. 반대로 배가 고프지 않지만 놀고 싶은 상태라면 장난감을 활용한 놀이가 좋은 보상이 될 수 있다. 시간이 지나면, 보호자는 특정 순간 강아지가 무엇을 가장 바라는지 더 잘 파악하게 될 것이다. 처음에는 선택지를 제시해보고, 선호하는 보상이 무엇인지 테스트해보는 것이 좋다.

1~2주 동안 동일한 보상을 사용하다 보면, 강아지가 이전에는 열심히 노력하던 보상에 흥미를 잃는 경우가 생긴다. 강아지도 같은 자극에 쉽게 질릴 수 있으므로 매주 보상을 바꾸어 주는 것이 기대한 반응을 다시 끌어올리는 데 도움이 된다. 어떤 강아지는 특히 쉽게 지루해할 수 있어서 한 번의 훈련에도 보상을 여러 차례 바꿔야 할 수도 있다.

보상의 우선순위 정하기

강아지가 가장 좋아하는 것부터 가장 덜 좋아하는 것까지 제공할 수 있는 보상 목록을 작성해 보자. 이 순서는 강아지의 취향에 따라 달라지며 시간이 지남에 따라 바뀔 수도 있다.

이 목록에는 다양한 종류의 보상을 포함시켜야 한다. 예를 들어 여러 가지 먹이 종류, 다양한 형태의 놀이, 가족의 관심과 애정 표현 등이 모두 해당된다. 강아지가 보호자의 요청에 반응했을 때는 그 노력에 걸맞은 보상을 제공하도록 한다. 가장 좋은 보상은, 새로운 과제를 배우거나 다른 강아지 혹은 아이들과 즐거운 시간을 보내고 있는 도중에 부르면 응답하는 것처럼 매우 어려운 행동에 사용해야 한다. 반대로, 보호자 앞에 앉거나 방해 요소가 없는 상황에서 부르면 오는 행동처럼 이미 잘 알고 있는 행동에는 상대적으로 덜 좋아하는 보상을 사용하면 된다. 각 행동이나 훈련과제의 목록을 작성하고, 그 과제가 강아지에게 얼마나 어려운지에 따라 적절한 보상을 배정해보자.

이렇게 하면 강아지가 받은 보상에 만족할 수 있다. 만약 강아지의 집중력이 떨어지거나 동기부여가 낮아지는 경우에는, 보상의 수준을 높여 강아지의 흥미를 다시 끌어올릴 수 있다. 또한 강아지가 학습을 방해 받는 내부적인 동기 요인이 있는 지 고려해야 한다. 배변이 급하거나 목이 마르다거나 몸이 좋지 않은 상태가 그런 이유일 수 있다. 훈련을 하기 전에는 강아지의 모든 욕구가 충족되었는 지 확인하자.

먹이로 보상하기

강아지가 식사를 막 마친 후 먹이로 보상을 주려고 하면 그 보상을 얻기 위해 열심히 노력할 가능성은 낮다. 그렇다고 해서 훈련할 때 반드시 배고픈 상태여야 하는 것은 아니다. 사실 지나치게 배고프면 오히려 음식에만 집착하게 되어 학습 과정을 방해할 수 있다.

훈련을 하기에 가장 이상적인 시간은 식사 직전으로 강아지가 약간 출출하지만 지나치게 허기지지 않은 상태가 좋다.

강아지는 냄새가 강하고 부드러우며 맛있는 간식이 보상으로 나올 때 가장 잘 반응한다. 육류는 대부분 효과적인데, 햄이나 질산염 등 첨가물이 포함된 가공육은 피하고 익힌 닭고기, 소시지, 간 등을 잘게 잘라서 주는 것이 좋다. 이런 육류는 오븐으로 건조시키면 부드러움은 사라지지만 밀폐 용기에 보관하면 언제든 사용할 수 있다는 장점이 있다. 이런 간식 통을 집 안 여러 곳에 두면, 짧은 시간을 활용해 훈련할 수 있을 때 쉽게 사용할 수 있다. 곡물 함량이 높은 간식은 식욕을 자극하는 정도가 낮으므로 가능하면 피하는 것이 좋다.

간식을 직접 만들지 혹은 시중의 간식을 활용할지는 보호자의 선택이지만 중요한 것은 간식의 크기가 작아야 한다는 점이다. 중형견 기준으로는 약 5mm 이하로 대략 완두콩 한 알 크기가 적당하다. 간식이 작을수록 강아지가 금세 배부르기 어려워 훈련 시간을 더 길게 유지할 수 있다.

많은 사람들이 훈련 초기 단계에서 강아지에게 얼마나 많은 간식을 사용해야 하는지에 놀라곤 한다. 어린 강아지는 배워야 할 것이 많기 때문에 보상 중심 훈련법이 효과를 발휘하려면 상당량의 간식이 필요하다. 강아지가 필요한 행동을 익히고 나면 보상의 빈도는 점차 줄일 수 있

신뢰와 존중에 기반한 관계가 가장 이상적인 훈련의 출발점이다.

지만, 초반에는 간식을 너무 아까워하지 말고 충분히 보상해주는 것이 좋다. 훈련에 사용되는 간식 때문에 강아지가 과체중이 될까 걱정된다면, 식사량을 그에 맞춰 조절하면 된다.

훈련을 시작할 때 새로운 간식은 천천히 노출하여 소화에 부담을 주지 않도록 한다. 처음에는 아주 소량만 주고, 며칠에 걸쳐 점차 양을 늘리는 방식이 이상적이다. 지방, 염분 또는 첨가물이 많은 치즈와 같은 음식은 과하게 주지 않도록 주의해야 한다.

보호자의 인정과 칭찬

간식으로 보상하는 훈련은 보호자가 원하는 바를 이해시키는 데 도움을 준다. 물론 간식은 충분히 보상 역할을 하지만, 동시에 강아지는 보호자의 인정과 칭찬을 바란다. 강아지는 간식뿐 아니라 밝고 따뜻한 칭찬을 함께 받을 때 훨씬 빠르게 배운다. 언어적 칭찬은 톤이 높고 즐거우며 흥분된 목소리로 표현할 때 가장 효과적이다.

어떤 강아지들은 신체 접촉을 좋아하지만, 대부분의 어린 강아지들은 아직 접촉을 즐기기보다는 낯설고 부담스럽게 느끼는 경우가 많다. 등이나 가슴을 가볍게 쓰다듬어 보는 정도로 반응을 살펴본 후, 강아지가 긍정적으로 받아들인다면 보상의 일부로 활용해도 좋다.

그러나 머리 부위에 손을 대는 것은 피하는 것이 바람직하다. 강아지는 그것을 보상으로 여기기보다 오히려 불편해한다. 특히 불러서 돌아오는 훈련 중에 머리를 만지면, 강아지가 도착한 후 손을 피하려 하거나 아예 보호자에게 오기를 꺼릴 수 있다. 예를 들어 달려오다가 마지막 순간에 방향을 틀거나 머리를 돌려 터치를 피하는 방법을 익히게 된다.

대부분의 강아지, 특히 인간과 함께 일하도록 개량된 견종의 후손들은 보호자의 칭찬을 반기고, 좋은 관계가 형성되어 있다면 보호자를 기쁘게 하는 일을 즐긴다. 그러나 일반적인 반려견들은 일상 속에서 이미 충분한 애정과 사회적 교류를 받고 있기 때문에 칭찬은 보상 체계 내에서 비교적 우선순위가 낮은 경우가 많다. 따라서 높은 집중력이나 노력이 요구되는 훈련에서는 칭찬만으로는 동기를 부여하기에 부족할 수 있다.

청소년기에 접어들어 외부 세계에 더 관심을 갖게 되는 강아지들이나 사냥개처럼 독립적인 특성을 지닌 견종은 보호자의 칭찬만으로는 훈련 동기를 얻기 어렵다. 이러한 유형의 개들은 흔히 '고집스럽다'고 불리지만, 실제로는 인간을 기쁘게 하는 것 외에 다른 동기에 의해 행동하는 것뿐이다.

장난감과 놀이

나중에 강아지가 장난감을 가지고 노는 즐거움을 알게 되면 게임은 강아지에게 동기를 부여하고 행동에 대한 보상으로 활용될 수 있다. 장난감 놀이는 보호자의 칭찬을 확장하는 방법이며, 보호자와 함께 노는 그 자체가 강아지에게 매우 큰 보상이 된다(자세한 내용은 9장, 116쪽 참고).

일부 강아지들은 먹는 것에 큰 관심이 없고 오직 장난감 놀이에 더 반응하는 경우도 있다. 이때 기억해야 할 점은 강아지에게 진정한 보상은 놀이 자체이지 단순히 장난감을 차지하는 것이 아니다. 강아지가 올바른 행동을 했을 때는 짧게라도 함께 놀아주는 것이 중요하다.

다만, 놀이 후 장난감을 회수하는 데 시간이 걸리기 때문에 가능하다면 훈련 초기에는 간식을 활용하는 것이 더 간편하고 효율적이다.

일상생활에서의 보상

간식, 칭찬, 놀이 외에도 일상 생활에서 강아지의 노력을 보상할 수 있다. 이때 보상은 강아지가 원하는 모든 것이 될 수 있는데, 예를 들어 리드줄을 풀어주거나 열린 문을 통해 달려나가는 기회 등이 이에 해당된다.

이러한 자연스러운 보상을 이미 익힌 행동의 강화 수단으로 활용하면 해당 행동을 더욱 확실히 훈련할 수 있으며 흥분된 상황에서도 자제력을 길러주는 데에도 도움이 된다.

보상을 뇌물처럼 사용하지 않기

보상을 미리 보여주고 강아지에게 그것을 얻기 위해 행동하라고 요구하는 것은, 사실상 뇌물을 주는 것과 같다. 이렇게 되면 강아지는 수행해야 할 행동에 필요한 노력과 보상의 가치를 비교하여 보상이 크다고 판단될 때에만 반응하게 된다. 대신, 보상의 가치를 충분히 높게 유지하되, 강아지가 요구한 행동을 완수한 후에만 보상을 제시하도록 한다. 단, 음식을 유인으로 하는 경우는 예외이다(206쪽 참고). 이렇게 하면 강아지는 보상이 보이지 않더라도 혹시 좋은 보상이 있을지 모른다는 기대감으로 반응하는 습관을 갖게 되며, 보상이 보일 때만 반응하는 태도를 피할 수 있다.

다양한 장소에서의 훈련

강아지에게 거실에서 앉기 훈련을 가르쳤다면, 정원이나 길가에서 같은 명령을 했을 때 그 이해하지 못할 수 있다. 이는 강아지들이 특정 행동 하나만 배우는 것이 아니라, 그 행동을 둘러싼 전체적인 상황과 연관된 요소들을 함께 학습하기 때문이다.

예를 들어, 거실에서 의자에 앉은 상태로 강아지에게 '엎드려'를 가르쳤다고 가정해보자. 이 경우 강아지는 보호자가 특정 위치에 앉아 있는 상태이고 특정 의자에 앉아 있으며 자기를 정면으로 바라보고 특정한 어조로 음성 신호를 줄 때 바닥에 엎드리면 보상을 받을 수 있다는 것

> 집 안의 손 닿기 쉬운 곳에 간식통을 여러 개 비치해두면, 시간이 날 때마다 자연스럽게 훈련을 할 수 있다.

새로운 행동을 가르칠 때는 조용하고 익숙하며 방해 요소가 없는 장소에서 훈련해야 강아지가 보상받는 방법에 온전히 집중할 수 있다.

을 알게 된다.

강아지는 '보호자가 "엎드려"라고 말하면 팔꿈치를 바닥에 대야 보상을 받을 수 있다'는 규칙 자체를 배우지 못한 것이다. 앞서 언급한 연관 요소들 중 하나라도 사라지면, 강아지는 보호자가 무엇을 원하는지 이해하는 데 어려움을 겪게 된다. 예를 들어, 보호자가 강아지를 주방으로 데려가 옆에 서서 '엎드려'를 지시하면, 강아지는 그것이 어떤 행동을 의미하는지 알지 못할 수 있다. 마찬가지로, 집에서만 '앉아'를 가르친 경우, 밖에 나가 횡단보도 앞에서 '앉아'를 지시해도 강아지는 그 의미를 이해하지 못할 수 있다. 이는 집에서는 지시에 즉각 반응하더라도, 낯선 장소에서는 그렇지 않은 반응을 보일 수 있다는 것을 의미한다. 강아지가 보상을 받기 위해 무언가를 하려는 의지가 충분하더라도 말이다.

이 문제를 해결하려면, 음성 지시어 자체를 제외한 모든 주변 연관 요소들을 하나씩 제거해가며 훈련해야 한다. 즉, 다양한 장소에서 강아지의 위치나 보호자와의 상대적 거리, 음성의 톤 등을 변화시켜가며 같은 행동을 반복 학습시켜야 한다. 이렇게 하면 강아지는 특정한 상황이 아니라, 음성 지시어 그 자체가 특정 행동을 하면 보상을 받을 수 있다는 신호임을 이해하게 된다. (대부분의 반려견이 '앉아'라는 지시어만 알고 있는 이유는 보호자가 다양한 상황 속에서 이 지시어만 반복해서 사용하기 때문이다.)

각 훈련 동작을 다양한 장소에서 반복 연습해야 한다. 강아지가 이미 익숙한 지시어라도 다른 환경에서는 전혀 알아듣지 못하는 듯한 반응을 보일 수 있으므로, 이러한 반응에 놀라지 말고 인내심 있게 다시 그 상황에서 교육 과정을 반복해 보여주면 된다. 이렇게 할 때마다 강아지의 이해도는 더욱 깊어지며, 다음 번에는 보호자의 의도를 더 빨리 파악하게 된다. 결국에는 어느 장소에서든 첫 번째 지시만으로도 반응하게 될 것이다. 훈련은 가능한 자주 반복하고 강아지에게 특정 자세가 실생활에서 필요할 때 활용하는 것이 좋다. 예를 들어 산책이나 목욕 후 강아지를 말릴 때 '서'라고 지시하여 배 아래를 타월로 닦아줄 수 있다.

만약 강아지가 지시에 반응하지 않는다면, 잠시 시간을 주어 보호자의 의도를 생각할 수 있도록 하고, 그래도 반응이 없다면 간식 유인을 통해 원하는 자세로 유도한다(212쪽 참고). 올바르게 수행했을 때는 칭찬을 아끼지 말고 보상도 함께 제공해야 한다.

강아지가 음성 지시어를 진정으로 이해했는지를 확인하고 싶다면 다른 사람에게 리드줄을 잡게 하고 보호자는 등을 돌린 상태에서 지시어를 말해보자. 강아지가 그 말을 진짜로 이해하고 있다면 보호자의 말에 따라 행동할 것이다. 만

강아지가 오로지 신호에만 반응하도록 학습하려면, 동일한 훈련 동작을 다양한 장소에서 반복해 가르치는 것이 중요하다.

약 꼬리만 흔들며 멀뚱히 서 있기만 하다면, 아직 해당 지시어를 충분히 학습하지 않은 것이다.

방해 요소 넣기

강아지가 여러 장소에서 음성이나 수신호에 잘 반응하게 되면 이제 주변에 방해 요소가 있을 때도 반응할 수 있도록 훈련을 확장해야 한다. 처음에는 크게 흥미를 느끼지 않을 정도의 방해 요소부터 시작해서 점차 강아지가 보호자의 지시보다 더 선호하는 자극으로 범위를 넓혀 나간다. 강아지가 이러한 상황에서도 지시에 잘 반응하면 반드시 충분히 가치 있는 보상을 줘야 하며 그 행동이 보상받을 만한 것이었음을 인식하게 해야 한다. 이렇게 하면 다음에도 같은 상황에서 동기를 얻게 된다.

강아지는 쉽게 산만해지기 때문에 처음에 반응하지 않더라도 주의를 끌어 다시 지시를 내린다. 필요하다면 초기 훈련 단계로 되돌아가 자세를 유도하거나, 주변 자극이 조금 더 적은 장소로 옮겨 훈련 강도를 조절한다.

중요한 것은 성공 경험을 쌓는 것이므로, 강아지가 반응할 가능성이 높을 때만 지시를 내리도록 한다. 강아지가 보호자보다 다른 자극에 완전히 집중하고 있는 상황에서는 지시를 주지 않도록 주의한다.

소음이 많거나 복잡한 환경에 익숙해질 때까지는 인내심을 가지고 기다리며, 그 이후에 반응을 유도하는 것이 바람직하다.

거리와 지속 시간 늘리기

'이리 와'와 같은 명령이나 '기다려'처럼 일정 시간 행동을 유지하는 훈련에서 거리나 시간을 늘릴 때는 점진적으로 진행하되, 항상 일정한 패턴은 피하는 것이 좋다. 점차적으로 시간이나 거리만 늘리는 방식은 강아지가 동일한 보상을 얻기 위해 점점 더 많은 노력을 해야 하므로 동기 저하로 이어질 수 있다. 대신 때로는 짧은 거리나 중간 정도의 기다림을 섞어 주면 강아지는 언제 보상이 올지 예측할 수 없게 되어 기대감을 유지하고 더 적극적으로 반응하게 된다.

거리나 시간을 늘릴 때는 항상 성공할 수 있는 수준을 목표로 삼아야 하며 현재 훈련 단계에서 감당할 수 있는 범위를 넘어서지 않도록 주의해야 한다. 어떤 날은 강아지가 멀리 가거나 더 오래 기다리는 것이 어려울 것 같다면 요구 수준을 낮춰 성공 경험을 쌓게 하고, 다음에 좀 더 여유가 있을 때 다시 도전하는 것이 바람직하다.

보상 줄이기

훈련에 보상을 사용하는 것에 대한 가장 큰 우

려 중 하나는 주머니에 간식과 장난감을 가득 넣고 다녀야 한다는 점이다. 그러나 이는 훈련 초기 단계에만 해당되며, 보상을 줄이기 시작하는 시점은 강아지가 손이나 음성 신호를 충분히 이해하고, 다양한 상황에서 일관되게 반응할 수 있을 때여야 한다. 그렇지 않은 상태에서 보상을 줄이면 강아지는 혼란을 느끼게 된다. 이는 올바른 행동임을 알려줄 수 있는 유일한 방법이 보상이기 때문이다. 강아지가 훈련에서 알아야 할 내용을 모두 익히는 데는 경우에 따라 1년이 걸릴 수도 있으므로 그 전이나 너무 일찍 보상을 줄이게 되면 오히려 해가 될 수 있다.

강아지가 특정 지시어를 확실히 익힌 후에는 매번 보상을 주기보다는 여러 번 반응을 유도한 후에 주는 방식으로 전환할 수 있다. 이처럼 보상의 빈도를 줄이기 시작할 때는, 예를 들어 부르면 빨리 오거나 즉시 앉는 행동처럼, 반응이 평균 이상으로 뛰어난 경우에 대해 보상하는 것이 효과적이다. 또한 보상을 주지 않더라도 항상 칭찬과 보호자의 인정으로 올바른 행동임을 알려주어야 한다.

복잡한 과제나 어려운 지시에 대해서는 보상을 매번 제공해야 한다. 또한, 다른 개들과 놀다가 즉시 보호자에게 돌아오는 것처럼 인상적인 반응을 보였을 때는 칭찬, 간식, 장난감 등의 보상으로 격려해주는 것이 좋다. 이러한 '큰 성취'는 다음에도 같은 반응을 유도하는 데 효과적이다.

보상의 양을 줄이더라도, 강아지의 노력에 대해 전반적으로 '적절한 보상'을 하고 있는지를 항상 확인해야 한다. 적정 수준 이하로 보상을 줄이면 강아지는 노력에 대한 가치를 느끼지 못해 낮은 수준으로 반응한다. 특히 청소년기에는 외부 자극보다 보호자에게 반응하는 데에 더 많은 동기 부여가 필요하므로, 보상의 가치와 빈도를 높여야 한다. 강아지의 반응이 전보다 둔해졌다면, 보상의 가치와 빈도를 높여보자.

타이밍
효과적인 훈련을 위해서는 정확한 타이밍이 중요하다. 강아지가 올바른 행동을 시도하는 순간에 보상을 해야 해당 행동이 강화한다. 따라서 즉각적인 보상이 가장 효과적이다.

보상이 늦어지면 강아지가 다른 행동을 보상받았다고 오해할 수 있다. 예를 들어, '앉아'를 유도해 놓고 간식을 꺼내느라 한참을 허비하면 강아지는 마음이 이미 딴 데로 가 있을 수 있고, 설령 여전히 앉아 있다고 해도 실제로는 '일어나려는 상태'를 보상받게 될 수도 있다.

강아지가 올바른 행동을 했을 때 즉시 보상해주는 게 맞지만 훈련 중에는 보상이 눈에 보이지 않도록 숨겨야 집중에 방해되지 않는다. 단 유인할 때는 예외이다(212쪽 참고). 한 손에 간식을 미리 들고 등 뒤에 숨겨 놓고 필요할 때만 꺼내는 방법이 좋다. 혹은 간편하게 꺼낼 수 있는 간식 파우치를 사용해 보상이 필요한 순간에 즉시 꺼낼 수 있도록 하자.

정확한 타이밍을 맞추는 게 어렵지는 않지만 간식을 항상 손에 쥐고 능숙하게 다루는 기술은 학습과 시간이 필요하다. 어떤 사람들은 타고난 것처럼 능숙해보이지만 실제로는 연습할 기회가 많았을 것이다. 아래에 소개하는 훈련 게임은 강아지를 실제로 훈련하기 전에 이러한 기술을 연습할 수 있는 기회를 제공한다. 이를 통해 보호자의 미숙함으로 강아지가 혼란을 겪고, 양쪽 모두 좌절감을 느끼며 훈련을 시작하게 되는 상황을 예방할 수 있다. 이 게임은 《Don't Shoot the Dog》의 저자로 저명한 동물 행동학자이자 돌고래 훈련사였던 카렌 프라이어에게서 비롯된 것이다.

훈련게임

이 게임에는 최소 두 명이 필요하다. 한 사람은 '훈련사' 역할을, 다른 한 사람은 '개' 역할을 맡는다. '훈련사'는 방 안에 남아 간단한 과제를 생각해두고, '개' 역할을 맡은 사람은 그 과제에 초대받을 때까지 방 밖에 있어야 한다. 처음에는 지정된 의지에 앉기 같이 단순한 걸로 시작하는 게 좋다.

'훈련사'는 아무 말도 하지 않고 '개'가 과제를 완수하도록 도와야 한다. '개'가 목표에 가까워질 때마다 '예스'라고 말하거나, 손뼉을 치거나 혹은 동전이나 초콜릿같은 보상을 빈 그릇에 던진다. 다 끝나면 '개'에게 모아둔 보상을 준다. 예를 들어, '개'가 목표 방향으로 한 걸음 다가가면 보상을 줄 수 있다. '개' 역할을 맡은 사람은 창의적인 움직임을 시도하며 '훈련사'가 보상을 줄 수 있도록 해야 한다.

'개'는 방에 들어와 여러 동작을 시도하며 훈련사에게 보상을 얻으려고 한다.

결국 어떤 방식으로든 성공하게 되면 '훈련사'는 보상을 주고, '개'는 점차 과제 목표에 가까워지고 최종적으로 과제를 완수하게 된다. '훈련사'가 보상을 아끼지 않으면 '개'는 더 명확한 피드백과 지속적인 동기를 얻게 되고, 훈련은 훨씬 원활하게 진행된다.

이 게임에서 '개'와 '훈련사' 양쪽 역할을 모두 해보는 것은 매우 유익한 경험이다. '훈련사' 역할을 통해 보호자는 타이밍의 중요성을 몸소 느끼게 된다. 우연히 또는 늦은 타이밍에 보상을 줬을 때 '개'가 그 보상받은 행동을 계속 반복한다는 사실도 알게 된다. 반복해서 훈련사 역할을 해보며 반응 속도를 기르자. 또한, 원하는 행동을 이끌어내는 데 얼마나 시간이 걸리는지, 그리고 '개' 입장에서는 어떤 행동을 원하는지 이해하는 것이 얼마나 어려운지를 체감하게 된다.

'개' 역할을 해보면 타이밍이 조금만 어긋나도 훈련을 따라가는 것이 얼마나 답답한 일인지 알게 된다. 아무리 타이밍이 완벽하더라도, 훈련사가 원하는 바를 이해하는 것은 여전히 쉽지 않다. 훈련사가 숙련된 사람이라 하더라도 '개' 역할은 상당한 정신적 부담을 주는 활동임을 실감하게 된다.

특히 여러 사람이 지켜보는 상황에서 '개' 역할을 맡으면 올바른 행동을 해야 한다는 압박감이 더욱 커진다. 강아지들도 똑같이 이런 압박감을 느낀다. 어느정도 훈련이 되가면서, 보호자가 어떤 특정 행동을 지시하고 있다는 사실을 알지만 그것을 제대로 이해하지 못했을 때 더욱 그렇다. 이럴 때 강아지는 앉아서 몸을 긁거나 하품하는 등의 행동을 보이는데 이는 긴장을 해소하기 위한 대체 행동이다.

이러한 행동이 보이면 강아지가 혼란을 느끼고 있다는 신호로 받아들이고 지금 하고 있는 훈

보상을 주는 데 너무 오래 걸리면 강아지는 이미 다른 것에 관심을 돌리게 되고, 원하는 행동에 대한 보상의 타이밍을 놓치게 된다.

련을 보다 쉽게 이해할 수 있도록 도와주는 것이 중요하다.

'개' 역할을 해보면, 요구하는 게 무엇인지 파악하려고 계속 집중하는 것이 얼마나 피곤한 일인지 알게 된다. 이것이 훈련 세션을 짧게 유지해야 하는 중요한 이유이다. 게임이 끝난 후에는 '개' 역할을 맡았던 사람에게 무엇을 배웠는지 물어보는 것도 유익하다. 대개 '개'는 '훈련사'가 의도하지 않은 여러 동작까지 학습했음을 알 수 있다. 예를 들어, '훈련사'는 단순히 방에 들어와 특정 의자에 앉기를 가르치려 했지만, 실제로 '개'는 방에 들어와 벽난로 쪽으로 걸어간 후 두 번 돌고 나서 의자에 앉기를 학습했을 수도 있다. 이러한 불필요한 행동들을 '미신적 행동(superstitious' behaviours)'이라 부른다. 이는 개가 보상을 받기 위해 그 행동들도 필요하다고 잘못 믿게 되는 현상을 말한다.

이처럼 훈련 과정에서 개가 얼마나 쉽게 '미신적 행동'을 학습할 수 있는지를 아는 것은 매우 중요하다.

말이 통하지 않은 상태에서 무언가를 가르치고 배우는 일은 결코 쉽지 않지만, 불가능한 일도 아니다. 이 훈련 게임을 통해 보호자는 강아지의 입장이 어떤지 느낄 수 있고, 실제 훈련에 유용한 기술을 새로 익히거나 향상시킬 수 있다. 단순히 설명을 읽는 것만으로는 충분하지 않다. 필요한 기술을 익히려면 강아지를 훈련하기 전에 이 게임을 다른 사람과 시도해 보자.

훈련은 짧게

학습은 에너지를 많이 소모하는 과정이다. 어린 강아지들은 장시간 집중이 어렵고 체력과 주의

> 어린 강아지는 피로감을 쉽게 느끼므로 훈련은 짧게 진행하고, 충분히 쉬게 한다.

력이 부족하다. 따라서 훈련은 매우 짧게, 한 번에 1~3분 정도로 유지하되 하루에 여러 번 반복하는 것이 좋다.

컨디션 체크하기

강아지가 얼마나 잘 배우느냐는 그날의 컨디션에 달려 있다. 사람과 마찬가지로, 개도 건강하고 기분이 좋을 때 가장 잘 학습한다. 몸이 안 좋거나 혹은 겁먹거나 피곤한 상태에서는 학습 능력이 저하된다. 어떤 강아지들은 넘치는 에너지로 학습에 집중하지 못하기도 한다. 이때는 훈련 전에 짧게 뛰어놀 수 있는 시간을 주는 것이 도움이 된다. 훈련 시작 전에 강아지의 기본적인 욕구가 모두 충족되었는지 확인한다.

수신호, 신체 자세, 음성 신호

개는 언어보다 몸짓에 기반한 의사소통 체계를 가지고 있다(29쪽 참고). 따라서 말이나 소리보다 몸짓이나 손짓을 통해 배우는 데 훨씬 능숙하다.

강아지는 음성 신호 의미를 익히기 훨씬 전부터, 보호자가 원하는 것을 파악하기 위해 그의 신체 자세나 손의 움직임을 시각적 단서로 사용한다. 따라서 말이라는 상대적으로 어려운 과제를 가르치기 위해서는 음성 신호와 더불어 수신호와 자세까지 미리 정해두는 것이 효과적이다.

가족 모두가 이 신호 목록에 합의하고 숙지하여 서로 다른 신호를 사용해 강아지를 혼란스럽게 하지 않도록 주의해야 한다. 이 목록은 눈에 잘 띄는 곳에 두어 누구나 쉽게 볼 수 있도록 하자.

음성과 시각적 신호를 일관되게 사용해야 강아지가 더 빠르게 학습한다. 모든 음성 신호는 서로 구별 가능해야 하며, 비슷하게 들려서는 안 된다. 예를 들어, '킷(Kit)'과 '싯(Sit)'처럼 유사한 발음은 혼동을 줄 수 있다.

강아지에게 먼저 수신호를 가르치고, 확실하게 반응하기 시작하면 그 다음부터 수신호를 주기 직전에 음성 신호를 추가한다. 훈련이 일관되게 유지된다면, 강아지는 곧 특정 음성 신호 뒤에 어떤 수 신호가 오는지를 예상하고 점차 음성 신호만으로도 반응하기 시작할 것이다. 이후 강아지의 이해도가 높아지면 수 신호를 쓰지 않고 음성 신호만으로 훈련을 이어갈 수 있다.

얼마나 걸릴까?

하나의 음성 신호를 확실히 익히기까지는 수개월에 걸친 규칙적인 훈련이 필요하다. 약 100회 이상을 반복해야 한다. 하루에 여러 번, 강아지가 학습에 가장 잘 반응하는 시간대를 골라 몇 달간 훈련을 지속하면 기본적인 음성 신호를 곧 익힐 것이다.

그러나 여기에 방해 요소를 포함시키고 거리와 시간을 늘리면서 모든 것을 가르쳐야 하기 때문에 전체적인 훈련에는 더 많은 시간이 필요하다. 훈련은 사춘기의 영향으로 중단되기 마련이며, 매일 꾸준히 훈련할 수 있는 사람도 드물기 때문에 강아지가 일정 수준 이상으로 훈련되었다고 여겨질 수 있으려면 최소 1년 정도는 훈련이 필요하다고 볼 수 있다.

강아지가 최소 12개월이 될 때까지 매일 일정 시간을 훈련에 할애할 수 있도록 훈련 프로그램을 계획하고 구성해야 한다. 동기 부여를 위해 달성 가능한 목표를 설정하고, 가족 모두가 이 프로그램에 참여하도록 한다. 어린 자녀도 포함시킬 수 있지만 반드시 보호자의 감독이 필요하다. 훈련은 몇 분밖에 걸리지 않으므로 특별히 중요한 일이 없는 시간을 활용하면 된다.

훈련을 지속하는 데 어려움을 느낄 수 있는 청소년기에는 긍정적인 분위기의 훈련 수업에 참여하는 것이 큰 도움이 된다. 훈련사가 유쾌하고 친근한 분위기를 이끌어가는 훈련 수업에 참여하면 보호자 본인의 훈련 의욕도 높아지고 훈련 과정 자체가 더 즐겁고 지속 가능하게 느껴질 것이다.

훈련하기에 가장 좋은 시간 중 하나는 산책 때이다. 산책은 어차피 강아지를 위한 시간이므로

원하는 행동을 했을 때 즉시 보상을 주는 것은 성공적인 훈련에 필수적이다.

기본적인 음성 신호와 수신호

행동	음성 신호	자세	수신호	행동	음성 신호	자세	수신호
집중	여기 봐			구르기	굴러		
앉기	앉아			바짝 붙어 걷기	옆으로		
엎드리기	엎드려			주인에게 오기	이리와		
일어나기	일어나			기다리기	기다려		

이 시간을 최대한 효과적으로 활용하는 것이 좋다. 산책 도중 짧은 놀이나 훈련을 간헐적으로 반복하면 강아지는 집 안에서뿐만 아니라 밖에서도 잘 반응하게 된다. 생후 첫 1년 동안 훈련 프로그램에 충실히 임한다면, 성견이 되었을 때 기본적인 음성 신호를 이해하고 보호자의 요청에 잘 반응하게 될 것이다. 이후에는 기억을 되살리고 반응 속도를 유지하기 위한 약간의 훈련만으로 충분하다.

성공을 목표로

훈련 중에는 강아지가 처음부터 올바르게 행동하여 보상을 받을 수 있는 상황을 조성하는 것을 목표로 해야 한다. 강아지가 혼란스러워하거나 전혀 반응하지 않는 상황에서 음성 신호를 반복하면 강아지는 곧 보호자의 목소리에 둔감해지고, 결국 무시하는 법을 배우게 된다.

강아지가 음성 신호에 반응하지 않는다면, 한 단계 뒤로 돌아가 수신호나 유도 동작(212쪽 참고)을 사용해 강아지가 무엇을 해야 하는 지 이해하도록 도와주어야 한다.

훈련이 어느 시점에서 더 이상 진전되지 않는다면, 잠시 멈추고 이유를 생각해보자. 좋은 훈련 수업에 참석하는 것의 장점은 어려운 상황에서 도움을 줄 수 있는 사람이 있다는 점이다. 특히 난관에 부딪혀 훈련을 포기하고 싶은 마음이 들 때, 전문가의 조언은 큰 힘이 된다.

훈련을 계획할 때는 강아지가 매번 무엇이든-아주 작은 것이라도-새로운 것을 배우고, 그에 대해 보상을 받을 수 있도록 구성하는 것이

훈련 중에 사용하는 신호를 일관되게 유지하면 강아지는 더 빠르게 배울 것이다.

중요하다. 이렇게 하면 훈련이 점진적으로 발전하게 되며 이미 알고 있는 반응만 반복하게 되는 상황을 피할 수 있다. 만약 새로운 훈련이 잘 진행되지 않는다면, 강아지가 이미 확실히 알고 있는 동작으로 돌아가 그 행동을 유도하고, 이를 칭찬함으로써 훈련을 긍정적으로 마무리하자.

2부: 실전 훈련

어린 강아지는 주의 집중 시간이 매우 짧기 때문에 처음에 훈련은 짧고 간단하게 시작해야 한다. 훈련은 보호자와 강아지 모두에게 즐거운 경험이 되어야 하므로, 격식 없이 자유롭고 유쾌하게 구성하고 언제든지 놀이로 전환해 학습의 재미를 더한다.

꼬리 흔들기 훈련

훈련을 시작하기 전에 강아지의 주의가 보호자에게 집중되어야 한다. 강아지가 다른 곳을 바라보거나, 보호자에게서 멀어지거나, 발 주변 바닥을 킁킁대고 있을 때는 아무것도 가르칠 수 없다. 훈련을 시작하기 전에 다음의 꼬리 흔들기 게임을 먼저 해보자.

다른 것에 방해받지 않은 조용한 장소에서 강아지가 다른 곳을 바라보고 있을 때 조용하고 분명하게 이름을 부른다. 강아지가 시선을 들어 보호자를 바라보면, 즉시 약간의 간식과 함께 칭찬을 해준다.

이어서 강아지에게 또 다른 간식을 보여주고 보호자의 턱 아래 들고 있는다. 다시 한 번 이름을 부르고, 목소리에 흥분과 즐거움을 담아 강아지의 꼬리가 최대한 흔들리도록 유도한다. 강아지가 매우 신이 난 상태일 때 간식을 준다.

이 훈련을 다양한 장소와 상황에서 자주 반복한다. 그렇게 하면 강아지는 자신의 이름을 들었을 때 즉시 보호자에게 주의를 기울이게 된다. 가족끼리 누가 가장 꼬리를 많이 흔들게 할 수 있는지 게임처럼 진행해보는 것도 좋다.

이후에는 강아지가 이름을 들었을 때 조금 더 오랜 시간 주의를 집중할 수 있도록 조용히 말을 건네며 눈을 마주치는 시간을 점차 늘려보자. 이는 집중력 강화와 함께 방해 요소가 많은 상황에서도 훈련이 더 쉬워지도록 도와준다.

리콜 훈련

200-201쪽의 1~3단계를 연습하자. 항상 누군가가 강아지를 붙잡고 있을 필요는 없다. 강아지가 보호자에게서 어느 정도 떨어져 있고 다른 것에 집중하고 있을 때를 기다렸다가 신나게 이름을 부르고 훈련을 진행하면 된다. 중요한 것

은 강아지가 단지 간식을 얻기 위해서가 아니라, 보호자와 함께 있고 싶어서 달려오도록 만드는 것이다. 이를 위해 보호자와 정서적으로 연결되어 있다는 느낌을 강아지에게 전달하고, 보호자가 자신을 얼마나 똑똑하게 여기는 지를 느낄 수 있게 해주는 것이 중요하다. 단순히 간식만 주는 것으로 끝내지 말자.

강아지를 부를 때는 성공할 가능성이 높을 때만 부른다. 강아지가 다른 일에 너무 흥분해서 반응하지 못할 때, 예를 들어 가족 중 누군가가 집에 들어올 때와 같이 강아지가 너무 신나 있는 상황에서 강아지를 부르면 무시하도록 가르치는 셈이다. 초기에는 그런 순간에 절대 이름을 부르지 말고, 흥분이 가라앉고 보호자의 목소리에 주의를 기울일 수 있을 때까지 기다리자.

강아지는 자신의 이름을 들으면 즉시 보호자에게 달려오는 습관을 익혀야 한다. 훈련은 강아지가 원래도 자연스럽게 올 상황에서 시작하는 것이 좋다. 예를 들어, 먹이를 줄 준비를 한다든가, 자리를 비웠다가 돌아왔을 때가 좋은 타이밍이다.

강아지가 올 때마다 항상 좋은 보상을 준비해두자. 그리고 항상 기쁘고 열정적으로 반겨주어야 한다. 처음 성공했을 때처럼 변함없이 기쁘게 반응해준다.

강아지가 이름과 함께 음성 신호를 듣고, 시야 밖에 있을 때 조차도 즉시 달려오는 수준에 이르면 이제 이 훈련 장소를 바꾸거나 주변 자극이 많은 상황에서도 연습해본다. 산책 중에는 간헐적으로 강아지를 불러오고, 잘 반응 경우에는 간식, 놀이, 칭찬으로 충분히 보상한 후 다시 자유롭게 풀어준다.

산책 중 이 과정을 여러 번 반복해야 한다. 단지 집에 돌아가려고 리드줄을 채우기 직전에만 부르면 안된다. 그렇게 되면 강아지는 부르는 것이 자유가 끝나는 신호로 학습하여 다음에는 오지 않으려 할 수 있다.

강아지가 돌아왔을 때 혼내거나 벌을 주며 이 훈련을 망쳐서는 안된다. 다른데 주의를 돌리다 왔다 해도 돌아왔다는 사실 그 자체가 가장 중요하다. 강아지가 보호자에게 왔을 때 벌을 주는 것은 다음번에 돌아올 가능성을 낮출 뿐이다. 강아지가 좋아하지 않을 만한 행동, 예를 들어 목욕시키기나 가두는 상황에서는 이름을 부르지 말고 직접 가서 데려오는 것이 좋다.

리드줄 당기지 않고 걷기 훈련

강아지가 아직 어리고 작을 때, 리드줄을 당기면 앞으로 가는 것이 아니라 멈춰야 한다는 것을 배워야 한다. 대부분의 강아지가 그 반대를 배우며 자라기 때문에 많은 개들이 보호자를 끌고 다니게 되는 것이다. 하지만 어릴 때부터 '당기면 멈춘다'는 원칙을 배운 강아지는 자라서 산책을 같이 즐기게 되고, 산책의 빈도와 시간도 자연스럽게 늘어난다.

리드줄을 당기지 않고 잘 걷는 법을 가르치려면 훈련 초기부터 일관성을 유지하고 목줄을 절대 당기게 놔두면 안된다. 개들이 기둥에 묶여 있으면 당기는 것이 의미 없다는 걸 곧 배우듯이, 보호자도 '움직이지 않는 기둥'이 되어야 한다. 강아지가 리드줄을 당기면 보호자는 멈춰 선다. 이는 시간과 인내가 필요하지만 강아지가 자라면서 체구가 커졌을 때 산책이 훨씬 편하고 즐거워지는 큰 보상이 될 것이다.

강아지가 목줄이나 하네스에 익숙해지고, 그것에 더 이상 신경 쓰지 않거나 거부감을 보이지 않게 되면 그때부터 리드줄을 느슨하게 유지한 채 걷는 법을 가르치기 시작해야 한다.

202~205쪽의 1~7단계를 반복하여, 강아지가 리드줄을 당기지 않고 보호자 옆에서 걷도록 훈련한다. 이 훈련은 인내를 요하며, 강아지가 매우 활동적인 경우에는 자견기 전체가 걸릴 수도 있다. 훈련 초기에 결과가 즉시 나타나지 않는다고 실망하지 말자. 이는 복잡한 훈련으로 보호자와 강아지 모두가 제대로 해내기까지 시간이 필요하다.

강아지가 아직 예방접종을 완료하지 않아 산책을 나갈 수 없을 때는 집 안과 마당에서 이 연습을 해보자. 그러면 강아지는 더 재미있는 장소로 나가기 전부터 보호자 옆에서 차분하게 걷는 습관을 익히게 된다.

산책 나가기

처음으로 산책을 나가게 되면 강아지는 새로운 냄새와 풍경에 신이 나서 달려 나가려 할 것이다. 이때부터 좋은 습관을 들이는 것이 매우 중요하다. 리드줄을 당기며 걷는 행동을 절대 허용해서는 안 된다. 처음에는 산책할 때 느릴 수밖에 없으므로 인내심을 갖고 충분한 시간을 확보한 상태에서 훈련에 임해야 한다. 처음부터 당기

리콜 훈련은 강아지를 목줄 없이 풀어줄 때 보호자가 안심할 수 있게 해주며, 이는 강아지가 더 자유롭고 풍요로운 삶을 살아가는 데 큰 도움이 된다.

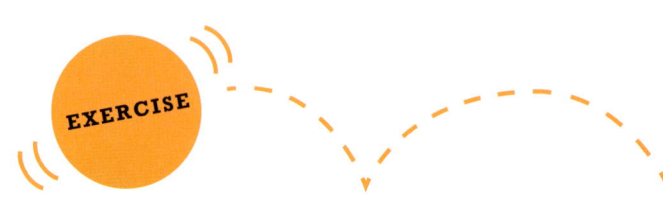

리콜 훈련

1 다른사람에게 강아지를 잡고 있도록 한 다음, 보호자가 부르면 놓아주도록 한다. 강아지에게 아주 맛있는 간식을 보여주며(진짜로 원하는 걸로!), 코 앞에 보여주되 바로 주지 않는다. 몇 걸음 뒤로 물러서면서 "이리 와" 등의 음성 신호를 사용해 신나고 격려하는 목소리로 강아지를 부른다.

2 팔을 활짝 벌리는 자세를 취한다. 강아지가 달려오기 시작하면 마음껏 칭찬하고 경쾌한 목소리로 부른다.

3 강아지가 도착하면 한 손에 간식을 들고, 다른 손은 아래에 둔다. 간식을 받으러 다가오면 간식을 유인책으로 삼아 살짝 몸 쪽으로 끌어당겨 다른 손으로 목줄이나 하네스를 잡는다. 이때 몸을 앞으로 숙이지 말고, 자연스럽게 손을 대어 잡는다. 목줄이나 하네스를 잡은 후 간식을 주고 따뜻하게 칭찬한다. 강아지가 그 상태를 받아들이면 그때 목줄이나 하네스를 놓아주고 자유롭게 돌아다니게 한다. 강아지 머리 위로 손을 뻗거나 갑자기 목줄을 잡으려고 하면 피하려고 하기 때문에 이러한 행동은 삼가야 한다. 또한 칭찬한다고 머리를 마구 만지면 강아지가 불편함을 느껴 피하려고 할 것이다.

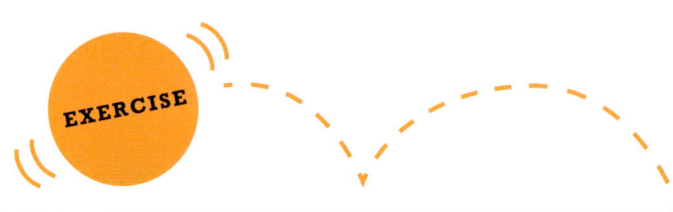

리드줄 당기지 않고 걷기 훈련

1 강아지의 남은 에너지를 소모시키기 위해 활기찬 놀이를 먼저 한다. 그런 다음 목줄이나 하네스에 리드줄을 연결하고 가만히 서있는다. 오른손으로 줄을 잡고 왼손에 간식을 들고 있다. 리드줄은 강아지가 멀리 가지 않도록 막기 위한 용도이며 오른손을 몸에 고정해 움직이지 않도록 한다. 줄로 강아지를 끌어당기려 하지 말고 바닥에 끌리지 않을 정도로만 살짝 느슨하게 조절한다. 간식을 이용해 강아지가 왼쪽 다리 옆에 서도록 유도한다. 잘 하면 칭찬하고 간식을 준다. 이 과정을 반복해서 강아지가 왼쪽 다리 옆에 조용히 서 있으면서 다음 간식을 기다리게 만든다.

2 강아지가 다리 옆에 잘 서 있게 되면 다음 단계로 넘어갈 준비가 된 것이다. 강아지에게 다른 간식이 있다는 것을 보여주고 똑바로 서서 간식을 위로 든다. 강아지의 주의를 끌기 위해 이름을 부르고 줄은 느슨하게 한 상태에서 걷도록 음성신호를 보내고 한 걸음 앞으로 나아간다.

3 앞으로 한걸음 나아가며 몸을 숙여 간식을 주고 따뜻한 격려의 말을 해준다. 1~3단계를 반복해서 강아지가 자연스럽게 따라오게 만든다. 기본동작이 충분히 다져질 때까지 반복한다.

4 자신감이 붙고 강아지가 올바른 위치에서 걷기 시작하면 걸음 수를 조금씩 늘려가며 함께 바르게 걷는 연습을 이어간다.

5 여러 차례에 걸쳐 야외에서 짧은 루트를 반복하며 걷는 연습을 한다. 방향을 바꿀 때는 넓게 돌고, 자주 보상해준다. 강아지가 보호자 옆에서 잘 걸을 때는 기쁜 목소리로 말하고, 멀어지려고 하면 리드줄의 상태를 관찰한다. 리드줄이 팽팽해질 것 같으면 멈추고 리드줄을 몸 쪽으로 단단히 붙잡아 강아지도 멈추도록 한다.

6 강아지가 다시 제자리로 돌아오도록 유도하고 보상해준다. 강아지가 차분하게 다리 옆에 서 있을 때까지 기다렸다가 2단계부터 다시 반복한다.

주의하세요!

- 헤드칼라는 큰 개를 제어할 수는 도구이지만 리드줄이 갑자기 당겨질 경우 목이 다치기 쉽다. 특히 강아지에게는 사용을 피하는 것이 좋다. 강아지가 갑자기 무언가를 쫓아 달려갔다가 리드줄이 끝까지 팽팽해져서 멈추게 되면 목이 확 당겨져서 다칠 수 있다.

- 자동 리드줄은 짧은 줄보다 강아지에게 더 큰 자유를 줄 수 있지만 주의가 필요하다. 보호자가 브레이크가 해제된 것을 인지하지 못한 상태에서 강아지가 도로로 뛰어들거나, 아이나 노약자를 넘어뜨릴 수도 있다. 이로 인해 사고가 발생할 수 있다. 이를 방지하기 위해서는 아무도 다칠 우려가 없는 상황에만 자동 리드줄을 사용하고, 제어가 필요한 상황에서는 고정 길이의 리드줄로 전환한다.

7

강아지가 리드줄을 당기지 않고 걷는 것에 익숙해지면, 방향 전환과 장애물 통과를 훈련에 포함시킨다. 방향을 바꾸기 전에 먼저 강아지에게 주의를 주고, 장애물을 지날 때는 가까이 오도록 유도하여 미리 알려준다. 주인과 걷는 것이 즐거운 일이 되도록 따뜻하게 칭찬해주고, 방향을 바꾸거나 속도를 조절한 후에는 간식으로 보상해준다. 점차적으로 간식 없이 걷는 시간을 늘려가고, 강아지가 가까이에서 걸을 때는 말을 걸어주고, 칭찬하여 계속 곁에 있도록 한다. 걷는 속도를 다양하게 조절하면 지루해하지 않는다. 특히 갑자기 속도를 높이면 강아지가 재미있어 하므로 지루해 할 기미가 보일 때 활용할 수 있다. 이 훈련을 하는 동안 강아지의 꼬리가 계속 흔들리게 만들어 주자.

훈련 팁

- 간식을 잘못된 손에 들고 있으면 강아지가 그것을 받으려고 보호자 앞을 가로질러 걷다가 보호자를 넘어뜨릴 수 있다. 간식은 항상 강아지에게 가장 가까운 쪽 손에 들도록 한다.

- 간식을 너무 낮게 들면 강아지가 뛰어오를 수 있다. 강아지가 간식을 향해 점프한다면 간식에 닿지 못하도록 높이 들어야 한다. 작은 개는 허리 높이로, 큰 개는 어깨 높이로 들어 올린다. 그리고 네 발이 모두 땅에 닿았을 때만 간식을 준다.

- 강아지가 뒤로 돌아가거나 앞으로 치고 나가면 즉시 멈추고 다시 위치를 잡게 한다. 강아지를 돌리려 하지 말고, 간식이나 신호로 유도하여 보호자 위치에 맞추도록 한다.

- 대부분의 전문 훈련사들은 개를 왼쪽에서 걷게 하지만, 원한다면 오른쪽도 괜찮다. 다만 처음에는 한 쪽을 정해서 고수하고 가족 모두가 일관되게 훈련할 수 있도록 한다.

는 행동을 허용하지 않으면 전체적인 훈련 시간은 오히려 줄어들게 된다.

예를 들어 누군가와 대화하기 위해 서 있어야 할 때 강아지가 당기도록 두면, 강아지는 더 세게 당기면 원하는 곳에 갈 수 있다고 배운다. 어떤 날은 당기는 것을 허용하고, 어떤 날은 허용하지 않는 식의 태도를 보이면 강아지는 혼란을 느끼고 바르게 걷는 습관 익히기를 어려워한다. 리드줄을 당기는 행동으로는 아무것도 얻을 수 없다는 것을 꾸준히 알려야 하며, 그렇게 하면 강아지는 자연스럽게 당기는 행동을 포기하게 된다.

만약 아이들을 등교시키는 등 보호자가 산책 도중 다른 일에 집중해야 할 경우 강아지가 훈련되기 전까지는 산책을 다른 방식으로 하는 것이 좋다.

강아지가 작다면 데려다 주는 길에는 안고 가고, 돌아오는 길에 훈련을 한다. 혹은 훈련이 어려운 상황에서는 목줄 대신 하네스를 착용하게 하여 지금은 훈련 시간이 아님을 신호로 알려준다. 하네스는 목줄과는 착용감이 다르기 때문에 강아지에게 지금은 가까이 걷는 데 집중할 필요가 없다는 신호를 주는 분명한 신호가 될 것이다.

강아지가 리드줄을 느슨하게 유지한 채 걷는 법을 배운 후에는 자극이 많은 환경에서도 같은 훈련을 반복해야 한다. 다른 사람들과 함께 걷거나 주변에 다른 개들이 있는 상황에서, 강아지는 배운 것을 모두 잊은 듯 행동할 수 있다. 이럴 때는 처음부터 다시 차근차근 훈련을 반복하자. 그러면 강아지는 어떤 장소, 어떤 상황에서도 리드줄을 당기지 않고 보호자 가까이에 머물러야 더 빠르게 목적지에 갈 수 있는 있다는 것을 배우게 된다. 특히 다른 개들과 함께 걷는 상황에서는 당기지 않고 걷기가 매우 어려우므로, 친구나 지인의 반려견과 함께 산책하며 연습해봐도 좋다.

자세 훈련: 앉기, 일어서기, 엎드리기, 멀리서 엎드려 기다리기, 머무르기, 구르기

모든 자세 훈련은 동일한 방식으로 가르칠 수 있다. 강아지를 원하는 자세로 유도하기 위해 간식을 사용해 위치를 유도하고 잘 따라했을 때 충분히 보상해주는 방식이다. '유인(luring)'이란, 간식을 엄지와 검지 사이에 쥐고, 강아지의 코 가까이 대어 냄새를 맡게 하거나 핥고 살짝 깨물 수 있게 한 다음, 간식을 천천히 움직여 강아지의 머리와 몸이 그 움직임을 따라가도록 하는 것이다. 간식을 천천히 그리고 정교하게 움직이면 강아지는 자연스럽게 원하는 자세로 들어가게 된다. 이 과정을 몇 차례 반복하여 익숙해지면 수신호를 추가하고, 그 다음에는 음성 신호도 함께 사용한다. 강아지는 말보다 수신호를 훨씬 더 쉽게 이해하므로 수 신호는 훈련 전체에서 일관되게 사용하고, 음성 신호에 잘 반응하기 시작하면 점차 줄여나간다.

앉아 훈련

대부분의 반려견은 '앉아'라는 명령어에 가장 먼저 익숙해진다. 이는 보호자들이 일상 속에서 자주 요구하는 자세이기 때문이다. 이 동작이 충분히 보상받으면, 강아지는 원하는 것을 얻기 위

과학적 연구에 따르면, 훈련 후 놀이 시간을 가지면 강아지가 배운 내용을 더 잘 기억하는 데 도움이 된다고 한다.

한 위해 스스로 앉는 법을 배우게 된다. 예를 들어, 먹이를 받거나 놀아달라고 하는 상황에서 앉는 '앉기'를 선택하게 되며, 이는 점프하거나 짖는 등의 행동보다 훨씬 긍정적인 대안이 된다.

208-209쪽의 1~3단계를 반복해서 연습하자. 이때 손가락 사이에 단단하고 맛있는 간식을 쥐고 강아지가 핥고 씹을 수 있게 하면 강아지는 자세를 취하는 동안에도 계속 흥미를 유지한다. 간식을 통해 아주 작은 단위의 보상을 연속적으로 제공하면, 집중력과 반응성이 높아진다.

강아지가 '앉아'라는 음성 신호를 인식하기 시작하면, 다양한 상황과 위치에서 반복해야 한다. 예를 들어, 보호자 앞에 서 있을 때, 옆에 있을 때, 보호자가 앉아 있거나 서 있을때 등 강아지의 위치나 보호자의 위치가 달라지는 상황에서 훈련을 진행하자. 또한, 장소를 바꾸거나 주변에 방해 요소가 있는 상황에서도 훈련을 시도해야 한다. 이와 같은 반복 학습은 강아지가 '앉아'라는 음성신호를 어떤 환경에서도 정확히 이해하고 반응하도록 돕는다.

엎드려 훈련

이 자세는 강아지에게 가르치기 가장 어려운 동작이기 때문에 처음에는 많은 인내심이 필요하다. '앉아'를 가르칠 때와 마찬가지로, 손가락 사이에 단단하고 맛있는 간식을 쥐고 강아지가 그것을 핥거나 씹으며 집중할 수 있도록 한다. 212-213쪽의 1~4단계를 충분히 반복 연습하여, 강아지가 '엎드려'라는 명령어의 의미를 완전히 이해하도록 한다. 강아지가 음성 신호에 반응하게 되면, 앞선 앉아 훈련처럼 다양한 상황에서 연습한다.

옆에 있을 때, 보호자가 앉아 있거나 서 있는 상태일 때 등 다양한 위치와 조건에서 연습하며, 방해 요소가 있는 장소에서도 꾸준히 훈련을 이어간다.

머물러 (Stay) 훈련

218~219쪽에서 설명된 머물러 훈련은 보호자가 다른 일을 하는 동안 강아지가 제자리에 있도록 할 때 유용한 훈련이다. 예를 들어, 진흙 묻은

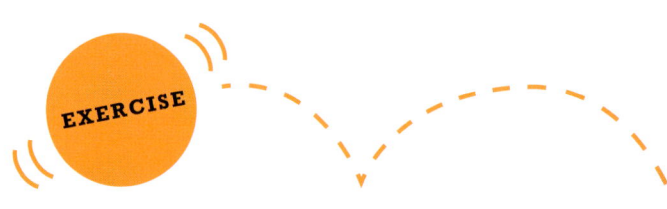

앉아 훈련

1 강아지가 서 있는 동안, 간식을 코 바로 위에 대고 코와 간식 사이에 거의 간격이 없도록 한다. 간식을 엄지와 검지 사이에 단단히 쥐고, 올바른 자세가 될 때까지 먹지 못하게 한다. 단, 핥거나 살짝 씹을 수 있는 정도는 허용한다.

2 강아지가 간식을 먹기 위해 코를 들어 올리면, 간식을 천천히 위로, 그리고 꼬리 쪽으로 이동시킨다. 간식은 항상 코 바로 위에 있도록 하고, 코와 머리가 위쪽과 뒤쪽으로 움직이면서 자연스럽게 엉덩이가 바닥으로 내려앉는다. 만약 강아지가 점프한다면 간식의 높이를 조금 낮춰주자.

3 강아지가 앉는 순간, 간식을 주고 잘했다고 칭찬해주자. 그 자세를 유지하고 있을 때는 다정한 목소리로 칭찬해주고, 간식을 몇 개 더 연속으로 주면서 앉은 자세를 굳히는 데 도움을 준다. 강아지가 일어나면 보상을 멈춘다. 이제 유도만 해도 쉽게 앉을 수 있도록 반복한다.

4 강아지가 새로운 훈련을 시작하기 전에 쉽게 앉을 수 있게 되면 이제는 간식을 유도할 때 손의 시작 동작을 과장되게 해보자. 이 과장된 손동작은 '앉아'라는 수신호로 점차 자리잡게 된다. 강아지는 점차 전체 유도 동작 없이도 수신호만 보고도 앉는 법을 배우게 된다.

5 강아지가 수신호만으로 반응하게 되었을 때는 이제 음성신호를 함께 넣는다 '앉아'라고 분명하게 말한 후 1~2초 정도 지나서 수신호를 준다.

6 5단계를 여러 번 반복한 후에는 수신호를 몇 초간 늦춰 강아지가 생각할 시간을 준다. 간식은 눈에 보이지 않게 두고, 강아지가 생각에 집중할 수 있도록 한다. 몇 초 안에 반응하지 않으면 수신호를 주거나 필요하다면 '유인'한다. 앉으려는 의도를 보일 때 바로 보상하고, 서 있는 상태에서 음성 신호만으로 점차 엉덩이를 바닥에 대는 것을 목표로 한다. 여러 차례 훈련을 거듭하면 음성 신호만으로도 반응하게 된다.

훈련 팁

- 앞발을 바닥에서 떼고 뛰어오르면 간식이 너무 높다는 뜻이다.
- 강아지가 뒤로 물러난다면 간식이 너무 뒤쪽이거나 너무 낮다는 뜻이다. 혹은 훈련하는 사람이 간식을 너무 빠르게 뒤로 움직이기 때문이다.
- '앉아'라는 음성 신호를 사용할 경우, 실수로 "엎드려"라고 하지 않도록 주의한다. 둘을 혼용하면 강아지가 헷갈릴 수 있다.

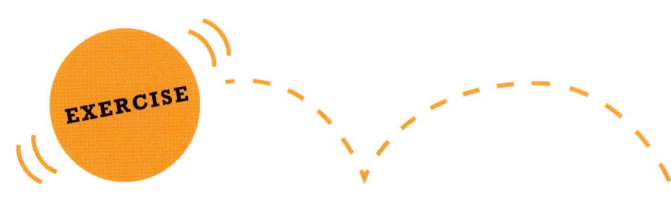

일어서 훈련

1 강아지가 앉아 있는 상태에서, 간식을 코 앞에 두고 수평을 유지한 채 천천히 앞으로 움직인다.

2 간식을 따라 앞으로 움직이면서 자연스럽게 일어서는 동작이 유도된다.

훈련 팁

- 일어서 훈련을 해두면 미용, 목욕, 동물병원 진료 등에서 강아지를 편하게 다룰 수 있다.

- 도그쇼에 관심이 있다면 일어서 훈련을 자주 하여 이 자세가 기본 동작이 되도록 해야 한다. 많은 개들이 원하는 것을 얻기 위해 자동으로 앉는 경향이 있는데 이는 앉는 행동이 자주 보상받기 때문이다.

3 강아지가 제대로 일어서는 순간, 간식을 앞으로 움직이는 동작을 멈추고 즉시 주며 충분히 칭찬해 준다. 가볍게 쓰다듬어 주며 자세를 유지하는 동안 계속해서 칭찬해 준다.

4 1~3단계를 여러 번 연습하여 강아지가 간식 유도만으로 쉽게 일어서게 되면, 이제는 "일어서"라는 음성 신호를 가르친다. 간식은 시야 밖에 두고, 이름을 부른 후 '일어서'라는 음성 신호와 수신호를 명확히 준다. 그 후 몸을 숙여 간식으로 자세를 유도한다. 이 과정을 반복하면 점차 수 신호와 음성 신호만으로도 일어서는 것을 학습하게 된다. 강아지가 스스로 일어서면 바로 간식을 주고 열정적으로 칭찬한다.

주의하세요!

- 간식을 너무 빨리 움직이면 강아지가 그 자세로 가만히 앉은 채 보상만 기다릴 수 있다. 이럴 경우 간식을 다시 제자리로 가져오고 더 천천히 움직인다.
- 간식을 너무 빨리 움직이면 강아지가 일어나면서 앞으로 걸어 나올 수 있다. 이 경우 강아지는 서는 것이 아니라 앞으로 나아가는 동작을 배우게 된다. 목표는 강아지가 한 걸음도 움직이지 않고 제자리에 일어서는 것이다.

엎드려 훈련

1 강아지가 앉아 있는 상태에서 코 앞에 간식을 대고 바닥 쪽으로 천천히 유도한다. 강아지가 간식을 핥고 가장자리를 조금씩 씹도록 해 관심을 유지하게 한다.

2 간식을 이용해 머리를 천천히 아래로 내리게 한다. 머리가 충분히 낮아지면, 구부리지 않고 자연스럽게 엎드리는 자세를 취하기 쉬워진다. 강아지가 간식을 씹도록 하면서 조용히 기다린다. 만약 엎드리지 않고 다시 일어난다면 다시 앉아 자세로 유도한 후 간식을 주고 다시 시도한다.

3 팔꿈치가 바닥에 닿는 순간 간식을 주며 충분히 칭찬하다. 자세를 유지하는 동안 간식을 몇 개 더 주며 자세를 강화한다. 일어나면 보상을 중단하고 여러 번 반복하여 간식 유도만으로 쉽게 엎드릴 수 있도록 한다.

4 강아지가 쉽게 엎드리는 단계가 되면 간식으로 유도하는 손동작의 시작 부분을 과장되게 표현한다. 이는 점차 엎드려 수신호로 발전하게 된다.

5 수신호에 반응하기 시작하면 '엎드려'라는 음성신호를 명확히 주고 수신호를 바로 이어서 준다. 만약 몇 번 성공하였다면 음성신호 이후 몇 초의 간격을 두고 수신호를 주어 생각하고 반응할 시간을 주도록 한다. 만약 엎드려를 성공하였다면 간식으로 칭찬해준다. 아직 성공하지 못하였다면 수신호 또는 간식으로 엎드려를 유도한다. 점차적으로 음성신호만으로 엎드릴 수 있게 된다.

훈련 팁

- 계속 일어난다면 간식을 발 가까이에 두어 앞으로 움직이지 않게 한다.
- 많은 강아지들은 차갑거나 딱딱한 바닥에 눕는 것을 좋아하지 않는다. 특히 그레이 하운드처럼 가슴이 깊고 좁은 견종이나 비즐라처럼 털이 가는 강아지는 더욱 그렇다. 따라서 이럴 경우에는 부드러운 담요 위에서 시도해본다.
- 만약 잘되지 않는다면, 처음에는 고개를 숙이는 것만으로도 보상을 준다. 이런 식으로 머리가 바닥 가까이 완전히 내려갈 때까지 유도한다.
- 엎드리게 하는 것이 너무 어렵다면 다리를 벌려 터널처럼 그 사이로 지나가도록 유도한다. 강아지가 다리 밑을 지나가며 자연스럽게 엎드린 자세가 되도록 하되, 그 자세에서 간식을 여러 번 주어 원하는 자세라는 것을 알게 한다.
- 이 훈련에서 엎드려(down)를 음성 신호로 선택했다면, 그 명령어는 오직 그 동작을 위해서만 사용하는 것이 좋다. 예를 들어 강아지가 사람에게 뛰어오르거나 소파에 올라갔을 때 "내려와(down)"라고 하고 싶지만, 그럴 경우 강아지는 같은 두 가지 음성 신호에 혼란을 느끼게 된다. 결과적으로 '엎드려'라는 신호에 대한 반응이 약해질 수 있다.

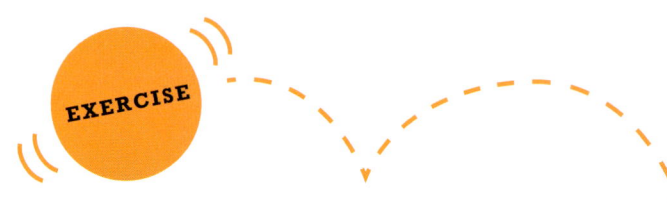

멀리서 엎드려 훈련

1 강아지가 한두 걸음 떨어져 있을 때, "엎드려"라는 음성 신호나 수신호를 주면서 강아지 쪽으로 한 걸음 다가간다. 또는 강아지가 앞으로 움직이지 못하게 누군가가 잡아주거나 리드줄로 고정시킨다. 지금까지 강아지가 엎드려 훈련을 할 때 항상 보호자 발 앞에서 보상을 받아왔다면, 계속 앞으로 이동해서 그 위치에 엎드리려고 할 수 있다. 이제는 있는 자리에서 엎드려도 보상을 받을 수 있다는 것을 배워야 한다.

2 강아지가 신호에 반응하면 즉시 보상한다. 몇 번 반복해 반응 속도가 빨라지면, 강아지 쪽으로 다가가기보다는 몸을 살짝 기울이기만 해보자.

3 훈련이 잘 되면 서 있는 상태에서 신호를 주기만 해도 강아지가 몇 걸음 떨어진 거리에서 즉시 엎드릴 수 있게 된다. 정확히 반응하면 간식, 칭찬, 놀이로 보상한다. 여러 번의 훈련을 거쳐 신호를 주는 거리를 점차 늘려가자. 만약 강아지가 이해하지 못한다면 다시 가까운 거리로 돌아가 반복 훈련을 진행한다.

원하는 곳으로 이끄는 것보다 가만히 있는 것은 많은 자제력을 요구한다. 그러므로 참을성을 가지고 가르치도록 하고 강아지에게 처음부터 많은 것을 기대하지 말아야 한다.

강아지를 문 앞에 잠시 있게 하고 수건을 가지러 갈 때나, 현관에서 택배를 받을 동안 강아지를 기다리게 하고 싶을 때 사용할 수 있다. 이 훈련은 비교적 쉽게 가르칠 수 있으며 에너지가 넘칠 때보다는 약간 피로한 상태일 때 가르치는게 더 수월하다. 강아지가 자리를 지킨 상태에서 보호자가 점차 멀어지거나, 강아지 주위를 돌아다녀도 유지할 수 있도록 점진적으로 난이도를 높여야 한다. '앉아서 머물기(Sit-Stay)'가 잘 되면, 방해 요소가 많은 장소에서도 이 훈련을 반복하여 강도를 높인다. 안정적인 '앉아서 머물기'가 가능하다면, '엎드려서 머물기'도 쉽게 가르칠 수 있다.

기다려(Wait) 훈련

'머물러'는 "내가 다시 와서 보상해줄 때까지 움직이지 마라"는 의미로 사용된다. 보다 높은 수준의 훈련을 원한다면, '기다려'라는 명령도 할 수 있다. '기다려'는 "내가 부를 때까지 그 자리에 있어라"는 의미로, 예를 들어 무거운 상자나 유모차를 들고 문을 통과해야 할 때, 강아지를 잠시 기다리게 하고 보호자가 먼저 지나간 뒤 다시 부르는 상황에서 유용하다. 기다려 훈련은 머물러 훈련과 같은 방식으로 진행하되, 간헐적으로 강아지를 부르고 보상을 주는 방식이다. 단 강아지가 자리를 지키고 있을 때 더 자주 보상을 주고 덜 자주 부르도록 해야 '기다려' 명령어가 안정적으로 유지된다. 기다려 훈련을 따로 하지 않고 '머물러'라는 음성신호를 확실히 배운 후에는 '머물러'를 사용한 뒤 강아지를 불러오는 방식으로도 훈련할 수 있다. 하지만 자칫하면 강아지가 혼란스러워할 수 있으므로 두 훈련은 각각 다른 의미로 구분해 사용하는 것이 좋으며, 특히 나중에 대회 참가를 고려한다면 두 지시어를 명확히 구별하여 훈련하는 것이 이상적이다.

열쇠 찾기 같은 유용한 재주는 강아지의 삶을 더욱 풍요롭고 만족스럽게 만들어준다.

굴러 훈련

이 훈련은 강아지가 성견이 된 이후, 보호자나 수의사가 배 쪽을 살펴봐야 할 때 매우 유용하다.

강제로 몸을 눕혀 배를 보이게 하는 것보다 구르기를 통해 자발적으로 뒤집히도록 가르치는 것이 훨씬 수월하고 스트레스를 줄일 수 있다.

220-221쪽의 1~5단계를 반복 연습하여 강아지가 '굴러'라는 음성신호의 의미를 확실히 이해하도록 한다. 이에 반응하면 강아지가 구른 채로 누워 있는 자세로 더 오래 머무를 수 있도록 점차 시간을 늘리고, 그 상태에서 배나 다리를 부드럽게 만지는 과정을 포함시킨다. 이러한 연습은 보호자나 수의사가 신체를 살펴야 할 상황에서 큰 도움이 된다.

강아지가 체구가 작고 수의사 진료 시 테이블 위에서 검사를 받을 가능성이 있다면, 이 훈련을 테이블 위에서도 진행하는 것이 좋다. 단, 강아지가 굴러 떨어지지 않도록 안전에 주의해야 한다.

일상을 풍요롭게 하는 반려견 재주 리스트

- 앞발 흔들기 (Wave)
- 뒤로 걷기
- 후프 통과하기
- 가족 간 물건 전달해주기 (예: 아빠에게 갔다가 엄마에게 가기 등)
- 신문 가져오기
- 리드줄 물고 오기
- 가방 가져 오기
- 쓰레기 휴지통에 넣기
- 문 닫기

또한, 이 훈련은 다양한 장소, 특히 동물 병원과 같은 실제 환경에서 반복적으로 실시하고, 주변에 방해 요소가 있는 상황에서도 연습하는 것이 중요하다. 강아지가 뒤집힌 상태에서 다른 사람의 손길에 익숙해지도록 연습시키는 것도 매우 유익하며, 이는 향후 진료나 손질을 보다 수월하게 만들어 준다.

재주 가르치기

재주는 강아지와 보호자 모두에게 즐거움을 주고 다른 사람 앞에서 보여주기에도 재미있는 요소가 많다. 사실 '앉아'나 '기다려' 같은 기본 훈련도 결국은 보호자가 원하는 행동을 수행하고 그에 대한 보상과 칭찬을 받는 일종의 재주라고 할 수 있다. 재주는 반드시 보상 중심 훈련 방법으로만 성공적으로 가르칠 수 있으므로 보호자가 이 훈련방식을 얼마나 잘 이해하고 실천하고 있는지를 점검하는 좋은 기회가 되기도 한다. 무엇보다 재주는 보호자와 강아지 모두에게 즐거운 경험이어야 한다.

훈련할 재주를 선택할 때는 강아지에게 굴욕감을 주거나 부상 위험이 있는 동작은 피해야 한다. 어린 강아지에게 점프하거나 뒷다리로 걷는 동작을 가르치는 것은 관절, 인대, 뼈에 손상을

강아지에게 앞발을 흔드는 '웨이브(wave)' 동작을 가르치려면 먼저 손에 있는 간식을 얻기 위해 앞발로 손을 건드리도록 유도하자. 강아지가 손을 터치하는 것을 배우면, 손의 위치를 점차 위로 올려 나중에는 앞발을 들어 흔드는 동작으로 발전시킬 수 있다.

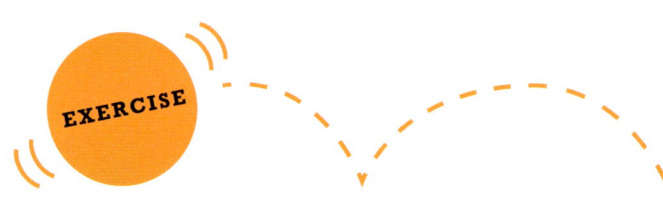

머물러 훈련

1 강아지에게 '앉아' 자세를 취하게 한 후, "머물러"라는 음성 신호와 함께 천천히 수신호를 보낸다. 강아지가 자세를 유지하면 즉시 간식과 칭찬으로 보상한다. 칭찬이 너무 격하면 자세를 무너뜨릴 수 있으므로 주의해야 한다. 자세를 유지할 때마다 숫자를 하나씩 세며 점차 시간을 늘려가고 자세가 무너지면 보상을 중단하고 다시 '앉아'를 유도하여 처음부터 반복한다..

2 1단계를 여러 차례 반복하며 강아지가 앉은 자세를 유지하는 시간을 점진적으로 늘린다. 목표는 자세를 유지한 상태로 20까지 셀 수 있도록 하는 것이다. 강아지가 중간에 움직인다면 이전 단계로 돌아가 시간을 더 천천히 늘린다.

3 강아지가 일정 시간 동안 움직이지 않고 자리를 지킬 수 있게 되면 한쪽 발을 뒤로 빼보며 반응을 관찰한다. 강아지가 그대로 있으면 보상하고, 다시 반복한다. 이후에는 한 걸음 더 물러나는 등 점진적으로 거리와 난이도를 높인다.

4 강아지가 뒤로 물러나는 움직임에도 안정적으로 자세를 유지하면 이번에는 옆으로 움직여본다. 그 다음에는 한 걸음 떨어져 보는 연습을 한다. 점차 단계를 늘려가며 강아지 옆에서 움직이거나 그 주변을 원형으로 도는 연습으로 확장한다. 이 과정을 통해 어떤 방향의 이동에도 자세를 유지할 수 있도록 훈련한다.

주의하세요!

- 머물러 훈련은 통제되지 않은 환경에서 강아지를 방치하는 데 사용해서는 안 된다. 예를 들어 가게 앞에 묶어두고 자리를 비우는 상황은 매우 위험하다. 강아지가 훈련 내용을 잊거나 도로 반대편에 있는 가족을 보고 달려갈 수 있기 때문이다. 훈련은 반드시 보호자가 있을 때 해야하며 실생활에 적용할 때도 주의가 필요하다.

굴러 훈련

1 강아지를 엎드린 자세로 앉힌 후, 카펫이나 매트 위에 편안히 눕힌다. 간식을 강아지의 코 앞에 들이대고, 천천히 어깨 쪽으로 간식을 유도하여 머리를 돌리게 한다. 이때 뒷다리 방향으로 코가 향하도록 유도하면 더 효과적이다.

2 강아지가 간식을 따라 머리를 돌리면, 자연스럽게 몸도 옆으로 구르게 된다. 이는 시간이 걸릴 수 있으므로 인내심을 가지고 꾸준히 연습해야 한다.

3 강아지가 옆으로 누운 상태가 되면 간식을 주고 부드럽게 쓰다듬으며 따뜻하게 칭찬한다. 자세를 유지하고 있는 동안 지속적으로 보상하며 안정감을 느끼게 한다.

4 며칠간 위의 단계를 반복하여 간식을 점차 더 뒤로 유도하면서 강아지가 손의 움직임을 따라 완전히 등을 바닥에 대고 구르도록 한다. 이 과정은 서두르지 말고 점진적으로 진행해야 한다.

5 1~4단계를 충분히 연습한 후에는 '굴러'라는 음성 신호와 수신호를 함께 사용하여 명령을 학습시킨다. 간식을 숨긴 상태에서 강아지의 이름을 부른 후 손을 사용하며 "굴러"라고 말한다. 그런 다음 간식을 보여주며 자세를 유도하고, 반응이 나아지면 점차 간식 없이 신호만으로도 동작을 할 수 있도록 한다. 성공할 때마다 열정적으로 칭찬과 보상을 해준다.

훈련 팁

- 간식을 쥔 손의 위치를 조정하여 강아지의 머리 주변을 부드럽게 반대쪽으로 한 번에 돌릴 수 있도록 한다.
- 강아지가 구르기를 어려워할 경우, 머리를 살짝 돌리는 작은 움직임에도 보상을 해주며 점진적으로 학습시킨다.
- 강아지가 안전하다고 느끼는 푹신한 표면 위에서 훈련할 수 있도록 환경을 만들어 주는 것이 중요하다. 구르기를 꺼려한다면 두껍고 지지력이 있는 침대를 사용해보자.

줄 수 있으므로 적합하지 않다. 따라서 유용하고 강아지의 특성에 잘 맞는 동작을 선택하는 것이 좋다. 실제 뒤로 걷기나 물건을 운반하는 것과 같은 재주는 매우 실용적이다. 게다가 강아지가 본래 잘하는 것을 선택하면 가르치기가 더 쉬워진다. 예를 들어 테리어는 발을 잘 사용하고, 사냥개 계열은 물건을 물고 가져오는 것을 좋아한다. 목양견 계열은 동적인 활동을 선호한다.

훈련 초기에는 강아지가 원하는 행동을 시도만 해도 즉시 보상해주고, 올바른 행동을 했을 때는 곧바로 칭찬과 간식을 줌으로써 꼬리를 흔들며 기뻐하는 반응을 이끌어 낸다. 처음부터 너무 많은 것을 한 번에 요구해서는 안된다. 192쪽의 훈련 게임을 떠올려 보자. 아무리 노력해도 보상이 주어지지 않으면 얼마나 좌절감이 큰지 경험해 보았을 것이다. 강아지도 마찬가지며 이 때 화를 내서는 안 된다. 원하는 행동을 강아지가 하지 않는다면 훈련 난이도가 너무 높은 것이다. 훈련의 각 세션은 2분 이내로 짧게 유지하고, 끝난 뒤에는 "이번에 강아지가 무엇을 배웠는가?"를 스스로에게 물어보자. 아무것도 배우지 못했다, 보호자의 방식이 강아지에게 너무 어려웠다는 뜻이다. 훈련 사이마다 충분히 쉬게 해주고 각 단계를 충분히 연습하여 다음 훈련 시작 시에는 첫 시도에 바로 반응할 수 있도록 만든다.

돌기(Turn around)

이 재주(224~225 참고)는 목욕이나 비 오는 날 산책 후 털을 말릴 때 매우 유용하다. 특히 대형견과의 협조를 유도하는 데 효과적이고, 소형견의 경우는 건조 시간을 단축하는 데 도움이 된다. 이 동작을 가르치기 전에 강아지가 온몸을 만지는 것과 수건으로 닦이는 것에 편안함을 느껴야 한다. 필요하다면 이 부분부터 먼저 훈련하자.

복잡한 재주는 반드시 여러 개의 작은 단계로 나누어 훈련해야 하며 그 작은 단계들을 차례로 연결해 하나의 연속 동작으로 만드는 것이 핵심이다. 특히 효과적인 방식은 '마지막 단계부터 먼저' 가르치고, 이후 역순으로 앞 단계들로 거슬러 올라가는 것이다. 이렇게 하면 새로운 단계를 가르칠 때마다 익숙한 동작으로 이어지게 되어 학습이 더 쉬워진다.

각 단계를 훈련할 때는 원하는 행동을 했을 때만 보상을 받을 수 있도록 보상의 위치와 조건을 신중히 설정해야 한다. 강아지가 해야 할 행동을 직관적으로 이해할 수 있도록 구성해서 처음 시도에 바로 성공할 수 있게 유도해 준다.

재주를 완전히 익힌 후에는 반드시 다양한 장소와 방해 요소가 있는 상황에서도 반복 연습해야 한다. 낯선 장소에서는 이미 배운 내용을 잊은 듯 행동할 수 있으므로 그럴 때는 처음부터 다시 시작해야 한다. 그러다가 두 번째 장소에서는 훨씬 빠르게, 세 번째 장소에서는 더 빠르게 학습하게 될 것이다.

무엇보다도, 재주를 가르치는 동안 훈련은 가볍고 즐거워야 한다. 그래야 강아지도 더 빨리 배우게 된다.

알맞는 훈련 교실 찾기

강아지 훈련에 관한 책을 읽는 것만으로도 많은

훌륭한 강아지 교실은 보호자의 훈련을 지원해주고, 강아지의 사회화에도 도움이 된다.

도움이 되지만, 초보 보호자에게는 책만으로 익히기 어려운 신체적인 기술들이 분명히 존재한다. 또한 각 강아지마다 특성이 다르기 때문에 글로 설명된 훈련 기법이 똑같이 효과적이지 않을 수 있다. 최상의 효과를 얻기 위해서는 책을 읽는 것과 함께 긍정적이고 즐거운 분위기의 강아지 훈련 교실에 참여하는 것이 좋다. 이런 수업에서는 숙련된 훈련사가 보호자에게 실질적인 기술과 노하우를 직접 코칭해 줄 수 있어, 각 강아지에게 맞춤 훈련이 가능하다. 이러한 방식은 책만으로 배우는 것보다 훨씬 빠른 훈련 효과를 기대할 수 있다.

좋은 훈련 교실에 참여하는 것은 즐겁고 유익한 경험이 될 것이다. 이 곳에서 올바른 훈련법을 배우고, 실수를 바로잡고, 훈련에 대한 지속적인 동기를 가질 수 있다. 또 비슷한 상황에 있는 다른 보호자들과 교류하면서 서로 지지와 공감을 얻을 수 있다.

좋은 훈련 수업, 어디에 물어볼까?

- 수의사
- 지역 공공기관의 동물보호과
- 지역의 유기견 보호 단체
- 반려견 협회 등의 관련단체
- 반려견 미용실/ 반려견 호텔 / 반려동물 용품점 등
- 반려견을 키우는 지인들

하지만 이 책에서 제안하는 방식과 유사한 훈련법을 사용하는 훈련 수업을 찾는 것이 매우 중요하다. 일부 훈련사는 여전히 일정 수준의 강압적인 방법이나 체벌을 사용한다. 만약 훈련사가 체벌에 대해 언급하거나 이를 사용하는 데 거리

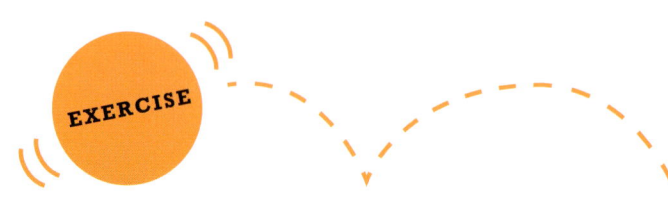

돌아 훈련

1 강아지를 부른 뒤 앞부분을 수건으로 부드럽게 말려준다.

2 "돌아"라고 말하며 간식을 이용해 강아지를 반대 방향을 향하게 한다. 간식을 주고 칭찬해 준다. 등을 가볍게 잡아주어 강아지가 돌아서서 간식을 확인하지 못하게 한다. 간식을 주고 그 부분을 말려준다.

3 다시 "돌아"라고 말하고, 강아지가 스스로 돌아서 주인을 바라볼 때 원하는 행동을 보이면 간식으로 보상한다.

4 1~3단계를 반복해서 연습한 후, 어느 정도 익숙해지면 간식으로 유도하지 않고 "돌아"라는 말만으로도 움직일 수 있는지 시험한다. 5초 정도 기다렸다가 스스로 돌아서면 간식을 주며 충분히 칭찬한다.

5 강아지가 이 행동을 정확히 이해하고 반응할 때까지 계속 연습한다. 충분히 익숙해지면 일상 속 루틴이 되어 "돌아"라는 말만으로도 물에 젖은 부위를 스스로 내밀 것이다.

주의하세요!

- 강아지가 수줍음을 많이 타거나 이미 공격적인 행동을 보이고 있다면 집에서 직접 훈련하거나 좋은 훈련사와의 1:1 훈련을 고려해 보는 것이 좋다. 이와 함께 반려견 행동 전문가의 조언을 받는 것도 추천한다(115쪽 참고).

좋은 강아지 훈련 교실을 찾기 위한 체크리스트

- 칭찬, 간식, 장난감을 활용한 긍정적인 훈련 방식을 사용하는 수업인가.
- 사람과 강아지 모두에게 효과적이고 모두가 배우고 발전하고 있는가.
- 수업이 차분하고 질서 있는가.
- 강아지들 간의 모든 인사는 주의 깊게 관리되고 있는가.
- 사람과 강아지 모두 즐겁게 참여하는 분위기인가.
- 강아지(특히 생후 20주 이하의 강아지)와 성견의 수업이 구분되어 있는가.
- 같은 반의 강아지들의 수준은 비슷하게 구성되어 있는가.
- 훈련사와 보조강사가 최대 8마리 이하의 소규모 수업을 하는가.
- 스트레스나 긴장이 없는 환경인가
- 초크 체인, 프롱칼라, 전자목줄을 금지하는가.
- 거친 다루기, 흔들기, 소리 지르기, 눌러서 억지로 앉히기 등의 강압적인 태도를 금지하는가.
- 물총이나 에어 스프레이 사용을 금지하는가.
- 시끄러운 도구의 사용을 금지하는가.
- 견주에 대한 수치심 유발이나 모욕을 금지하는가.

낌이 없고, 보호자를 창피하게 만드는 언행을 보인다면 그 수업을 바로 관두는 것이 좋다. 특히 초크 체인, 목과 머리 사이를 조이는 목줄, 프롱칼라를 권장하거나 간식과 장난감 같은 긍정적 보상을 지지하지 않는 태도를 보이는 곳은 반드시 피해야 한다.

잘못된 훈련 수업에 참여하게 되면 지금까지의 훈련이 오히려 퇴보할 수 있으며, 보호자와 강아지 사이의 좋은 관계마저 해칠 수 있다.

주변에 충분히 물어보면, 지역 내 다양한 강아지 훈련 교실 리스트와 정보를 얻고, 수업의 질에 대한 대략적인 평판도 파악할 수 있다. 그중에서 적합해 보이는 훈련사에게 직접 연락하여 강아지 없이 수업을 참관할 수 있는지 요청해 보는 것이 좋다. 강아지 없이 방문하는 것이 중요한 이유는, 보호자가 훈련에 참여하거나 강아지를 돌보느라 주의가 분산되지 않고 수업을 객관적으로 평가할 수 있기 때문이다. 강아지 수업뿐 아니라 성견 반도 함께 관찰한다. 이제 여기에 나와있는 기준을 바탕으로 종합적으로 판단해보자.

마지막으로 스스로에게 이렇게 물어보자. "나와 우리 반려견은 이 수업에 기꺼이 오고 싶어할까?"

그렇다면, 가장 적합하다고 생각되는 훈련 교실에 등록하자. 대기 시간이 있거나 거리가 다소 멀더라도 그 가치는 충분하다. 좋은 훈련 교실일수록 등록이 빨리 마감되며, 참여 가능한 연령도 제한되어 있는 경우가 많다. 따라서 강아지를 입양하기 전부터 적합한 수업을 알아보자. 강아지의 예방접종 일정이 확정되면, 그에 맞춰 바로 수업에 참여할 수 있도록 미리 준비해 두는 것이 좋다.

영국에서는 www.puppyschool.co.uk, 미국에서는 www.apdt.com 사이트를 참고하면 좋다.

잘 훈련된 개로 성장하기

강아지가 많이 배울수록, 새로운 것을 배우는 일도 점점 더 수월해진다. 보호자가 강아지와 함께 훈련을 이어갈수록 훈련 기술은 향상되고 강아지의 이해력도 높아진다. 강아지는 점차 보호자가 무엇을 요구하고 있는 지 인식하게 되고 더 열심히 노력하게 된다.

훈련이 충분히 진전되면, 보호자와 강아지 사이에는 마치 텔레파시가 통하는 것처럼 서로의 요구를 이해하게 된다.

> 강아지를 데려갈 수업은 반드시 친절하고 효과적인 방법만을 사용하는 곳이어야 하며, 부정적이거나 체벌 기반의 어떠한 훈련도 허용되지 않는 곳이어야 한다.

CHAPTER FIFTEEN
청소년기와 그 이후

어린 강아지는 필요한 모든 것을 보호자에게 의존한다. 강아지에게 보호자는 세상의 중심이다. 강아지는 보호자를 따라다니고 보호자의 친구가 되기 위해, 또 보호자의 요청을 따르기 위해 많은 노력을 기울인다. 하지만 강아지가 사춘기에 이르게 되면, 그의 관심은 점차 주변 환경 전체로 확장되며 보다 독립적인 태도를 보이기 시작한다. 이러한 자연스러운 변화는 생후 약 18~20주 무렵부터 서서히 나타나기 시작하여 약 6개월에 접어들면 본격적인 사춘기에 이르게 된다.

성적 성숙은 일반적으로 생후 6개월 무렵에 나타나며 이에 따른 호르몬 변화는 강아지의 행동에 또 다른 변화를 가져온다.

소형견의 경우 빠르면 5개월부터 시작하고, 대형견은 대체로 7개월 이후에 시작된다.

암컷 강아지는 생후 12개월 이전에 처음으로 발정을 겪게 되며, 이 시기 전후로 성격에 극적인 변화가 나타나기도 한다. 우울해 보이거나 의욕이 없고 조용하거나 짜증을 잘 내는 모습을 보일 수 있다. 가정 내 다른 암컷 개와 경쟁적이거나 공격적인 행동을 보이기도 하며 일시적으로 배변 실수를 하는 경우도 흔하다. 물론 아무런 변화 없이 평소처럼 지내는 강아지도 있으므로 강아지마다 반응은 다를 수 있다.

수컷 강아지는 이 시기에 다리를 들고 소변을 보기 시작한다. 이는 자신의 존재를 다른 개들에게 알리기 위해 코 높이에 자신의 냄새를 남기기 위함이다. 이 무렵부터 수컷은 암컷에게 관심을 보이기 시작한다. 주변에 어떤 개들이 사는지 파악하려고 냄새를 맡고, 본격적으로 자신의 영역에 표시를 한다. 또한 자주 마주치는 다른 수컷 개들과 경쟁하려는 경향이 강해지고, 이는 때때로 다툼이나 몸싸움으로 이어질 수 있다.

수컷과 암컷 모두 집의 환경에 더욱 큰 관심을 가지게 된다. 이때는 몸집이 커지고 용감해지면

사춘기는 강아지에게도 힘든 시기이기 때문에 대부분의 보호자는 한동안 잘 자라던 강아지가 왜 이렇게 변했는지 당황하게 된다.

> 사춘기에 접어든 강아지의 관심은 바깥세상으로 향하게 되고, 보호자의 요구는 이전보다 덜 중요하게 여겨지게 된다.

서 독립적으로 행동하는 것이 훨씬 쉬워진다. 이 시기에는 위협적인 상황에 대한 반응 방식에도 변화가 생기고, 도망치거나 달래려는 행동 대신 공격적인 행동을 통해 스스로를 보호하려 할 수도 있다. 이전에는 잘 드러나지 않았던 행동 문제가 이 시기에 표면화되는 경우도 많다.

이 시기의 강아지에게는 외부 세계와 환경이 가장 큰 관심사가 된다. 보호자의 요구는 상대적으로 덜 중요하게 느끼기도 한다. 강아지가 보호자의 말을 무시하지 않도록 하는 것이 중요하지만, 동시에 강아지의 주의가 산만해지는 것은 자연스러운 현상임을 이해해야 한다.

이러한 강아지의 태도 변화를 사전에 알고 있지 않다면 보호자에게 실망감이나 낙심을 줄 수 있다. 아주 어릴 때는 가르치기 쉽고 항상 보호자에게 집중하던 강아지가 사춘기에 접어들면서 주변 환경에 점점 더 관심을 가지게 되고, 예전처럼 보호자에게 집중하지 않으며 통제하기도 어려워지는 모습을 보일 수 있다.

청소년기는 매우 자기중심적으로 변하는 시기로, 이 시기의 강아지는 보호자의 의도보다 자신의 욕구를 우선시하게 된다. 이는 정상적인 현상이며 성숙해가는 과정 중의 하나로 독립적인 삶을 찾아 나가도록 하는 자연의 설계 방식이기도 하다.

그러나 강아지를 잘 훈련시키고 올바르게 키우기 위해 기울였던 모든 노력이 헛된 것처럼 느껴질 때, 보호자는 깊은 상실감과 좌절을 겪게 된다.

잠시 지나가는 시기일 뿐이다

이 시기는 그저 강아지가 겪는 하나의 발달 단계일 뿐이라는 사실을 기억하자. 대부분의 경우 이 시기는 생후 12~18개월쯤이면 지나간다. 사춘기의 강아지는 감정적으로 지치게 만들 수 있다. 이때는 보호자가 '내가 실패한 건 아닐까'라고 느끼는 것도 매우 자연스럽다. 그러나 이 또한 결국은 지나가며, 보호자와 강아지 모두 더 성숙하고 지혜롭게 이 단계를 이겨낼 것이다.

이 시기의 강아지 훈련을 잘 넘기기 위해서는 강아지의 반응성에 대한 기대치를 일시적으로 낮추는 것이 필요하다. 이해심을 가지고, 유연하고 인내심 있는 태도로 대하자. 강아지가 반응하지 않을 수도 있다는 것을 염두에 두고, 요구 수준을 줄이거나 주의가 산만하지 않을 때 지시를 내리자. 집에서는 계속 훈련을 유지하되, 간

필요하다면 긴 줄을 사용해 통제력을 유지하고, 너무 많은 것을 기대하기 보다 훈련을 꾸준히 이어가는 것이 중요하다.

혹 훈련이 잘 안 되는 날이 있을 수 있음을 받아들여야 한다. 야외에서는 강아지의 흥분 상태가 가라앉고 집중력이 높아졌을 때만 놀이를 제안하거나 지시를 내리도록 하자. 만약 강아지가 보호자의 말을 무시하고 다른 것에 집중하기 시작한다면, '앉아'처럼 매우 쉬운 동작을 시키고, 잘 해내면 칭찬한 후 훈련을 종료하는 것이 좋다.

이 시기의 강아지는 이전보다 더 예민하고 쉽게 짜증을 내는 모습을 보일 수 있다. 강아지가 흥분하거나 방어적으로 반응하는 상황을 더욱 키우지 않도록 주의하고, 문제가 있다고 느껴지면 잠시 휴식을 주고 감정이 가라앉은 후 더 부드럽게 다시 시도하는 방법을 찾자.

이 시기에 자주 발생하는 문제 중 하나는 산책 중 부르면 돌아오지 않는 것이다. 외부 세계의 자극이 강아지에게 훨씬 더 매력적으로 다가오는 시기이기 때문에 보호자가 아무리 보상을 준비하더라도 강아지는 종종 돌아오는 것보다 주변을 탐색하는 쪽을 더 선호하게 된다. 이러한 행동이 나타나기 시작했다면, 자유롭게 풀어 주기 전에 하네스에 롱 라인을 연결한다. 강아지가 줄 끝까지 멀어질 때마다 이름을 부르고, 필요할 경우 롱 라인을 이용해 음성 신호를 강화하자. 단, 줄에 걸리거나 강아지가 갑자기 달릴 때 다리나 손에 상처를 입지 않도록 주의하고, 어린이나 노약자 주변에서는 사용하지 않아야 한다.

이 방식으로 하면 강아지가 바람직하지 않은 행동-예컨대 멀리 달려가 버리는 것-으로 보상을 얻는다고 배우는 걸 막을 수 있다. 이 방식이 강아지에게 새로운 것을 가르치는 효과는 크지 않지만 최소한 보호자를 무시하는 습관을 들이거나 리드줄 없이 돌아다니다가 문제를 일으키는 일은 막을 수 있다.

청소년기를 겪는 강아지는 사춘기를 겪는 아이들과도 같다. 보호자보다는 외부 세계에 더 관심을 두게 되고 보호자를 기쁘게 하려는 태도는 줄어드는 반면, 자신의 욕구를 우선시하는 성향은 강해진다. 이 시기에는 지시를 내릴 때 더욱 주의해야 하며, 강아지가 보호자의 요청을 따르는 것이 즐겁다고 느낄 수 있도록 훈련을 재미있게 만들어 주는 것이 중요하다.

필요하다면 보상의 가치를 높이고, 놀이를 중심으로 접근하는 것도 좋은 전략이다. 강아지가 무시할 가능성이 있는 명령어는 피하고, 성공 가능성이 높은 지시를 내려 강아지가 반응했을 때 확실하게 보상해주자. 이렇게 하면 훈련의 성공률을 높일 수 있고 보호자에 대한 긍정적인 반응도 유지할 수 있다.

청소년기의 강아지 특성을 미리 알고, 걱정 없이 받아들인다면 이 시기는 훨씬 수월하게 지나갈 수 있다. 다행히도, 개의 사춘기는 인간보다 훨씬 짧다. 이 시기 동안에는 보호자가 이전에 공들여 온 모든 훈련이 무색하게 느껴지고, 지금의 강아지가 차라리 골칫덩어리처럼 보일 수도 있다. 하지만 좌절하지 말자. 지금의 혼란스러운 모습은 일시적인 것이며 당신의 강아지는 곧 성숙한 개로 자라 다시 보호자를 중심으로 판단하고 기쁘게 하려는 태도를 되찾을 것이다.

그리고 초기부터 훈련을 잘 해왔다면, 보호자의 지시에도 잘 반응하는 성숙한 반려견이 될 것이다.

만약 이 시기를 혼자 감당하기 어렵다고 느낀다면 긍정적인 훈련을 사용하는 믿을 수 있는 전문 훈련사나 행동 전문가의 도움을 받는 것도 좋은 방법이다(115쪽과 223쪽 참고).

개가 성숙기에 이르면 관심은 다시 가족에게로 돌아오고, 그동안의 모든 노력이 마침내 결실을 맺게 된다.

청년기의 반려견

사춘기가 끝나는 시점인 생후 12~18개월 무렵부터 강아지는 점차 이 시기를 벗어나 '청년기'에 접어든다. 이 단계는 약 생후 12개월에서 3세까지 지속되며(46쪽 참고), 강아지는 이 시기를 지나며 서서히 사춘기의 자기중심적인 태도를 벗고 성숙해지기 시작한다. 이때부터 보호자가 지금까지 기울여온 모든 노력이 보상으로 돌아오기 시작하며 그 성과를 직접 체감하게 된다.

강아지는 신체적으로나 정서적으로 여전히 성장 중이지만 사춘기의 어려운 시기는 지나갔으며, 이제는 보호자도 조금의 여유를 가질 수 있다. 사회화는 개의 일생을 거쳐 어느 정도 계속되어야 하지만, 이 시기부터는 잘 훈련된 반려견과 함께 자주 외출하고 다양한 상황을 경험하게 하는 것이 좋은 사회화를 만드는 방법이다. 훈련 역시 때때로 보완이 필요할 수 있지만, 어린 시절부터 반복해온 음성 신호는 쉽게 잊혀지지 않는다. 특히 일상생활 속에서 지속적으로 사용하는 경우에는 더욱 굳건히 유지된다.

결국에는 보람 있는 일!

어떤 강아지와 시작했든 일관된 노력과 사랑, 이해심을 가지고 첫 1년을 함께 해왔다면 반려견의 행동은 크게 향상될 것이다. 쏟은 노력만큼 반려견과의 생활은 더욱 편안하고 즐거워진다. 훈련을 늦게 시작했다면 따라잡아야 할 부분이 있겠지만, 개는 매우 융통성 있는 동물로 새로운 일상과 규칙에 잘 적응한다.

이 책에서 권장하는 모든 훈련과 조언을 잘 적용했거나 혹은 앞으로 적용할 계획이라면 당신은 가족의 일원으로 자연스럽게 어우러지는 반려견과 함께 하게 될 것이다. 긍정적이고 다정한 방식으로 길러진 개는, 어린 시절 보호자가 들인 시간과 정성에 대해 앞으로의 삶 속에서 수없이 많은 보답을 해줄 것이다.

그는 집에 돌아왔을 때 맞아주는 든든한 친구가 되어줄 것이며 사랑받고 존중 받는 존재가 될 것이다. 그리고 무엇보다, 당신이 자랑스럽게 여길 수 있는 반려견으로 함께할 것이다.

부록

반려견 견주 에세이
박지윤 | 박지연 | 원희영

반려견 응급 상황 대처법

강아지 반려인을 위한 Q&A

사회화 훈련 프로그램

부록
반려견 견주 에세이 | 박지윤

오늘도, 버디와 함께 걷습니다

오늘도 나는 버디와 함께 걷습니다.

우리 귀여운 아이, 나에게 친구이자 가족으로 다가온 소중한 존재 – 이름은 버디 왕자님이에요.

　살구색 털을 가진 에프리 토이푸들. 사람들은 종종 "정말 토이 사이즈 맞아요?" 하고 묻지만, 어느덧 10살이 된 우리 버디는 1.95kg, 작지만 건강하게 자란 진짜 토이푸들이랍니다.

　처음 이 아이를 품에 안았을 땐 모든 게 낯설었어요. 반려동물에 대한 지식도, 어떻게 돌봐야 하는지도 몰랐던 저는 사랑만으로 버디를 키우려 했죠.

　너무 함께 있고 싶어서 대학교 강의실에도 가방에 몰래 넣어 데려가고, 애완견 출입이 금지된 곳에도 조심스럽게 데려간 적이 있어요. 그때는 몰랐어요. 그게 아이를 위한 게 아니었다는 걸요.

　가장 아픈 기억은, 미끄러운 대리석 바닥에서 세 시간이나 뛰놀게 한 뒤, 슬개골 수

술을 받게 만든 일이에요. 그때부터 뒤늦게나마 전문 조련사와 함께 교육을 시작했죠.

하지만 그 교육도 처음엔 과했어요.

소파에 올라오려면 허락을 받아야 했고, 안방은 출입 금지.

그래서인지 아침마다 버디는 안방 문 앞에서 까치발로 살금살금 몇 걸음 들어왔다가, 제가 조금이라도 움직이면 재빨리 나가 문 밖에서 저를 지켜보곤 했죠.

그 모습이 참 귀엽고, 또 안쓰러웠어요.

지금은 조금 달라졌어요.

안방 한쪽 제 침대 옆엔 버디의 작은 침대가 놓여 있고, 소파 위도 이젠 제 무릎이나 버디 방석 위라면 언제든 환영이에요. 함께 살아가는 법을, 우리는 그렇게 하나씩 배워왔어요.

버디를 만나기 전의 나는 자유로웠지만 외로웠고, 함께 살아가는 방식도 몰랐어요.

하지만 이제는 아침에 나보다 먼저 일어난 버디가 조용히 제 얼굴을 확인하고, 제가 계속 자고 있으면 옆으로 다가와 기다려주는 존재가 되어 있어요.

하루는 더 이상 '나'의 것이 아니라 '우리'의 시간이 되었어요.

퇴근 후 현관문을 열면, 버디는 기쁨에 겨워 꼬리를 흔들며 세 바퀴쯤 빙빙 돌아요. 그 반가움 가득한 눈빛 하나면, 하루의 피로가 모두 녹아내려요.

지친 몸이지만, 늦은 저녁 산책도 마다하지 않게 되는 이유죠.

버디는 단지 기다리는 존재가 아니라, 나와 함께 하루를 살아가는 존재니까요.

말을 하지 않아도 우리는 마음을 나눌 수 있어요.

제가 울고 있으면 조용히 얼굴을 핥아주고, 멍하니 앉아 있으면 슬며시 제 손을 끌어 자신의 몸에 닿게 하는 아이예요.

그 따뜻한 온기가 삶의 거친 순간을 버티게 해줘요.

요즘, 너무 많은 반려동물들이 버려진다는 소식이 들려옵니다.

물론 모두가 여유로운 삶을 사는 건 아니기에 그 사정을 함부로 판단할 순 없지만, 제발… 쉽게 포기하지 않기를 바랍니다.

우리가 선택한 생명은, 끝까지 책임져야 할 존재예요.

말은 못 하지만 외로움을 느끼고, 우리와 마찬가지로 피곤하고 지치는 생명

이니까요.

저는 지금도 완벽한 보호자는 아니에요. 실수도 하고, 부족함도 많죠.
그렇지만 하나는 분명해요.
버디는 내 삶의 일부이고, 내가 하루하루 살아가는 이유예요.
숫자로도, 말로도 다 담을 수 없는 깊은 연결 – 우리는 서로를 포기할 수 없는 존재가 되었어요.

작고 따뜻한 이 생명은, 내 곁을 밝히는 작은 빛이에요.
오늘도 나는 조금 피곤하더라도 산책을 나가고, 사랑스럽게 눈을 마주하며 조용히 말해요.

"사랑해, 버디."

그 작은 말 한마디가 이 아이에게는 살아갈 힘이 되고, 나에겐 삶을 다정하게 만드는 기적이 되니까요.

우리는 혼자가 아닙니다.
오늘도, 이렇게 함께 걷고 있어요.
버디와 나, 한 걸음 한 걸음을 나란히.

부록
반려견 견주 에세이 | 박지연

나의 하루, 나의 아리

아침에 눈을 뜨면 가장 먼저 찾게 되는 존재, 우리 집 숨결 '아리'.
작고 따뜻한 생명이 어느새 내 하루의 시작이자 이유가 되어버렸다.

이젠 눈을 뜨는 순간 자연스럽게 아리를 찾는다.
침대에서 바라보는 보송보송한 흰 털, 까만 눈과 코.
그 사랑스러운 얼굴을 보고 있으면,
하루의 시작이 이렇게 행복할 수 있을까 싶을 만큼 마음이 포근해진다.
그 순간, 나는 오늘도 살아갈 힘을 얻는다!

예전엔 강아지를 자식보다 더 아끼는 사람들을 보며
'정말 그렇게 정이 들까?' 싶었던 적도 있었다.
하지만 이제는 내가 하나 덜 먹고, 덜 입더라도 아리가 좋아하고,
아프지 않고 건강하게 지낼 수 있다면 아무것도 아깝지 않다.
기꺼이, 그리고 당연하게 아낌없이 주고 싶다.

아리는 아침마다 내 손을 살짝 긁으며 밥 달라고 조르는

나만의 귀여운 알람시계다.
그런 아리가 아무 이유 없이 3일 동안 밥도 안 먹고
힘없이 축 늘어져 있을 때가 있었다.

아무리 맛있는 걸 사다 줘도 입에 대지 않던 그 3일.
그 시간은 마치 3년처럼 길고 지독했다.
나도 밥이 입에 들어가지 않았고, 그저 곁에서 아리가 다시 일어나길 바라며
자리를 지켰다.

그 순간 깨달았다.
아리는 단순한 반려견이 아니었다.
아리는 나의 중심이자, 내 감정의 가장 깊은 곳에 자리 잡은 존재였다.

아리가 우리 집에 오고 나서 가족의 분위기도 달라졌다.
모두 성인이 되어 각자의 삶에 바빠 대화가 줄어들던 우리 가족은
아리를 중심으로 다시 웃고, 이야기하고, 함께 시간을 보내게 되었다.

강아지를 무서워하던 아빠는 이제 아리를 가장 많이 찾는 사람이 되었다.
처음엔 만지지도 못하시던 분이, 지금은 아리를 안고 침대에 올려 함께 주무시고,
퇴근 후엔 문을 열자마자 "아리는 어디 있냐"는 말을 제일 먼저 하신다.

할머니, 할아버지도 전화하실 때마다
"막내딸은 잘 있느냐? 아리는 건강하냐?"
마지막 인사는 꼭 이렇게 끝난다.

아리는 어느새 우리 가족의 중심이 되어 있었다.
대화의 시작이 되고, 하루의 피로를 녹여주는 웃음이 되고,
가족 모두의 사랑이 되었다.

몸집은 작지만, 존재만큼은 누구보다 크고 따뜻한 아리.
아직 함께한 시간이 2년밖에 되지 않았지만,
그동안 아리가 우리에게 준 힘은 이루 말할 수 없이 컸다.

밝게 웃는 아리의 미소를 보고 있으면
지친 하루의 피로와 쌓였던 스트레스가 스르르 녹아내린다.
그저 곁에 있어주는 것만으로도 큰 위로가 되고,

살아가는 데 힘이 되어준다.

곁에 있는 것만으로도 큰 힘이 되는 아리.
앞으로도 아프지 말고,
가족 모두의 곁에서 건강하고 행복하게 지내자.
우리 집의 중심이 되어줘서 고마워.
그 마음 그대로, 더 많이, 더 따뜻하게 사랑으로 보답할게.

다양한 간식도 먹어보고, 함께 여행도 다니고,
즐거운 추억을 하나하나 차곡차곡 쌓아가자.
아리가 "정말 행복한 강아지"라고 느낄 수 있도록,
언니가 항상 노력할게.

아리는 나에게, 그리고 우리 가족 모두에게 '기적' 같은 존재야.
앞으로도 하루하루 함께, 웃으며 살아가자.

내 삶에 와줘서 정말 고마워, 아리야.
사랑해.

부록
반려견 견주 에세이 | 원희영

나의 사랑, 나의 막내딸 미니

우리 집에는 햇살처럼 따뜻한 존재가 하나 있습니다.
골드빛 갈색 털을 가진 작은 토이푸들, 미니.
15년 동안 내 곁을 지켜온 소중한 가족이자,
때로는 친구이고, 때로는 아이이며,
무엇보다도 내 마음을 가장 잘 아는 존재입니다.

나는 하루 종일 미니 생각을 합니다.
출근길에도, 수업 중에도, 친구와 이야기를 나눌 때에도
문득 미니가 떠오릅니다.
귀가 시간이 되면,
나는 늘 그 순간을 기다리고 있어요.

내 차가 들어오는 소리를 듣고,
현관 앞으로 달려 나와 꼬리를 흔들고 배를 보이며 안아달라고 조르는 그 아이.
세상에 그렇게 온몸으로 나를 반겨주는 존재가 또 있을까요?

나는 하루도 거르지 않고 미니와 산책을 합니다.
아무리 피곤하고 힘들어도, 종일 그 시간을 기다려온 미니의 마음을 알기에
계절이 바뀌고, 날씨가 어떻든
그 시간은 우리 둘만의 소중한 약속입니다.

미니는 걷는 속도도, 눈길도 조금씩 느려졌지만
여전히 그 작은 발걸음마다
나와 함께하려는 진심이 담겨 있습니다.

가끔은 내가 먼저 말 걸지 않아도
내 감정을 먼저 알아채고 다가와 안기는 미니.
무언가를 원할 때는 온몸으로 표현하는 '폭풍 애교'를 보여주는데,
나는 그걸 도저히 외면할 수 없습니다.
너무 귀엽고 사랑스러워서
모든 걸 멈추고 미니와 시간을 보내게 돼요.

그래서일까요?
나는 미니와 하루 종일 함께 있고 싶고,
여행도 꼭 함께 떠납니다.
요즘 들어 점점 더 느껴집니다.
우리 둘이 함께 늙어가고 있다는 걸요.

미니가 가끔 헛디디거나, 숨소리가 거칠어질 때
예전보다 더 자주 잠들어 있을 때
나는 조용히 속으로 웁니다.
가슴 한켠이 아프고, 애잔하고,
문득 시간이 너무 빠르게 흘러버린 것 같아 두렵기도 합니다.

하지만 그래서 더더욱,
나는 미니에게 주는 어떤 것도 아깝지 않습니다.
어딜 가든 미니 선물부터 챙기게 되고,
맛있는 걸 보면 "미니도 좋아하겠지?" 하며 하나 더 사게 됩니다.
미니를 위한 공간, 장난감, 옷, 침대…
무엇을 해줘도 늘 부족한 것만 같습니다.

나는 미니를 "나의 막내딸"이라고 부릅니다.
사람이 아니어도, 혈연이 아니어도
그 아이는 분명 내 가족이고,
나보다 작지만 누구보다 큰 사랑을 주는 존재입니다.

미니의 눈망울을 바라보고 있으면
내 안에 쌓여 있던 스트레스와 피로가
모두 사라지는 기분이 들어요.
마치 미니가 내게 말을 거는 것 같아요.

"엄마, 난 항상 여기 있어.
당신이 어떤 하루를 보내든, 난 그냥 엄마 옆에 있고 싶어."

반려견과 함께하는 삶은
기쁨도 크지만, 이별에 대한 두려움도 함께 존재합니다.
하지만 미니와 함께한 시간은
그 어떤 두려움보다도 훨씬 깊고 빛나는 선물입니다.

미니는 말 없이 내게 가르쳐줬습니다.
사랑하는 법, 기다리는 법, 그리고 아낌없이 주는 법을.

이 책을 통해
나처럼 누군가의 삶에 빛이 되어준 반려동물들과,
그들을 진심으로 사랑하는 이들의 이야기가
많은 사람들에게 따뜻하게 전해지길 바랍니다.

그리고, 미니야.
네가 내게 와줘서 정말 고마워.
우리의 시간이 더 천천히 흘러가길 바란다.
오늘도, 내일도,
너는 나의 가장 소중한 존재야.

부록
반려견 응급 상황 대처법

🐾 강아지가 토할 때

증상	음식물, 거품, 노란 액체 등 반복적인 구토
대처법	■ 1~2회 단순 구토는 일시적일 수 있으나, 3회 이상 반복되면 병원 방문 필요 ■ 구토물 사진 및 시간 기록해 두기 ■ 금식 6~12시간 후 소량의 미음급식 시도 가능 (단, 경과 관찰 필수)

💡 **병원에 바로 가야 할 경우**
토사물에 피, 검은 덩어리, 무기력, 탈수, 설사 동반 시

🐾 음식 중독 초콜릿, 양파, 포도 등

초콜릿, 포도, 건포도, 양파, 마늘, 알콜, 카페인, 자일리톨 등

대처법	■ 섭취 직후 1~2시간 이내 병원 방문하여 구토 유도 ■ 섭취량, 시간, 종류 정확히 메모해 전달

💡 **집에서 억지로 토하게 하지 말 것!**

🐾 체온 이상 고열/저체온

정상 체온	37.5℃ ~ 39.2℃ 🌡 고열 40℃ 이상 🌡 저체온 36.5℃ 이하
대처법	■ **고열**: 시원한 곳으로 이동, 미지근한 물수건으로 발바닥 닦기 ■ **저체온**: 따뜻한 담요로 감싸기 ■ 지속적 이상 시 즉시 병원 방문

🐾 호흡 곤란 / 기절

증상	헐떡거림, 거품, 창백하거나 파란 혀
대처법	■ 입과 기도에 이물질 여부 확인 ■ 혀를 꺼내고 머리를 낮게, 몸은 높게 유지 ■ 즉시 병원 이송 ➡ 심정지 시 심폐소생술 시행(별도 참조)

🐾 강아지 심폐소생술(CPR) 전문가 지도 없을 경우 동물병원 우선

호흡과 맥박이 없을 때
- **소형견**: 앞다리 뒤쪽 갈비뼈 부위 눌러줌 (1초에 2번)
- **중대형견**: 오른쪽으로 눕히고 가슴 위를 손바닥으로 압박
- 30회 압박 ➡ 인공호흡 2회

인공호흡
- 입 막고 코에 부드럽게 1초간 불기 ➡ 가슴 팽창 확인
- 1분간 시행 후 맥박 및 호흡 확인

🐾 화상 / 찔림 / 베임

대처법
- 화상: 차가운 물로 식히고 연고 사용 금지 ➡ 병원
- 찔림 및 베임: 깨끗한 천으로 압박, 이물질은 빼지 말고 고정 후 병원

🐾 골절 의심 시

증상
절뚝거림, 디딜 수 없음, 극심한 통증

대처법
- 움직이지 않게 고정 후 병원 이송
- 간이 부목 사용 가능(신문지, 젓가락 등)

응급 키트 준비 체크리스트

항목	용도 및 설명
체온계	반려견 전용 항문 체온계 권장
거즈/붕대	상처 지혈 및 감염 예방
생리식염수	상처 세척 및 이물질 제거
면봉/솜	세심한 부위 소독용
핀셋/가위	이물질 제거 및 응급 부목 절단용
일회용 장갑	감염 방지를 위한 위생 도구
진통제/연고	수의사 지시에 따른 사전 처방용
병원 연락처	비상시 신속한 이송을 위한 필수 정보

💡 **TIP**
- 응급 상황에서 침착함이 가장 중요합니다.
- 기록(시간, 증상, 상황)을 남기고, 가능한 빨리 24시 동물병원으로 이동하세요.

부록
강아지 반려인을 위한 Q&A

1 예쁜 우리 아가 응아를 먹어요. 이유가 뭘까요? 해결방법은?

이는 '식분증(Coprophagia)'이라고 하며 스트레스, 지루함, 영양 부족, 습관 등의 이유로 발생할 수 있습니다. 식사를 규칙적으로 주고, 응아를 한 즉시 치워주는 것이 기본입니다. 비타민B 보충, 장 건강 기능성 사료로 전환도 도움이 됩니다.

2 엉덩이를 바닥에 끌고 다녀요. 항문낭에 있는 것을 빼내야 한다고 하는데 특정한 주기가 있을까요?

항문낭이 차거나 염증이 있으면 불편함으로 바닥에 끌게 됩니다. 2주~3주 한 번 항문낭을 짜주세요. 동물병원 혹은 미용실에서 정기적으로 관리를 받으시거나 집에서 안전하게 비우는 법을 익히는 것도 좋습니다.

3 발을 핥는 것이 산책부족, 습진 일수 있다고 하여 산책을 자주하니 좋아졌어요. 그런데 바닥을 핥고 다니거나 사람 손을 자주 핥아요. 이유가 뭘까요?

스트레스 해소, 관심 끌기, 식탐 또는 습관일 수 있습니다. 손에 로션이나 음식 냄새가 남아 있을 수도 있고, 강아지의 '애정 표현'인 경우도 많습니다. 핥는 횟수가 많고 집착적으로 보인다면 습관 교정이 필요합니다.

4 공복에 토를 하는 경우가 있는데 몸에 문제가 큰걸까요? 방법이 있을까요?

공복이 길어 위산이 쌓이면서 토할 수 있습니다. 일반적으로 위액(노란 액체)이면 공복성 구토로 간주합니다. 하루 식사량은 유지하되 3~4회 나누어 급여해보세요. 지속되면 위장 질환 검사 필요합니다.

5 재채기가 아닌 켁켁거리는 것은 기관지 문제일까요? 방법은 무엇일까요?

켁켁거림(역재채기)은 작은 견종에게 흔하며 일시적이라면 크게 걱정하지 않아도 됩니다. 하지만 지속되거나 호흡 곤란을 동반한다면 비염, 알레르기, 기관 협착 등을 의심하고 진료를 받기를 권합니다.

6 강아지에게 사료 이외 그리고 비교적 간식을 자주 안 주고 있어요. 사람이 먹는 간식을 주는 분들 혹은 강아지 간식을 주는 분들 중 강아지에게 간식이 꼭 필수일까요?

간식은 훈련 보상, 긍정적 유대, 영양 보충의 수단입니다. 필수는 아니나 적절히 활용하면 정서적 만족과 교육에 큰 도움이 됩니다. 단, 사람이 먹는 음식은 위험할 수 있으므로 전용 간식을 주세요.

7 강아지 영양제가 많은데 영양제를 꼭 챙겨야 하는 것이 있을까요?

균형 잡힌 사료를 급여 중이라면 필수는 아닙니다. 그러나 관절, 피부, 위장, 간 건강 등 특이사항이 있다면 수의사 상담 후 맞춤 영양제를 섭취할 수 있습니다.

8 평소에 너무 순딩순딩합니다. 산책 중 강아지에게 관심이 없는데 간혹 다른 강아지를 만나는 경우 5초 기다렸다가 입을 벌려 공격하려고 합니다. 훈련방법이 있을까요?

긴장 후 공격 반응(공격성 + 불안성)입니다. 리드줄을 짧게 잡고, 상대를 보기 전 관심을 보호자에게 돌리는 훈련('룩앳미')이 효과적입니다. 전문 훈련사와 함께 사회화 교육도 고려하세요.

9 티비를 보다가 동물만 나오면 짖어요. 이유가 뭘까요?

시각적, 청각적 자극에 반응하는 행동입니다. 짖음은 경계 혹은 흥분에서 나오는 행동이므로 '무반응 훈련'을 하거나, 동물 영상에 무감각해지도록 '탈감작 훈련'을 통해 교정할 수 있습니다.

10 동물원에 사람처럼 아기가 옹알이 하듯이 말을 하는 것 같아요. 말을 할수가 있나요? 옹알이 할 때 기분이 좋은 건지, 나빠서 그런 건지?

강아지는 '말'을 하진 않지만, 다양한 소리로 감정을 표현합니다. 옹알이처럼 들리는 소리는 보통 기분이 좋거나 애교일 때 나옵니다. 귀와 꼬리의 움직임을 함께 보면 감정 파악이 더 쉬워집니다.

11 사료를 안 먹어요. 이유가 뭘까요?

입맛, 기분, 질병, 지루함 등이 원인입니다. 간식 과다 섭취나 위장 문제도 원인일 수 있으니, 일단 간식을 줄이고 사료를 다른 형태(습식, 토핑 등)로 변화시켜보세요. 그래도 안 먹으면 진료가 필요합니다.

12 쉬야는 배변패드에 잘하는데 응가는 늘 바닥이나 이불에 실수를 합니다. 어떻게 해야 패드에 응가를 하게 할 수 있을까요?

배변 성공 시 '즉시 보상'이 핵심입니다. 냄새나 장소 인식에 혼란이 있을 수 있어 응가 흔적이 남은 배변패드를 사용하고, 일관된 시간과 장소에서 유도하는 것이 좋습니다.

13 사람한테는 안하고 강아지들한테만 뽀뽀를 하는데 이유가 따로 있을까요?

강아지는 상대를 핥는 행동으로 애정 표현을 합니다. 사람에게는 훈육이나 습관 제어로 안하게 되었지만, 동료 강아지에게는 사회적 애착 표현일 수 있습니다.

14 사람다리에 이불을 감싸거나 인형한테 붕가붕가를 하는 강아지들 그냥 내버려둬도 되는 걸까요? 하지말라고 막아야되는 걸까요?

성적 행동 외에 스트레스, 불안, 지루함 해소의 방식일 수 있습니다. 과도하지 않다면 문제 없지만, 강박적으로 보인다면 주의를 분산시키고 행동 전환 훈련이 필요합니다.

15 피부에 아무 이상도 없는데 자꾸 핥거나 빨고 계속 긁는데 이유가 뭘까요?

스트레스, 알레르기, 외부 기생충 또는 심리적 불안감일 수 있습니다. 습관성 핥기(lick granuloma)는 치료가 필요한 피부질환으로 이어질 수 있으므로 수의사 상담을 권합니다.

16 다쳤던 곳을 계속 긁기도 하는데 가려워서 긁는걸까요?

상처 회복 중 가려움은 일반적입니다. 하지만 과도하게 긁거나 핥으면 2차 감염이 생길 수 있으니 넥카라 착용이나 연고 사용 등 보호 조치가 필요합니다.

17 배변판에 쉬야를 잘하는데 자기 집 방석만 있으면 거기다가 쉬야를 합니다. 이유가 뭘까요?

방석을 영역 표시 대상으로 인식했을 수 있습니다. 또는 편안함과 냄새가 배어 있어 습관이 된 것일 수도 있습니다. 방석을 자주 세탁하고, 쉬야 후 강력한 탈취제를 사용해 냄새를 제거하세요.

부록
사회화 훈련 프로그램

각 항목별로 만났던 대상과 경험에 대해 박스에 체크하세요. 한 박스에 여러 번 체크해도 괜찮습니다. 강아지가 1세가 될 때까지 인내심을 가지고 사회화 훈련을 계속하세요. 특히 어려워하거나 두려워하는 대상에 대해서는 더 신경 써주세요.

		생후 주차					
		8-9	10-11	12-13	14-15	16-17	18-20
성인	젊은 사람						
	중년						
	노인						
	다양한 인종						
	장애인/거동이 불편한 사람						
	목소리가 크고 자신감이 있는 사람						
	수줍고 조용한 사람						
	택배기사/ 배달원						
	조깅하는 사람						
	유니폼을 입은 사람						
	모자 쓴 사람						
	수염이 있는 사람						
	안경/선글라스를 쓴 사람						
	헬멧을 쓴 사람						

		생후 주차					
		8-9	10-11	12-13	14-15	16-17	18-20
아이들	아기						
	유아						
	초등학생						
	청소년						
	성견						
동물	강아지						
	고양이						
	작은 동물 (햄스터, 토끼 등)						
	오리						
	가축						
	말						
주변 환경	친구 집						
	자동차						
	기차/지하철						
	버스/트램						
	도심/동네						
	공원						
	학교 앞						
	놀이터 앞						
	시골길						
	주차장/플리마켓						

사회화 훈련 프로그램

		생후 주차					
		8-9	10-11	12-13	14-15	16-17	18-20
주변 환경	음식점/바/카페						
	마을회관						
	미끄러운 바닥						
	파티						
	동물병원						
	반려견미용실						
	반려견 호텔						
	다리 위						
기타	자전거						
	스쿠터						
	오토바이						
	스케이트 보드						
	유모차						
	교통 체증						
	고성						
	박수 소리						
	큰 소리 (불꽃놀이, 천둥소리)						
	군중						
	진공 청소기						
	잔디깎이						

색인

ㄱ

가족 34
    이미 다른 반려견이 있는 가정 38-41
    아이가 있는 가정 37
    2인 가구(커플) 37-38
    혼자 있을 때와 함께 있을 때 41
    우리를 비추는 거울 34-36
    1인 가구 36
    두 강아지를 동시에 입양해도 될까? 40-41
가축 78
가축 수호견 11
강아지 8-9
    견종 10-13
    입 33
    이미 다른 반려견이 있는 가정 38-41
    다른 반려동물 40-41
    입양 전 체크리스트 19
    혈통을 알 수 없는 강아지 16
    강아지를 집으로 데려오는 시기 21-23
    강아지의 출생 배경 알기 16-19
    강아지 공장 18
강아지의 욕구 충족시키기 107
    신체 항상성 욕구 108-109
    정신적 자극 활동 110
    신체 활동 109-110
    안전 욕구 107-108
    수면 109
    사회적 욕구 108
개 24
    보디 랭귀지와 언어소통 29-32
    개들 사이에서의 보디 랭귀지 30-32
    얼굴 인식 29-33
    청각 26-27
    개는 '냄새의 세계' 속에서 산다 24-26
    시각 27-29
    견종 10-13
        견종 그룹 11
        인기 견종의 특징 12-13

    '두들', '푸들', 그리고 '디자이너 도그' 15-16, 17
    혈통견의 문제점 15
    사역견인가? 쇼독인가? 14-15
계단 79
계단 안전문 59, 106
고양이 51-52, 78
골든 리트리버 12-13, 21
공격성 예방 147
    사람을 향한 공격성 149-151
    다른 개에 대한 공격성 159-161
    뼈와 씹는 간식 훈련법 156-157
    추격 공격성 158-159
    소유욕에 의한 공격성 152-158
    사람에게 향하는 통증 유발성 공격성 158
    먹이에 대한 공격성 예방 훈련 154-155
    영역성 공격성 151-152
    개가 무는 이유 147-149
굴러 훈련 216-217, 220-221

ㄴ

놀이 116, 187-188
    추격 놀이 130-131
    체크인 게임(보호자 확인) 137-138
    아이들과의 놀이 125-128
    놀이 통제하기 129-130
    하루 중 신나는 시간 128-129
    강아지가 좋아하는 놀이 123
    올바른 놀이 방법 123-125
    그 외의 다양한 놀이 133
    신체 활동 133-137
    물건을 놓지 않는 강아지 훈련법 131-132
    흔들고 물어뜯기 놀이 132
    후각 놀이 118-120
    사회화를 위한 외출 138
    물어오기 훈련 125-127
    장난감 121-123, 125
    터그 놀이 132, 134-135

함께하는 놀이와 활동이 중요한 이유 116-117
워크 트레이닝 산책 137
늑대 24

ㄷ
돌기 222, 224-225
뛰어오르기 99-102

ㄹ
래브라도 리트리버 12-14
루틴 만들기 48-49
리드줄 61
 리드줄 당기지 않고 걷기 198-199, 202-206

ㅁ
말 78
머물러 훈련 215, 218-219
목양견 11, 80, 123
목줄 59-61
물기 103
물어오기 훈련 125-127

ㅂ
반려견 펜스 53-56
 펜스 안에서 짖는 경우 56-57
 펜스에 들여놓기 56
 체벌이 아닌 편안한 공간으로 56
 아이들로부터 벗어날 수 있는 공간 57-58
발달 단계 42
 0~2주(신생아기) 42
 2~3주(과도기) 42
 3~12주(사회화기) 43-45
 3~6개월(유년기) 45-46
 6개월~1년/18개월(청소년기) 46
 1년/18개월(신체적 성숙기) 46-47
 1~3년(사회적 성숙기) 47
배변 훈련 86-89
 실수도 훈련의 일부 89

얼마나 오래 걸릴까? 91
아파트에서의 생활 92
한밤중 배변 가리기 90
일시적인 실수들 92-93
복종성 배뇨 93
배변 훈련을 위해 밖에 데려가야 할 때 87
음성 신호를 사용한 배변훈련 91-92
밤에 해야 할 일 89-90
체벌이 효과 없는 이유 90-91
보더 콜리 12-13
보디 랭귀지 28, 30, 194-195, 196
 무슨말을 하는거야? 30-32
보상 184-185
 먹이로 보상 186-187
 보상의 우선순위 정하기 185-186
 일상생활에서의 보상 188
 보상 줄이기 190-191
보호자와 강아지 관계 110
 좋은 보호자가 갖춰야 할 자질 112
 효과적인 소통 113
 자원 통제하기 112-113
 좋은 보호자가 되는 법 111-112
 보호자와 강아지 관계가 중요한 이유 110-111
 가족을 안전하게 지키기 112
복종성 배뇨 93
부정적인 경험 극복하기 79-80
 찾기 놀이 119
 야외에서의 후각 놀이 120
 먹이 흩뿌리기 119-120
브리더 16-19
 입양 전 체크리스트 19
 사회화 노력 66-67
 브리더 방문 시 주의할 점 19-21
 강아지를 집으로 데려오는 시기 21-23

ㅅ
사람과 인사하기 100-101
사람 음식 주지 않기 105-106

사역견 11, 12, 14-15
사회적 욕구 108
사회화 64
    브리더의 역할 66-67
    자동차 적응 훈련 82-85
    성공적인 사회화 훈련법 68-71
    사회화의 중요성 65
    사회화 기간 64-65
    새로운 상황, 대상, 경험 78-79
    사회화와 훈련 수업 77
    강아지 시절은 금방 지나간다 64-65
    수줍음이 많은 강아지 80-81
    사회화를 위한 외출 138
    사회화 프로그램 232-234
    사람들과의 사회화 71-74
    다른 동물들과의 사회화 77-78
    다른 개들과의 사회화 74-77
    예방접종 vs 사회화 67-68
    부정적인 경험 극복하기 79-80
    사회화 훈련 시기 65-66
사회화기 43, 66-67
    3~5주 43
    5~8주 43-45
    8~12주 45
산책 133, 136-137
    리드줄 당기지 않고 걷기 198-199, 202-206
새 강아지와의 생활 48
    기대치와 '퍼피 블루스' 61-63
    실내용 켄넬 58-59
    고양이와의 첫 만남 51-52
    가족과의 첫 만남 49-50
    다른 개와의 첫 만남 50-51
    목줄, 하네스, 리드줄에 익숙해지기 59-61
    반려견 펜스 53-58
    루틴 만들기 48-49
    계단 안전문 59
색채 감지 27-28
소유본능을 다스리는 훈련법 131-132

소형견 11
수신호 194-196
    머리는 피해주세요! 173
    핸들링 시 선택권과 통제권 168-174
    귀 175
    눈 175
    부드러운 제지 172-177
    붙잡기 176
    들어 올리기 174
    갑자기 붙잡아야 할 때 177
    입 175
    입마개 177
    발 174
    손길에 익숙해지도록 가르치기 169-171
쇼독 14-15
수렵견 11, 80, 123, 187
수면 71, 109
수입된 강아지 18, 67
    수줍음이 많은 강아지 80-81
    쉽독 (몰이견) 12-13
    시력 27-29
    가시 광선 스펙트럼 28
신체 항성성 욕구 108-109
신체 활동 109-110
    탐색 활동 133
    후각 탐색 산책 133
    워크 트레이닝 산책 136-137
실내용 켄넬 58-59
실수한 배변 흔적 없애기 89
실용견 11
실전 연습 197
    리콜 훈련 197, 200-201
    엎드려 훈련 207, 212-215
    사람과 인사하기 100-101
    재주 가르치기 222
    자세 206-207
    굴러 훈련 216-217, 220-221
    앉아 훈련 206-209

일어서 훈련 210-211
머물러 훈련 215, 218-219
꼬리 흔들기 훈련 197
간식 얌전히 받아먹기 103-104
돌기 222, 224-225
기다려 훈련 215
리드줄 당기지 않고 걷기 198-199, 202-206
앞발 흔들기 217
씹기 행동 162
   청소년기 씹기 행동 166-167
   단순 씹기일까? 장난 삼아 무는 걸까? 165-166
   이 시기는 얼마나 지속될까? 167
   차 안에 혼자 있을 때 167
   씹기 훈련 164-165
   이갈이 162-164
   무엇을 씹어야 할까? 163

ㅇ

아이들 34-35, 37, 57-58, 69, 73
   아이들과의 놀이 125-128
   아이들에게 익숙해지기 74
   강아지와의 첫 만남 49-50
   간식 얌전히 받아먹기 103-105
앉아 훈련 207-209
야생형(들개) 10
엎드려 훈련 207, 212-215
예방접종 67-68
운동 → 신체 활동, 정신적 자극 활동, 실전 연습 참조
음성 신호 29, 194-195
음성 신호로 배변 훈련하기 91-92
이동 케이지 84
일어서 훈련 210-211
입질 140-142
   지속적인 입질을 다루는 방법 142-147

ㅈ

자동차 적응 훈련 82-83
   하차 예절 85

자동차에 익숙해지기 83-84
   차멀미 84-85
자원 112-113
   자원 통제하기 113
장난감 122-123, 187-188
   상호작용형 장난감 121-122
   특별한 장난감 보관하기 125
저먼 셰퍼드 12-13
전문가의 도움 63, 67, 109, 115
정신적 자극 활동 110
조렵견 11, 80, 123, 139, 222
좋은 습관 → '행동' 참조
주의하세요!
   공격성 예방 152
   자동차에 익숙해지기 85
   작은 반려동물 40-41, 132
   훈련 204, 211, 219, 226
진공청소기 78
짖기 56-57, 102-103

ㅊ

차분히 눕기 106-107
청소년기와 그 이후 228-230
   잠시 지난가는 시기일 뿐 230-231
   청년기로의 전환 231
청력 26-27
   청각 범위 26
체벌이 효과가 없는 이유 113
   펜스는 체벌 수단이 아닌 편안한 공간 56
   배변 훈련 90-91
추격 놀이 130
   추격 전 허락 기다리기 130-131

ㅋ

카렌 프라이어 『Don't shoot the Dog』 192

ㅌ

터그 놀이 132, 134-135

테리어 11, 123

ㅍ
퍼피 스쿨 8-9
프렌치 불도그 12-13

ㅎ
하네스 59-61
핵심 포인트 9
  행동 95
  자동차 적응 훈련 83
  사회화 65
핸들링 168
행동 10-13, 94
  강아지를 키우는 보호자의 자세 110-113
  사람 음식 주지 않기 105-106
  행동 문제 115
  좋은 행동은 격려하고 문제 행동은 차단하기 94-95
  과도한 짖음 102-103
  첫 몇 달 동안 가르쳐야 할 좋은 습관들 97
  사람과 인사하기 100-101
  뛰어오르기 99-102
  핵심 포인트 95
  좌절에 대처하는 법 배우기 97-99
  강아지의 욕구 충족하기 107-110
  분명한 기준으로 규칙 정하기 95-97
  차분히 눕는 훈련 106-107
  "안 돼"라고 말해야 할까? 114-115
  간식 얌전히 받아먹기 103-105
혈통견 10-11
  혈통견의 문제점 15
혼자 있는 법 배우기 178
  분리 상황에 적응하기 178-179
  혼자 집에 남는 연습 179
  강아지를 차나 다른 장소에 혼자 두기 181
  절대 혼내지 말 것 179-180
  강아지를 위해 휴가를 냈을 때 180-181
  밤에 해야 할 일 180

  보호자가 외출할 때 해야 할 일 180
  어리고 무력한 존재 178
활동 116-117
  성견을 위한 활동 120, 138-139
  함께하는 활동 118-120
후각 24-26
후각 놀이 118-119
훈련 6-9, 182
  성공을 목표로 198-199
  훈련의 기본 원칙 183
  배워야 할 것들 227
  보상으로 회유하기 188
  건강한 관계 형성 183-184
  다양한 장소에서의 훈련 188-189
  알맞는 훈련 교실 찾기 223-227
  수신호, 자세, 음성신호 194-196
  보상의 우선순위 정하기 185-187
  얼마나 걸릴까? 195-196
  실수는 넘어가자 184
  컨디션 체크하기 194
  방해 요소 넣기 190
  거리와 지속 시간 늘리기 190
  훈련은 짧게, 자주 194
  일상생활에서의 보상 188
  동기부여와 보상 184-185
  보상 줄이기 190-191
  명령과 신호 198
  타이밍 191-193
  장난감과 놀이 187-188
  훈련 게임 192-193
  시행착오를 통한 학습 182-183
  결국에는 보람 있는 일! 231

A
Animal Behaviour and Training Council 115
Association of Pet Behaviour Counsellors 115

역자 소개

윤용석

- 서울대학교 수의과대학교 졸업
- 서울대학교 수의과대학교 박사 졸업
- 현) 샤인동물메디컬센터 대표원장

김진길

- 연세대학교 공학대학원 석사
- SBS 시사교양PD
- 현) 엠투웬티 대표이사
- 중저주파 슬개골 치료 재활기기 개발 발명

박지윤

- 경희대학교 체육대학원 박사
- 한국체육대학교 외래교수
- 현) AIOPILATES 대표